「地域支え合いマップ」を活用したケアプランづくり

インフォーマルな社会資源

で利用者の「いきいき」を引き出す！

Shigeyuki TAKAMURO
高室成幸
＋
Ayuko OKUDA
奥田亜由子

第一法規

はじめに

介護保険制度が始まって５年目くらいのことです。
「ケアプランで利用者の支え手にインフォーマル資源が入ってないのはなぜなんですか？」と、ケアプラン指導の全国の研修会場で参加者に素朴な疑問を投げかけました。
あるケアマネジャーさんはため息まじりに答えてくれました。
「この地域にはインフォーマル資源がないんですよ」
「この地域はボランティアさんが少ないし、民生委員さんも高齢化でなり手もないんですよ」
地域包括支援センターの主任介護支援専門員も申し訳なさそうに、私に弁解をしました。２人が目を合わせて、おたがいをいたわっているのがいまも印象に残っています。

どこの市町村でも返ってくる反応は「ないんです」「ありません」ばかり。それからほぼ３年後に訪れた市町村で「その後、いかがですか？」と尋ねても反応は同じでした。地域福祉の分野では評判の高い市町村でも同じようなリアクションです。
やがて「ハテ？」と疑問を覚えたことが、本書の執筆のきっかけになっています。
第１の疑問がインフォーマル資源を地域ボランティアや民生児童委員、高齢者・障がい者の支援者など「熱い福祉の思いをもっている人たちに限定しているのではないだろうか？」。第２の疑問がインフォーマル資源を「なぜ探そう・つながろう・つくろうとしないのか？」。そして、第３の疑問がインフォーマル資源の「見つけ方・つなぎ方・つくり方のノウハウがないのではないか？」でした。

2015年９月、厚生労働省から「誰もが支え合う地域の構築に向けた福祉サービスの実現－新たな時代に対応した福祉の提供ビジョン－」が発表されました。それは地域共生社会の名の下、「高齢、障害、児童等への総合的な支援の提供」と「地域をフィールドに保健福祉と雇用や農業、教育など異分野とも連携」した資源開発を目指した画期的なものでした。
ただ数年後に世界が予想だにしない、残念な事態に見舞われます。
国際社会をパンデミックに陥れたコロナ禍です。三密（密閉・密集・密接）回避が叫ばれ、支え合いの関係づくりでは必須の「集まる・ふれ合う・話し合う」ことができない数年間。少子高齢化でも頑張っている地域コミュニティに深刻なダメージを与えました。

そして2021年度、厚生労働省は居宅介護支援事業所の特定事業所加算で「必要に応じて、**多様な主体**により提供される利用者の日常生活全般を支援するサービスが包括的に提供されるような居宅サービス計画を作成していること」を要件として示したのです。
介護保険サービスや医療保険サービスだけで利用者の日常生活と日々の楽しみ・生きがいをすべて支えることには限界があります。また介護人材不足などによる事業所の減少と提供エリアの縮小も無視できません。
地域の支え合いの仕組みが弱まり・縮小していく現実の下、ケアマネジャーと地域包括支援センターがどうやったら多様な主体（インフォーマル資源）を「担い手・支え手」として位置づけられるか。

今こそ、地域コミュニティ「総がかりの支え合いの仕組み」（新しいおたがいさまの関係）を再定義し、あらためて構築すべき時にきていると私は考えます。

それは利用者本位に立ち「**点から面に広げる**仕組みづくり」です。

これまでは市町村や日常生活圏域の視点からつくる「**面から点を拾い上げる**仕組み」でした。これでは過疎化・高齢化・孤立化する地域の利用者の中にこぼれ落ちてしまう人が出てきてしまいます。

心ある熱き福祉マインドの人だけでなく、本人が「自分らしい暮らし（人生）」のなかでなれ親しんできた生活やつながり、楽しみ・趣味そのものが「**本人主体の支え手**」資源になるのではないか。

本書では、利用者目線に立つために３つの提案をしています。

１つ目は「まち歩き」のススメ。利用者の暮らす「まち」を体感する。

２つ目が「地域支え合いマップづくり」のススメ。地域の多様な主体となる人々と資源を見える化したマップです。

３つ目が「意欲・動機づけシート活用」のススメ。利用者の中のCADL（Cultural Activities of Daily Living：文化的日常生活活動・行為〔著者提唱〕）を引き出す質問シートです。

第１章～第４章で私が実践してきたインフォーマル資源の見つけ方・つなぎ方・つくり方のノウハウを、協力者である奥田亜由子氏とディスカッションし、丹念に練り上げました。

第５章は本書の趣旨に賛同いただいたケアマネジャーの皆さんに20のケアプラン事例を提供いただきました。本書のコンセプトを反映した「こうあってほしい」という願いと個人情報保護の観点から若干の脚色をした事例構成とタイトルになっています。

事例を提供いただいたケアマネジャーの皆さんには感謝の気持ちでいっぱいです。

私が地域にこだわるのは10年前の地元でのあるシーンからです。

90歳になる母と田舎道をいっしょに散歩をしていた時のことです。

「松枝さん、久しぶりやなぁ」

「今日は息子さんとお出かけですか？」

声をかけてくれるのは私も知っている90歳前後になった近所のおばさんたちです。とても楽しそうに談笑する母。そして日課の天神様にお参りし、境内で近所の移り変わりを聞かせてくれました。

まさに母の元気はこの山国村のみなさんのなかにある。これが本書のヒント（**まち歩き**）になっています。

今年100歳を迎える母に本書を捧げます。

2025年２月　　高室成幸

もくじ

第2章 インフォーマル資源を見つける・つなぐ・つくる

第3章　まちなかインフォーマル資源たち

第４章　実践！地域支え合いマップの「つくり方」

第５章　実践！ インフォーマル資源で利用者の「いきいき」を引き出す ケアプラン21事例

第1章

ケアマネジメントとインフォーマル資源

第1節

地域包括ケアシステムとインフォーマル資源

■地域包括ケアシステムとケアマネジメント

介護保険制度前は在宅の高齢者の介護・看護の担い手は家族が中心でした。介護保険の理念の１つが「**介護の社会化**」です。社会全体で介護を支えていくことが目指され、「**地方分権**」の流れの下、市町村ごとに地域包括ケアシステムが仕組み化されてきました。

地方分権

国から地方へ「権限や財源の移譲」を進める地域主権の考え。介護保険制度施行の2000（平成12）年の前年に「地方分権一括法」が公布され、市町村合併が一気に進む。

一方、ケアマネジメントは主に在宅の利用者の自立支援を目指し、介護サービス（医療含む）をいかにマネジメントするかが主な仕事でした。いわゆる「在宅支援＝**点の支援**」でした（19～20頁で詳述）。

介護保険制度10年目から「地域包括ケアシステム」としての地域ケア資源のデザイン化が進みました。「地域支援＝**面の支援**」です。

在宅（自宅）時、疾患・障がいには医療資源（病院、医院、歯科、薬局、訪問看護等）が対応し、自宅での介護生活には在宅サービスが提供されます。中重度の要介護者には施設資源（老健、特養、療養病床・介護医療院、認知症GH等）や居住型施設（サービス付き高齢者向け住宅、住宅型有料老人ホーム等）などに「転居」する流れがつくられました。

これからのケアマネジメントに求められる機能は「多職種連携」です。利用者基本情報からケア情報・医療情報が多職種で共有・連携されることで「多職種による協働」が可能となります。質の高い連携とは「**ケアの連続性**」にあります。

■弱体化する人口減少社会、高齢化する家族と地域資源

戦後の高度経済成長とともに大家族は減少し、平均化した**核家族**から成人した子どもたちは独立し、「夫婦老老世帯」が一般的になりました。現在では配偶者の入院・入所・死亡により「高齢一人世帯」が急増しています。また中年期の子どもたちの就労率は高く、「家族」は介護資源としての役割を担えない現状が深刻化しています。

核家族

核家族とは夫婦のみ、夫婦（ひとり親含む）と子どもの構成。大家族は３世代以上の構成。核家族化により通い介護や老老介護、孤独死に拍車がかかる。

また中高年・若年層の担い手不足と超高齢化、人口減少の波は地元コミュニティ（町内会、老人会）と地域の支え合いの弱体化を促しています。かつて「向こう三軒両隣」をベースにした支え合いのキーワードとして注目された「**ご近所力**」にも地域差が顕著に表れています。また空き家の急増でご近所の距離は広がり、支え合いの関係

ご近所力

地域の支え合い、助け合いなどを「ご近所力、近所の力、地域の力、地域の福祉力」などと呼称。各市町村では独自性を示すためにユニークな名称をつけているところもある。

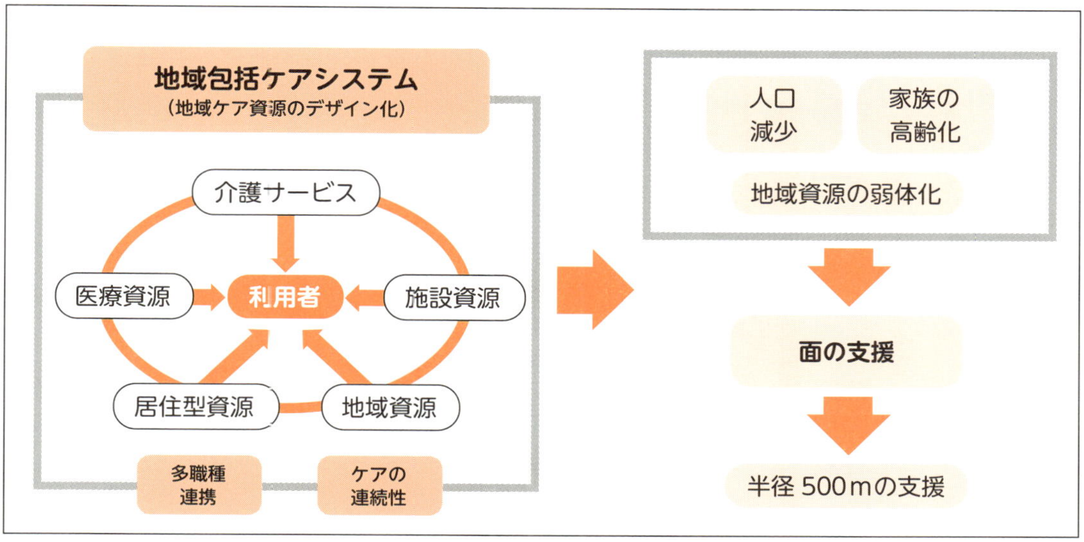

を薄めています。

これからの「面の支援」は、「半径 500 mの支援」がカギ

地域包括ケアシステムで課題となっているのが「エリア」です。都市部など人口密集地ではエリア内の人口は多く、地方の中山間地では人口減少が著しい現象となっています。1999年に約3,200あった市町村は「平成の大合併」後は約1,700となりました。また行政区単位でもあった小学校区・中学校区も少子化の影響で「廃校」となり、行政が想定する日常生活圏域のエリアは「拡大」しています。

日常生活圏域の拡大は「**面の支援**」の希薄化を生みます。市町村の行政サービスは届きにくくなり、介護サービス事業者でも遠方であることを理由にサービス提供に難色を示す事態が起きています。しかし、これらはすべて行政やサービス事業所といった「支援者側」の視点に立つものです。

要介護高齢者の視点に立つなら、重要なのは「半径 500 mの支援」です。利用者はこれまで「生活者（住民）」として住み慣れた地域で自分なりの生活を築きあげています（自助）。そしてご近所とは「**お互いさまの関係**」（**互助の関係**）をつくっています。日常生活の中で利用者の在宅支援（点の支援）の担い手として「面の支援」（見守り・声がけ、お手伝い等）ができるのは近所・近隣のインフォーマル資源です。その象徴的なキーワードが「**半径 500 mの支援**」なのです。

「インフォーマル資源の発見」の視点

ではインフォーマル資源はどこにあるのでしょう？　多くのケア

半径 500 m

本書では半径500mを要介護高齢者本人が無理なく歩ける生活圏域の目安として設定した。

日常生活圏域

当初、地域包括ケアシステムでは「日常生活圏域」は「おおむね30分以内に必要なサービスが提供される中学校区」が基準だった。しかし廃校・統合が進み、必要なサービス資源の減少や利便性などを考慮すると、今後は日常生活圏域の拡大が懸念されている。

マネジャーが「私の利用者さんの周りにはないんですよね」と嘆く言葉を何回も聞いてきました。実はないのではなく「**探していない**」のではないでしょうか。市町村社会福祉協議会や行政、ボランティア団体はさまざまなインフォーマル資源をパンフレットやインターネットを使って情報提供しています。果たしてそのなかにあなたが支援している利用者にとって「ベスト&グッド」の資源があるでしょうか？

利用者のネットワークと地域力・ご近所力の視点に立ったインフォーマル資源を探し出すアクションが求められています。

「インフォーマル資源のつながりづくり」の必要性

これまでのインフォーマル資源はフォーマル資源と同じように「領域別のタテ割り」にされてきました。ボランティア活動も子ども支援、障がい者支援、高齢者支援だけでなく、まちづくり支援、ひきこもり支援、生活困窮家庭支援、ひとり親家庭支援などに広がりました。それぞれのグループが抱える課題や困り事が、他のグループにも共通している場合があります。そして、他のグループに解決の手立てやヒントがある場合も多くあります。

そこで求められるのは「つながり」づくりのきっかけを見つけることです。つながること自体がインフォーマル資源の大きなニーズの一つになっていることにも着目しましょう。

「インフォーマル資源の育成・協力・応援」の必要性

利用者にとって使い勝手のよいインフォーマル資源があらかじめ用意されているわけではありません。利用者の望む暮らしや願い、困り事やリスクは「個別性」が高いからです。すでにある準公的なインフォーマル資源は行政の補完的サービスという立ち位置なので、エリア制限や目的制限、利用制限などがあり、使い勝手があまりよくない場合があります。特に地方の中山間地などでは利便性の点で深刻です。

地域にあるさまざまな社会資源をソーシャルワーク的手法を活用し「インフォーマルサポート」として、地域社会にとっても価値のある資源に変えていくことが重要です。利用者の自助力と地域の力が相乗効果となるような「**触媒的なインフォーマル資源**」を育てることです。

すでにあるインフォーマル資源には協力を依頼する、また活動を応援する、こちらからも協力することで関係づくりをしていきま

相乗効果
シナジー効果ともいう。それぞれの要素・要因、資源が影響し合い、それぞれがもつ力より、よい結果、高い効果をもたらすこと。

触媒
化学反応の速度を変化させる物質のこと。この文脈では「出会いの場や機会の提供」などをいう。

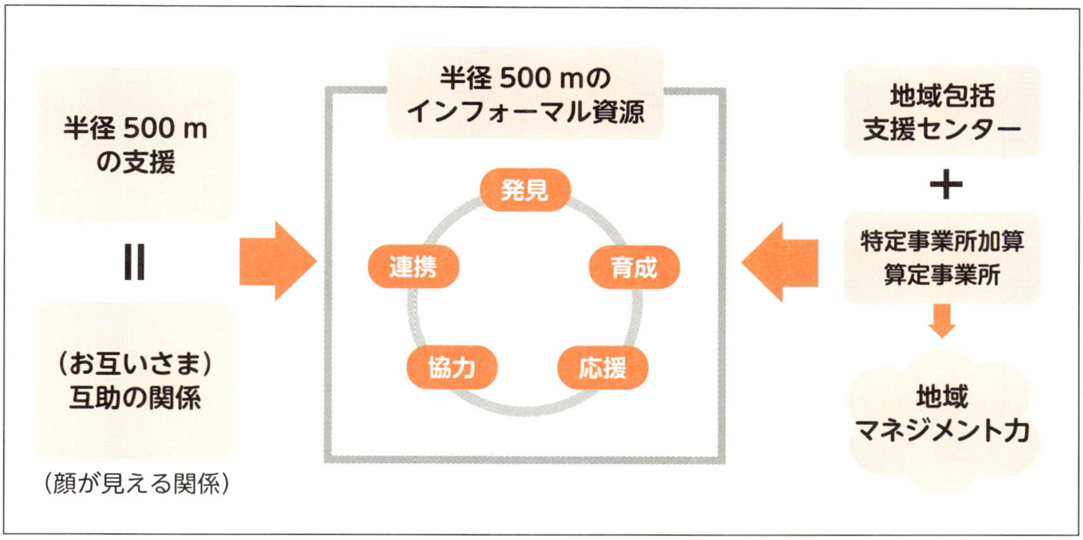

しょう。

■居宅介護支援事業所に求められる「地域マネジメント力」

特定事業所加算を算定するためには地域包括支援センターと協力して支援困難ケースを積極的に支援することが求められています。支援困難ケースは、生活困窮、ゴミ屋敷、ご近所トラブル、家族・親族間対立、虐待、ハラスメントなど「困難さ」が複合的に絡まり合っているため、高度で重層的な支援が必要です。

また、インフォーマル資源の発見・連携には高い地域アセスメント力とコーディネート力が求められ、視野の広いソーシャルワーク的関わりが必要です。

この加算を算定する居宅介護支援事業所には、これらのケースに対応できる「質の高い地域マネジメント」が求められています。質の高い地域マネジメント力が備わった事業所のケアマネジャーは「**地域のロールモデル**」になることが期待されています。

3つのポイント

1. 利用者の視点に立った「半径500mの支援」づくり
2. インフォーマル資源への支援の基本は「見つける・つなげる・育てる・応援する」
3. ソーシャルワーク的手法で地域マネジメント

ロールモデル
理想的な考え方や行動の手本になる人物や行いのこと。ロールモデルがいることで人材の育成やスキルアップが具体的になり、モチベーションアップが期待できる。ただしロールモデルが「あるべき姿」ばかりではプレッシャーにしかならない。困難さや苦労を克服するプロセスも開示することで説得力のあるロールモデルとなることが可能になる。

第2節

ケアマネジメントとインフォーマル資源

ケアマネジメントの3つの支援モデルとインフォーマル資源の位置

本書の目的は、利用者支援にとって重要な資源となるインフォーマル資源をケアマネジメントプロセスとケアプランに積極的に位置づけることです。

では、これまでインフォーマル資源がどのように位置づけられてきたのか、確認しておきましょう。理解するにはケアマネジメントにおける「3つの支援モデル」（医学モデル、社会モデル、生活モデル）がヒントとなります。というのも、日本のケアマネジメントは、この3つの支援モデルが**拮抗**しあうプロセスの中でつくられ、どのモデルの立ち場で支援するかで、インフォーマル資源のとらえ方や位置づけ、活用の**重みづけ**が異なるからです。

拮抗
互いの力に差がなく張り合っていること。摩擦があっても優劣がつかない。均衡は力が同程度でつり合っている状態のこと。

重みづけ
その時の状況や条件、評価・判断によって重要度や優先度を変えること。

医学モデル

医学モデルは、健康状態から病気や傷害により直接引き起こされた「障がい」を個人の特性とみます。個人のもつ障がいから生じる問題を解決するために、医療あるいはそれに関わる治療や介入を行います。ICIDH（国際障害分類：機能障害、能力障害、社会的不利）の基本的考え方ともなっています。医学モデルの対象は「個人」ですからインフォーマル資源の活用について重視はしていません。

社会モデル

社会モデルは、学校や職場、建造物、慣習や制度、文化、情報などは健常者を基準にしたものであり、「障がい」は社会と個人の関係性によってつくりだされるもの（障壁）と考え、その障壁を取り除くのは社会の責務であり社会の課題としてとらえます。インフォーマル資源においてはハード面でのアプローチを積極的に行う傾向にあり、バリアフリーやユニバーサルデザインなどは社会モデルから発想された社会的アプローチといえます。

生活モデル

生活モデルは、個人と生活全体（生活環境）の関係性を重視し、QOL（生活の質）の向上と自立支援を目指します。生活上のニーズは個別性が高く、人と環境の交互作用の調和への支援を通じて個人が**コンピテンス**を高め、自己肯定感を醸成するプロセスに参加でき

コンピテンス
能力全般のこと。コンピテンシーともいう。

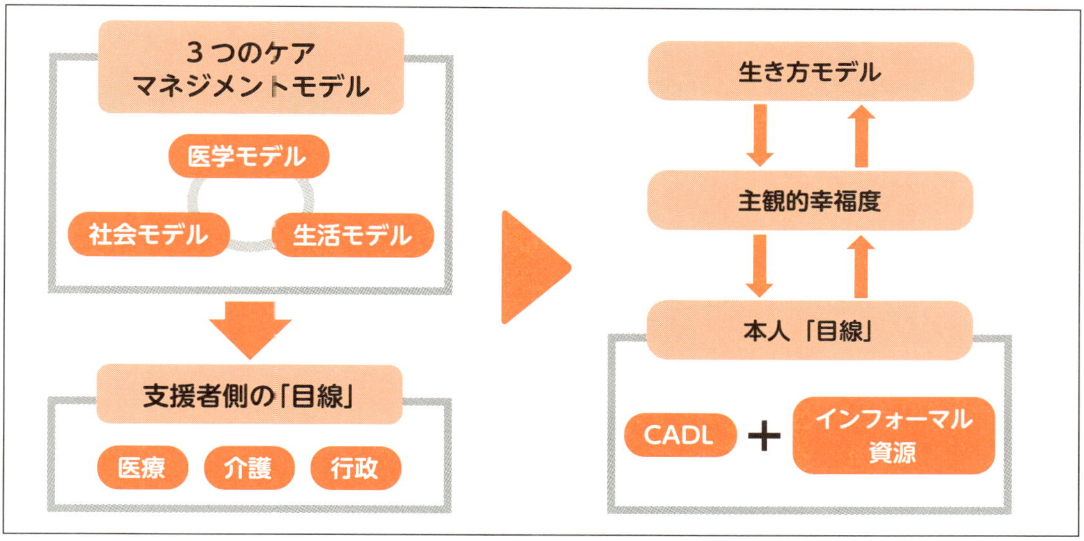

るように働きかけます。生活環境と生活の質の視点からインフォーマル資源をソフト面（例：支え合い意識と関係づくり、地域ボランティア活動など）で積極的に位置づけます。

■求められる「本人目線」と「生き方モデル」

インフォーマル資源を活用するには、これらの３つのモデルでは限界があります。その理由は支援者側の「目線」が基本となっているためです。医療・看護的ケアの提供、社会・環境的な障がいの解消（バリアフリー）、生活上の困り事へのパーソンサポート（介護）に限定されてしまう傾向にあるからです。

インフォーマル資源に着目する生活モデルのケアマネジメントでさえ、アセスメント項目の「個別性」に関しては生活歴、職業歴、価値観・性格、友人関係、趣味・得意、嗜好ぐらいです。仮に地域社会への参加や関わりの項目はあってもスペースは狭く、記載されていることはあまりありません。個別性で重要な「意欲（モチベーション）」「**生活満足度**」や「主観的幸福度（充足度）」の項目は皆無です。

個人因子を位置づけた **ICF**（国際生活機能分類）は画期的でしたが、**上田敏**氏は「心の中（筆者注：主観的次元〔障害を克服しようとする認知的・情動的・動機づけ的な心理状態〕）を全く考えていない」（『ICF の理解と活用　第２版入門編』萌文社、2021 年）と批判し、試案として「満足度」や「人生と自己の価値・意味・目標」「身近な人との関係」「集団への帰属感・疎外感」などの重要性を指摘しました。

本書では４つ目のモデルとして、生活モデルを発展させた、利用

生活満足度

主観的指標として 2019 年から内閣府が毎年調査。生活の満足度を 13 分野にわたり 0 点～10 点で自己評価するもの。「健康状態」「生活の楽しさ・面白さ」を重視する人は満足度も高い。

ICF

「心身機能・構造、活動、参加＋環境因子、個人因子＋健康状態」で構成され、医学モデルと社会モデルの統合されたもの。環境因子（物的環境、人的環境、制度的環境）と個別性の高い個人因子（例：性別、年齢、生育歴、教育歴、性格、価値観、生活習慣、行動パターンなど）を位置づけた画期的な分類。

上田　敏

1932年生、東京大学医学部卒。リハビリテーション医。人間の全面的な回復をはかろうとするリハビリテーション医学の大家。元国際リハビリテーション医学会会長。

者「個人」の自立・自律と主観的幸福度（ウェルビーイング）を基本とした「**生き方モデル（Life-style モデル）**」を目指します。

生き方モデル（Life-style モデル）は主観的領域（個人因子の理解と尊重）と集団・社会における役割・貢献（環境因子への働きかけ）を重視し、本人の人生の生き方（人生観･価値観･文化性を含む）を尊重する「**主観的幸福度**（ウェルビーイング）」の実現を目指します。

基本的視点は新しいアセスメント領域であるCADL（文化的日常生活活動・行為：筆者提唱、詳細21頁参照）です。そして利用者の生き方を生活面だけでなく精神・心理面で支える人的資源を含む「インフォーマル資源」を、地域の支え合いの環境要素として位置づけます。

ADL・IADL 支援、体調管理中心のケアプランではインフォーマル資源には広がらない

では、ADL・IADL 支援、心身機能・体調管理のケアプランでは、どうしてインフォーマル資源がサービス種別に位置づけられないのでしょうか。介護保険制度のケアプランの変遷をおさらいしましょう。

当初、ケアプランの第１表の利用者（家族）の意向欄は「利用者及び家族の**介護に対する意向**」とされていました。「どのような介護を受けたいか、どのような介護サービスを使いたいか」が主に記載されていました。

その後、ICF 導入とともに、利用者（家族）の意向欄が「利用者及び家族の**生活に対する意向**」に変更されました。

意向の方向が「介護」➡「生活」に変わることが意味するのは、第１は「**主体の変更**」です。介護をする主体は「介護者」です。しかし生活をする主体は「利用者」です。要介護度や要介護になる原疾患や障がいの内容にかかわらず、どのような「生活を望むのか」に軸足が移ったのです。つまり、意向が「手段：どう介護されたいのか」➡「目的：どういう生活をしたいのか」になりました。利用者本位の「自分らしい人生や暮らし」に着目点が変わったのです。

第２は「**ケアプラン第２表の表記の変化**」です。「介護に対する意向」だと、課題設定は介護サービスを提供するための根拠（問題指摘型：介護が必要である心身の状態及び生活環境）が中心となりがちでした。サービス種別は「介護サービス事業所及び医療機関、家族」ばかりとなり、支援内容もサービス種別に表記された支援者が「行うこと」が主に記載されました。

「生活に対する意向」に変更されたことで、表記に変化が生まれる

Life-style

広い意味では「生活の様式や営み方」。一般的には、「人生観・価値観・文化性などを含めた個人としての生き方」という意味。「自分らしい生き方」も同義。

主観的幸福度

客観的には国連の幸福度調査では「所得、自由、信頼、一人当たりの国内総生産、寛容、汚職のなさ、健康と寿命」などによって算出される。各項目に0～10のスコアをつけ、それらを総合し順位をつける。ちなみに日本の幸福度は51位（2024年版）となっている。
主観的とは本人なりの「幸福度の自己評価」である。

意向

意思とは「思い、願い」。意志とは「志す、目指す」こと。遺志とは故人の「思い、願い」。意向とは「判断・決断した方向性」。配慮や忖度など葛藤を含んだ行動の方向性。

介護サービス

「本人が行えない生活行為」を介助（サポート）すること。

医療の役割

「本人の心身の困難さの原因（疾患、障害、不調）」を医療行為で改善すること。

〈従来の第２表（インフォーマル資源の記載なし）〉

居宅サービス計画書（2）

生活全般の解決すべき課題（ニーズ）	目標				援助内容		
	長期目標	（期間）	短期目標	（期間）	サービス内容	サービス種別	頻度
できるだけ歩いて好きなことができるようになる	近くの建物まで歩いていける	00年 0月0日 ～ 00年 0月0日	立位がとれるようになる	00年 0月0日 ～ 00年 0月0日	・立位がとれるリハビリをする ・膝の痛みを取る	通所リハ△△（理学療法士） ○○クリニック	週２回 月１回
			大きな声が出せる	00年 0月0日 ～ 00年 0月0日	・呼吸トレーニングを行う ・家族とはっきりした声で会話する	通所リハ△△（言語聴覚士）	週２回

はずでした。しかし、実際、ケアプランを見ると〈従来の第２表〉のように、多くは「介護生活に対する意向」になっただけで、第２表の課題設定も介護サービスによって可能となる課題が表記されるくらいにしかなっていません。インフォーマル資源といっても「家族」「民生委員」「町内会」「友人」程度の表記しかないものも多く見られます。

このようになってしまう原因は３つあります。

第１はアセスメントがADL・IADL・認知・体調などの「現在の心身と生活の状態分析」が中心であることです。「**これまでの視点**」を入れた利用者の社会参加・人間関係の分析が不十分になってしまっているからです。

これまでの視点
現在の状態像をアセスメントするために「これまで（過去）」の状態像や関係（家族、地域）、環境をアセスメントする視点のこと。

第２は、ケアマネジメントが介護・医療資源をつなげ・調整する作業であると狭義に解釈されてしまった影響があります。さらに、介護・医療資源が「支援しなければいけないこと」と「介護報酬が見込める支援（加算含む）」が判断基準となってしまい、インフォーマル資源を発想する視点もなければ、頼る必要性がないプランになってしまっているからです。

第３は、インフォーマル資源への理解とマネジメント手法を学ぶカリキュラムが法定研修で位置づけられてこなかったからです。

では利用者の暮らしとこれまでつながっている（つながっていた資源を含む）インフォーマル資源をケアマネジメントによって「分断」させないためにはどうしたらよいのでしょう。

「点の支援」を地域の「面の支援」で支える　～インフォーマル資源をケアプランに表記する理由～

ケアマネジメントとは「支援を必要とする要介護高齢者・障がい

者の自立（自律）した生活の確立を目指し、医療・介護・福祉などのフォーマル資源と地域の多様な支え手によるインフォーマル資源を連携・調整・育成するプロセス」です。

ケアマネジメントは「個別支援」の手法です。要介護高齢者・障がい者は住み慣れた地域の中で暮らし、生活を成り立たせています。利用者の「望む暮らし」を可能にするためには、居宅生活支援（**点の支援**）を地域生活支援（**面の支援**）で支えるケアマネジメントにアップデートすることです。それでこそ「本人らしい暮らし」を支えることができます。

ケアプランは利用者（家族）を支援するためのチームケアの「マスタープラン」であり、個別サービス計画は「アクションプラン」です。ケアプランによって、ケアの方向性が定まり、情報が共有され、ケアチームの連携と協力が可能となります。

インフォーマル資源をケアプランに表記（見える化）する理由は、「**個別的・個人的な利用者の暮らし**」を**全人的に支援**するためです。

その理由の１つ目は、利用者の生活と生き方は介護サービスや医療行為だけでは支援できないからです。要介護度ごとに利用限度額が決められ、利用目的や利用回数に細かいルールと制約（例：草むしり、ペットの世話は訪問介護では保険対象外）があります。利用者の希望もありケアプランに組み込みたくても、不可能となる現実（例：事業所不足や閉鎖、人材不足による受付拒否、訪問・巡回エリア外）があります。事業所の訪問･送迎エリアとしてきびしいケース（例：中山間部の一軒家）などは、移動コストと事業所の人材不足によって対応しきれないという現実も増えています。

無視できない現実として「本人が利用を希望しない（拒否する）」ことがあります。また、自己負担の原則があるため「1～３割が払いきれない」と介護サービスを自粛するケースもあります。

理由の２つ目は、介護サービスは、利用者のこれまでの地域の人たちとのかけがいのない関係、会話やおしゃべりから生まれる楽しさや喜び、信頼関係に代わることはできません。365 日を通した心の支え手にはなれないからです。

理由の３つ目は、本人の意欲を引き出す・動機づける、本人らしい「生き方」を支えるには介護サービスでは限界がある（例：ガーデニングを手伝う、ペットと散歩、観劇や旅行に同行）からです。

理由の４つ目は、介護サービスや医療には、サポートできない空白の時間帯（例：デイサービスの未利用日の日中、早朝・夜間）があるということです。それを誰がどのように支えればよいのでしょうか。

個別的と個人的

「個別的」とは複数集まった全体・総体を一つ一つバラバラにしたモノの特徴や特性。「個人的」とは「１個人としての～」のように本人の立場を尊重した表現方法。個人的の後に「感情・意見・感想」など認識を表す表現が続く。

全人的支援

対象者への支援を「身体、精神（心理）」領域だけでなく、社会的立場・関係や参加・役割、経済面までも含めた「暮らしの支援」をするためにはインフォーマル資源は必須。

【CADL の定義】

CADL（Cultural Activities of Daily Living：文化的日常生活活動・行為）とは、ICF（国際生活機能分類）の個人因子と環境因子に依拠し、参加・活動を含む日常生活で行う本人の文化的な生活行為及び要素をいう。構成される領域に「楽しみ、趣味、役割、関係、仕事、参加･交流、学び、こだわり」などがあり、ADL や IADL、健康状態、認知機能の維持・改善・向上にも影響を与える。人間としての尊厳領域（生きて在ることへの肯定）として位置づけられ、心の機能が低下しても認知症や看取り期までを含めて本人を支える「基本要素」となる。

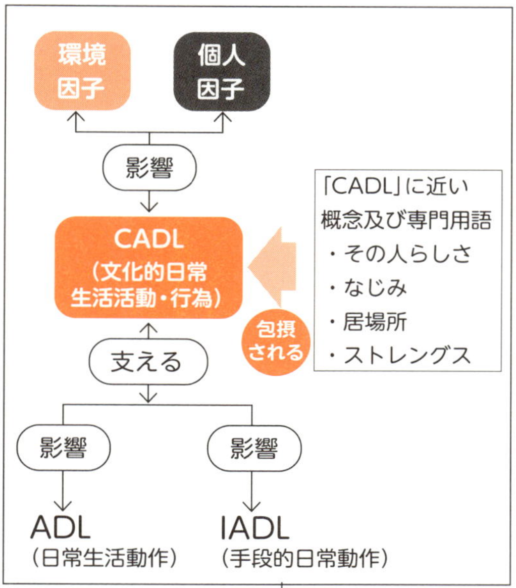

これらの 4 つの理由がケアマネジメントの新しい課題であり、ケアプランにインフォーマル資源を表記（見える化）する意味なのです。

■「自分らしさ」を支える CADL ケアプランとインフォーマル資源

これまでの専門職によるサポート中心のケアプランにインフォーマル資源を位置づけるには、新しい視点で利用者をアセスメントすることが必要です。そこで「**CADL 理論**」はとても役に立ちます。

CADL とは「意欲、価値観、役割、趣味、生きがい」などの心理面をアセスメント領域として独立させた視点で、2009 年に『ケアマネジャーの質問力』（中央法規出版）で筆者が初めて提唱しました。当時、「その人らしさ」がケア支援として一般的に使われていましたが、筆者はその本の中で「その人らしさは支援者側の一方的なラベリングである。重要なのは当事者にとっての『本人らしさ（自分らしさ）』である。そのエビデンスは本人自身の生き方・考え方（個人因子）にある」と提言し、現在では「**自分らしさ**」（本人らしさ）がケア業界にも浸透しています。

CADL の「C」は「Culture（文化）」です。「文化」は生活様式（スタイル）ともいわれます。国別（人種・民族含む）、地域別（県民気質など）、年代･世代別に生活習慣･価値観（宗教観含む）、生活行動（例：食事・嗜好、身なり・ファッション、話し方・話し言葉、住まい方、生活習慣、生活信条）などに色濃く表れるので、利用者理解のためにはとても重要なキーワードです。

CADL は、生活モデルと ICF の個人因子をさらに深め、先の 3 つ

自分らしさ

本人が抱く“自分の個性”がよく表されている状態。個性とは「他人と異なる、その人特有の性質や性格・価値観、動作からくる特性」。「らしさ」とは、それが表面的に現れた様子のこと。

の支援モデルの進化系として示される「生き方モデル（Life-Style モデル）」の基礎的理論と位置づけます。

> ●**生き方モデルのアセスメント領域**：個々人の「**自分らしい人生**」（個人のもつ文化性を尊重）の実現を目指し、「意欲・動機、価値観・こだわり、好き・嫌い、得意・苦手、強み・弱み」から本人流（自己流）の生活スタイルなどを尊重し、心理面を支える「心地よさ、**楽しみ・愉しみ**、趣味、運動、関わり・交流、役割・仕事、学びなど」を支援する。

楽しみと愉しみ

「楽しみ」は楽しいと感じること、感じる物事のこと。また将来を心待ちにすること。「愉しみ」は自分なりに「愉快」と思える心の状態。感覚・感情より思いや心地に主眼を置いた表現。

また**個人（自分らしさ）**や**集団への愛着**や**帰属意識（例：県民性、地元意識）**にも大きく影響を与えています。

CADL 理論では「何を幸福ととらえるか（**主観的幸福度**：well-being)」は個人の成育歴や価値観、経験、立場、環境、人間関係、生活文化などによって多様（**個別的・個人的**）であるという立場をとります。それは「個人が何にモチベーション（意欲・動機づけ）を抱くか」「何を心地よいと思うか・感じるか」に大きく影響するからです。心が充たされる「主観的感情・心的感覚」は人それぞれです。その多様な「何か」を CADL では重視します。

個別的・個人的な「自分らしい幸福感」を ADL や IADL、認知機能、健康管理の支援だけでサポートするには限界があります。だからこそ CADL 理論が必要であり、支援者は地域のインフォーマル資源だからこそ可能になることが多いと考えます。

> **ケアプランの課題表記の一例**
> ●**ADL 的課題**：清潔維持のために入浴し着衣できるようになる。
> ●**CADL 的課題**：○○の趣味の集まりに参加するために、入浴して好みの服とお化粧でオシャレができるようになる。

CADL は本人の意欲や自己肯定感、モチベーションに着目した「心の支援」（サポート）なので、要支援から要介護 5 の利用者（認知症、看取り期を含む）においても「自分らしい人生（ライフスタイル）」を尊重した支援を可能にします。

■「適切なケアマネジメント手法」と CADL の「親和性」とインフォーマル資源の位置づけ

2024 年度から法定研修に位置づけられた「適切なケアマネジメ

〈インフォーマル資源を見える化した第２表〉

居宅サービス計画書（2）

生活全般の解決すべき課題（ニーズ）	目標				援助内容		
	長期目標	（期間）	短期目標	（期間）	サービス内容	サービス種別	頻度
週２回は○○子ども食堂で絵本の語り部ボランティアをする	○○子ども食堂（1.5 km 先）までウォーキングスティックを使って30分かけて歩いて行けるようになる	00年 0月0日 ～ 00年 0月0日	立った姿勢で10分間、絵本が読める体力をつける	00年 0月0日 ～ 00年 0月0日	・立位がとれるリハビリ ・服薬で膝の痛みをとる ・ロードランナーで1000歩歩く ・犬とお散歩	通所リハ△△ △△クリニック **△△フィットネスジム** **ペット友だち**	週４回 月１回 週１回 毎朝
			発声トレーニングを１日１回（15分間）行い、『ぐりとぐら』が読めるようになる	00年 0月0日 ～ 00年 0月0日	・パタカラ体操を行う ・滑舌体操と口腔ケアを行う ・オンラインで朗読練習を行う	通所リハ△△（言語聴覚士） **絵本サークル** **「語り部」（朗読仲間）**	週４回 週１回 週２回

ント手法」（ケアマネジメントレベルの標準化）においても「自分らしさ」、「動機づけ」に関わる項目がアセスメントの方向性として具体的に示されており、CADLとの「親和性」はきわめて高いと考えます。

「適切なケアマネジメント手法」では「基本ケア」の項目一覧のアセスメント内容に、インフォーマル資源を積極的に位置づけており、基本ケアの解説でも「個別支援とともに地域づくりが重要」と「面の支援」の必要性と重要性を指摘しています。

家庭以外での「**支援者**」については、本人・家族の交友関係から情報収集し、その関わりの状況（声がけの場面と人）やコミュニケーションの状況・内容まで把握することを求めています。

また、現在だけでなく「**疾患前**」に着目し、それまでは地域でどのような活動に参加し、そのなかでどのような役割を担っていたか、現在も引き続き担えているなら、どのようなインフォーマルサポートで可能になっているのかを把握することまで示しています。

生活習慣においては「**よく行く場所**とそこまでの**外出時の動線**、外出の頻度・手段・目的・交流相手、活動と参加に関わる各行為の状況」などもアセスメントすることを求めています。**意思決定支援**についても支援しうる人の有無と関係性の情報把握を求めています。

2つのポイント

❶ **CADLで「自分らしさ」と「主観的幸福度」に着目する**

❷ **生き方モデル実現はインフォーマル資源で可能になる**

適切なケアマネジメント手法

2021年に厚生労働省が公表。ケアマネジメントの質のばらつきを改善し、一定の水準以上に保つことが目的。すべての利用者に共通する「基本ケア」と疾患ごとに共通の「疾患別ケア」で構成されている。

意思決定支援

意思決定支援には「意思形成支援、意思表明支援、意思実現支援」の３ステップがある。意思決定を支援しうる人には家族・身内以外にも本人が信頼する人、成年後見人などが該当する。

〔参考資料：「適切なケアマネジメント手法」（概要版）における情報把握すべきインフォーマル資源とその関係・内容（抜粋・一部加工）〕

6. 一週間の生活リズムとその変化を把握することの支援：支援者の関わりの状況(声かけが必要な場面、声かけをしている人、介護者の生活リズムなど)、本人や家族等の**交友関係**

7. 食事及び栄養の状態の確認：リハビリテーションを提供しうる地域の社会資源、サービス内容、利用状況

8. 水分摂取状況の把握の支援：支援者の関わりの状況（声がけをしている人など）

9. コミュニケーション状況の把握の支援：本人と家族等以外とのコミュニケーション

10. 家庭や地域での活動と参加の状況及びその環境の把握の支援：疾患発症前の地域・社会（家庭外）での本人の役割と現在の実行状況／疾患発症後の地域・社会（家庭外）での本人の役割と現在の実行状況、本人の役割の実現を支えているインフォーマルサポート

12. 転倒などのからだに負荷の掛かるリスクの予測：自宅外での本人の生活習慣（**よく行く場所**と**外出時の動線**）

15. 本人の意思を捉えるためのエピソード等の把握：疾患発症前の地域・社会（家庭外）での本人の役割／疾患発症後の本人の役割

17. 意思決定支援の必要性の理解：キーパーソン（本人の意思決定を支援しうる人）、本人の意思決定支援のために活用しうる地域の社会資源、サービス内容、利用状況

18. 意思決定支援体制の整備：意思決定支援チームとして関わりうる人（※専門職だけでなく、地域住民なども含める）

19. 将来の生活の見通しを立てることの支援：心理面での支えとしている相手・内容の把握、**キーパーソン**（本人の意思決定を支援しうる人）、本人との関係性、地域で利用可能なインフォーマルサポートの資源、サービス内容、利用状況

22. 口腔ケア及び摂食嚥下機能の支援：本人にあったリハビリテーションを提供しうる地域の社会資源、サービス内容、利用状況

26. フレイルを予防するための活動機会の維持：自宅外での本人の生活習慣（よく行く場所、外出時の動線）

交友関係

友人や知人、仲間として関係がある人たちのこと。「交友関係が広い」とは人々とのつながりや交流が広いこと。友好関係はお互いに好意をもっている関係で交友関係よりグッと狭くなる。

よく行く場所

自宅外で生活習慣化した「よく行く場所」（よく行っていた場所）には、散歩コース（神社、公園、学校、土手など）や買物（店舗）、交流（友人・知人宅、喫茶店、ファミレス、フードコーナー等）などがある。具体的な「名称、場所」まで聴き取ることが重要。

外出時の動線

よく行く場所への「道順」。距離、坂や階段の有無、天候別のルートなどを把握して白地図に動線を書き込み見える化することが重要。

キーパーソン

本人の意思決定の支援には「解説、助言、提案、示唆、協力」などがあり主に個人を示し、身内（家族・親族）、近所（知人）、交友関係（親友、友人、信者）、後見人などがある。一般的な中心人物、重要人物とはニュアンスは異なる。

29. 一週間の生活リズムにそった生活・活動を支えることの支援：支援者の関わりの状況（声かけをしている人など）、関わりうる支援者と支援内容、生活に関わっている人、交友関係

35. 喜びや楽しみ、強みを引き出し高める支援：本人の役割の実現を支えているインフォーマルサポート

38. 持っている機能を発揮しやすい環境の整備：自宅外での本人の生活習慣（よく行く場所、そこまでの動線）、地域・社会（家庭外）での本人の役割を実現するために必要な環境支援

39. 本人にとっての活動と参加を取り巻く交流環境の整備：外出の頻度・手段、目的、交流相手、地域・社会（家庭外）での本人の役割、**他人との交流**の方法、地域の中での交流の機会、家族等や支援者等による支援、本人の役割の実現を支えているインフォーマルサポート

40. 家族等の生活を支える支援及び連携の体制の整備：地域の社会資源の有無、状況、家族等の不安や悩みの解決に紹介しうる地域の社会資源

42. 本人や家族等に関わる理解者を増やすことの支援：地域生活におけるキーパーソン（本人の意思決定を支援しうる人）、本人や家族等の生活に関わっている人の交友関係、地域の社会資源、地域で利用可能なインフォーマルサポート、サービス内容、利用状況

43. 本人を取り巻く支援体制の整備：疾患発症前後の地域・社会（家庭外）での本人の役割、地域生活におけるキーパーソン（本人の意思決定を支援しうる人）と関係性、生活に関わっている人と交友関係、リハビリテーションを提供しうる地域の社会資源、意思決定支援のために活用しうる地域の社会資源、本人の役割の実現を支えるインフォーマルサポート、本人の生活を支えるインフォーマルサポート、関係する人のネットワーク、地域で利用可能なインフォーマルサポートの資源、精神症状に対応しうる地域の社会資源、免許返納後の移動手段、移動サービス等の地域の社会資源、家族等に対する支援（相談、不安や悩みの解決など）を提供しうる地域の社会資源

44. 同意してケアに参画する人への支援：本人の意思決定支援のために活用しうる地域の社会資源、家族等に対する支援（相談、不安や悩みの解決など）を提供しうる地域の社会資源

他人との交流

交流とは人と交わること。かつては「会話、文通、イベント参加」などの共通体験が主だった。インターネット時代になり「e-mail、SNS（例：LINE、Facebook）」などのデジタル上の交流スタイルが広がり、その範囲は全世界規模である。

第3節

インフォーマル資源の「多彩な顔ぶれ」

■インフォーマル資源の顔ぶれは「多彩」であれ

インフォーマル資源とは一般的に「**互助**」と呼ばれるもので、これまでは地域や地元にある「**つながり資源**」を意味してきました。現代ではコミュニケーション手段（電話、メール、SNS 等）や移動手段（自動車、電車等）が進化し、今後は、インフォーマル資源のエリアは隣市町村や隣県、全国にまで広がることでしょう。

インフォーマル資源は社会福祉協議会などが中心に「地域福祉」として下支えしてきました。それらはボランティアセンターなどで集約され､当事者や地域からの要望があればサポートするという「**申し入れ型**」や､周囲が支援が必要と判断して関わる「**アウトリーチ型**」が中心でした。

ケアマネジメントでつなぐインフォーマル資源は「**利用者目線**」に立ち､ケアマネジャーが支え手となる候補に直接関わっていく「**アプローチ型**」です。その顔ぶれは「ご近所」だけでなく、日常生活エリアの「**多彩な顔ぶれ**」で構成されます。支え手づくりは利用者の個別性に合った「セミ・オーダー」「フル・オーダー」の視点が求められます。このようなキメの細かい支援ができるのはケアマネジャーしかいません。

互助

家族やご近所、町内会、地縁団体、友人・仲間などの「なんらかの関係」がある者同士がお互いに助け合い支え合うこと。
「お互いさま」と「おかげさま」の心で日常的な支え合いが暮らしになじんでいる関係。

申し入れ型
アウトリーチ型

日本の行政サービスはほとんどが申し入れ型である「申請主義」。しかし要援護・要介護の人だけでなくひきこもりや社会的孤立のなかにいるために「申請ができない層」も増え、アウトリーチ（手を差しのべる）型の支援が求められている。

■地域ボランティア～ジャンル別に活動内容・エリアを把握する～

地域ボランティアは地域に暮らす人たちをサポートしています。グループの活動内容にはテーマ性があり、高齢者・障がい者・子育て支援のほかに、まちづくりや環境・美化、生活困窮、国際交流、スポーツ、災害復興、動物保護、防犯・防災などがあり、ユニークな名称で活動している団体も多数あります。

ボランティアグループの活動拠点は主に公民館や市民センターなどですが、商店街などの空き店舗利用も増え、主体が NPO であるところも増えています。

把握情報

●主な活動内容　●活動エリア　●グループ人数　●年齢構成
●顔ぶれ　●活動拠点　●活動頻度　●得意分野

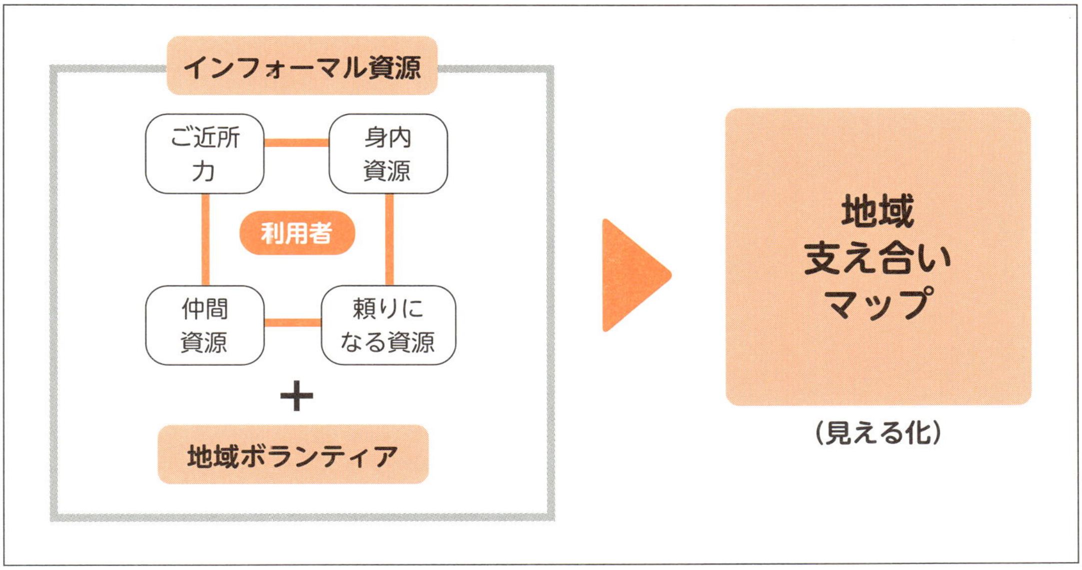

■ご近所力～町内会（自治会）・老人会・婦人会・地域消防団～

地域の助け合い・支え合いは**町内会（自治会）**単位が基本です。

町内会（自治会）は地域の住民で構成された自治組織です。交通安全、防犯、防火・防災、資源回収、環境美化、清掃・衛生、生活改善、福祉活動、住民交流などの活動を担っています。

町内会の役目の多くは「**持ち回り制**」なので、利用者からかつて担った役割やイベントなどへの参加経験から親しい人を聴き取ります。その人が元役員や民生委員経験者ならば助け合い・支え合いに理解があり、利用者の身近な支え手になる可能性があります。

加入率が減っている**老人会**（現在の呼称はさまざま）**や婦人会、地域消防団**もかつては加入率は高く、活動もかなり活発で視察・懇親旅行が頻繁に行われてきました。その体験とマインドをもっているのが70代以上の高齢者です。老人会・婦人会・地域消防団の「仲間」は利用者の思い出話の話し相手であり、見守り・声がけ資源となってくれる候補です。

把握情報

●世帯数とエリア（戸数と広さ）●役割（元含む）●活動内容
●つながり　●親密度

■身内資源～家族：子ども・孫・ひ孫、親族：きょうだい・甥・姪～

インフォーマル資源としては「家族」だけでなく「親族」も大切

持ち回り制

町内会の役員は選挙・推挙が前提だが、実際は「持ち回り制」が多い。全員が何かの役をある一定期間担うことで当事者意識と連帯感が生まれることになる。一方、加入しない人（フリーライダー）は町内会と揉めやすい。近年は身体が動かないので役回りは無理、町内会費が払えないという理由で高齢者が退会するケースが増加している。

老人会

老人会は、地域に住む高齢者の福祉を目的とした自主的組織。活動は、訪問、見守り、居場所提供、交流活動、外出援助などの友愛活動から健康・スポーツ、旅行・イベント、ボランティア活動、美化・リサイクル活動、子育て支援などを行う。

婦人会

P.41 参照

消防団

P.41 参照

な役割を担います。親族関係には親子間とはひと味違った距離感があるからです。親子関係が希薄でも孫やきょうだい・甥・姪が積極的な支援者（高齢者なら後見人）になる場合があります。地方では近隣に点在して住んでいるという例も多く見られます。

リアル介護は難しくても、話し相手や見守り・声がけの役割は担えます。甥や姪たちにとって幼少期に世話をしてもらった経験は、要介護となったおじ・おばの支え手となる動機の源泉です。「**遠くの家族より近くの親族**」は身近なインフォーマル資源です。家族・親族資源とのリアルな距離はさまざまでも、大切なのは「心の距離」なのです。

把握情報　家族構成図（ジェノグラム）で見える化
- 関係（例：きょうだい、甥・姪）と関係性
- 年齢
- 住所と移動距離
- 思い出やエピソード
- 本人が家族・親族に望む役割

■仲間資源～学友、遊び・スポーツ・趣味、子育て、ペット～

利用者本人にとって「**話題が共通**で気を許せる関係」「**同じ苦労**をともにした関係」は貴重です。小中学校の友人、趣味サークル仲間、スポーツ仲間、子育てを通じた知り合い、さらにペット仲間（散歩時）などは年齢や立場を超え、幅広い「地域性（**地元愛**）あふれるつながり」です。利用者には「かつてのつながり」を聴き取り、近所・近隣のどこに住まいがあり、今のつきあいのレベルと願いを聴き取ります。

地元愛
地元への愛着・誇りであり、所属欲求の一つ。行動経済学における「保有効果」から生まれる認知バイアス（偏り）の一つと考える。地元出身者を「ジモティー」と呼ぶこともある。

把握情報
- 交流のあった時期
- 共通の話題・体験
- 集まり場所
- 規模と顔ぶれ
- 今のつきあいとお願いできる支援

■頼りになる資源～なじみのお店、出入りの業者～

日常生活のなかでの「**ゆるい関係**」の一つが利用者が日頃から使っているお店です。いわゆる「お客としての関係」です。十数年以上の関わりがあるなら、そこには店の人との「**なじみの関係**」があり、お客同士としての「**ゆるやかな知り合い**」もいます。

ゆるい関係
「ゆるい＝緩い」。一方、つよい関係が血縁、地縁、同窓、社縁。現代は「きびしくなく、距離感が保て、干渉しない仲のよいゆるい関係」が好まれる。

利用者が出かけていく資源に、日常生活系（例：商店、コンビニ

エンスストア、スーパー）、おしゃれ系（例：美容院、理髪店、化粧品店、ブティック・衣料店）、飲食系（例：喫茶店、食堂、レストラン、居酒屋、スナック、カラオケ等）などがあります。

まちなかインフォーマル資源は利用者の生活面を支えるだけでなく、定期的な「声がけ・見守り」役としてかなり頼れる貴重な資源です。

把握情報

●通ってきた年数　●通いの頻度　●店員・お客等との親密度
●内容　●お願いできる支援・範囲

■「多彩な顔ぶれ」発見は「地域支え合いマップ」を使う

インフォーマル資源の多彩な顔ぶれの発見は、「**鳥の目**」（鳥瞰）で地域を眺める方法が有効です。インターネットサイトで利用者の住所を入力し「航空写真」を検索し、それをトレースして「地域支え合いマップ」の白地図を作成します。

利用者とのやりとりで「これまでと現在の地域の人とのつながり」を聴き取ります。なじみの店舗や親しくしていた人がわかれば「**芋づる式**」につながりを聴き取り、ジャンル別に色分けした付箋に名前を書き込み、白地図に貼ります。現在はその人が不在（入院・入所、死亡）でもかつての関係性が深ければ、地域支え合いマップには書き込むとよいでしょう。

芋づる式
ひとつの物事がわかると次々に新たな物事が明らかになること。人脈では、１人から始めて紹介で広げていくことをいう。

準備するモノ

●航空写真　●地域支え合いマップ（白地図）
●５色の付箋

3つのポイント

❶ 多彩な顔ぶれは「5つの視点」（地域ボランティア、ご近所力、身内資源、仲間資源、頼りになる資源）から聴き取る
❷「鳥の目」でインフォーマル資源を「見える化（マップ）」
❸ つながりは「芋づる式」に聴き取る

第4節

インフォーマル資源を機能別に「マッチング」

■利用者の「望む生活」とインフォーマル資源をマッチング

利用者の「望む生活」とインフォーマル資源をつなぐポイントは「①**利用者の同意と選択、②ゆるやかな距離感、③インフォーマル資源の自主性**」です。利用者(家族)にはこれまでの地域やつながりとの「立場・顔」と「関係性の濃淡」があります。お互いさまの関係をベースにするからこそ、この３つのポイントが重要になってきます。

マッチングにおいては、利用者の「望む生活」と地域がもつ「個別性」を尊重し、インフォーマル資源それぞれの「強み・得意・できること」に着目するとともに、「弱み・苦手・範囲と限界」にも配慮して行います。

ボランティア活動は「対象者、テーマ、活動内容」が明確なので、「支援が定番化」しがちです。また「融通さに限界」があり、利用者との微妙なズレがミスマッチとなるリスクもあるので配慮が必要です。

マッチングで大切なのは「**相性**」です。民生委員や町内会長は役割です。相性とはお互いの感情です。地域の世話焼きさんとはいえ「相性が合う・合わない」があります。

利用者と話し合い、「望むインフォーマル資源と支援」のマッチングをケアプランのなかで位置づけます。

マッチング
「マッチング」とは、２つ以上の要素を適切に組み合わせること。関連性や適合性、親和性、相性を分析し、最適な組み合わせをめざす。話題や趣味が共通しているとマッチングしやすいが、性格が真逆でもうまくいくこともあるから決めつけは禁物。

相性
「相性がいい」とは、一緒にいて落ち着く・心地いい・心安らぐ、自然体でいられる、本音が言える、無言でも気まずくならないなどを意味する。価値観や話題、趣味が共通、食の嗜好、笑いのツボ、金銭感覚、ファッションセンスなども影響する。

■見守り・声がけ
～家族・親族、ご近所、町内会、民間サービス、店舗～

見守り・声がけには、要介護高齢者の安否確認(例：転倒時や緊急時の発見・対応)だけでなく、地域との関わり・社会参加(例：あいさつ、立ち話のきっかけ)という効果があります。また要介護高齢者の自立支援(例：散歩・ゴミ出し・買い物)への動機づけになります。

この見守り・声がけにより遠方の家族の安心が得られるだけでなく、住み慣れた地域での暮らしを継続する「頼りになる資源」となります。

見守りの手段には訪問(回覧板、お誘い、あいさつ)による「対面・対話」が基本です。ゴミ出しや散歩、店舗の出入りなどの「**目配り・気配り**」も「さりげない見守り」といえます。

目配り・気配り
目配りとは「周囲・あちこちを注意して見ること」。気配りとは「さまざまなことに気を使うこと」。極端になると監視と受け取られかねないので、配慮が必要である。

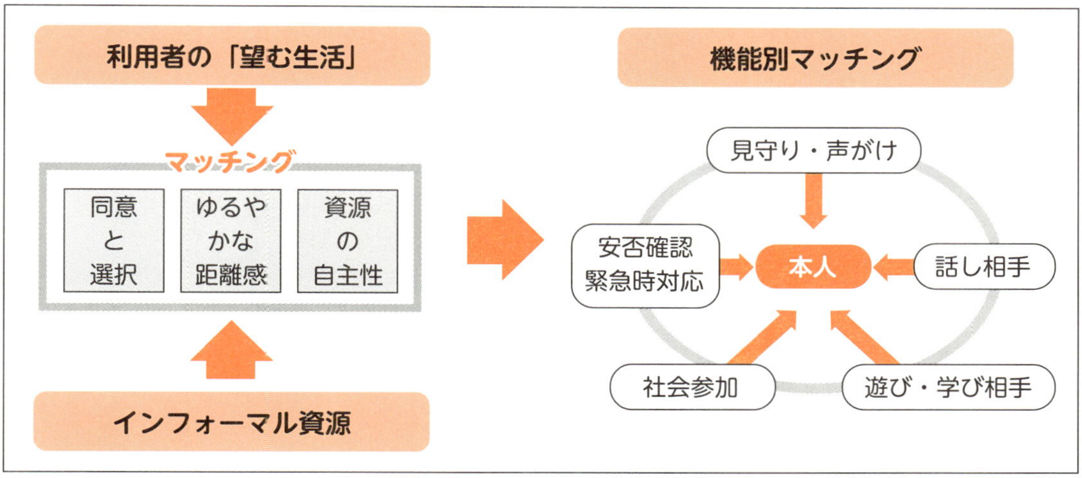

見守り・声がけを担えるインフォーマル資源

●ご近所　●町内会（管理組合）　●民生委員　●なじみのお店
●民間サービス（例：新聞配達店、ＧＳ、警備会社など）
●家族・親族

■安否確認と緊急時対応 ～家庭内事故、体調急変、災害時～

要介護高齢者の一人暮らし世帯や老老介護世帯のケアプランにおいて「**安否確認**」は重要な機能です。介護サービスは時間帯と頻度が予定されています。つねにリスクのある家庭内事故や体調の急変、いつ起こるかわからない地震・浸水などの災害時、発見の遅れが生死に関わる緊急事態に対応はできません。

地域のインフォーマル資源なら次のような異変に日常生活や業務を通じて「目配り・気配り」が可能です。

- 郵便受けに新聞、チラシ、郵便物がたまっている
- 夜に明かりがついていない（日中、カーテンが閉めっぱなし）
- 洗濯物が干しっぱなしになっている
- 電話や人感センサーに反応がない、防犯カメラに映らない
- 数日間、姿を見ない（例：ゴミ出し時）、声がけに反応がない

安否確認と緊急時対応が担えるインフォーマル資源

●ご近所　●町内会（回覧板）　●民生委員
●民間サービス（例：新聞配達店、電気・ガスの検針員など）
●家族・親族

安否確認
高齢者の生存や安全の確認だけでなく異変や異常を早期発見すること。定期的な訪問・訪室、ご近所や知人などによる見守り、カメラによる確認、人感センサーなどの方法がある。民間のICT機器とAIを活用した見守りサービスもある。

■社会参加～集いの場、通いの場、地元行事、なじみの店舗～

要介護となる前の「これまでの暮らしぶり」から、ご近所の親しい人との茶飲み話・**井戸端会議**（集いの場）や趣味の教室や仲間の集まり、健康体操などの定期的な集まり（通いの場）、地元行事（イベント）などを聴き取ります。またショッピングや地元の名所・商店街などの「**まち歩き**」も社会参加を動機づける大切なインフォーマル資源です。

井戸端会議
かつて共同の井戸・水道などの周りに近所の人たちが水汲みや洗濯に集まり、世間話やうわさ話に興じている様子を総称した。現代では近所との他愛のない立ち話やおしゃべり、雑談、犬の散歩時の会話のこと。

利用者の心身の状態と改善の見込み、本人の意欲などに配慮し、社会参加をケアプランの課題・長期目標・短期目標などに位置づけてみましょう。その際、協力してくれる個人や趣味サークルなどは具体的に（名称、地域、内容）把握します。

利用者への問いかけ例

- 「もし仮に、半年後に○○が改善したら、どこにお出かけ（どこでお買い物を）されたいですか？」
- 「もし仮に△△の場にお出かけを希望されるなら、どの方（どこのお店）に協力いただけそうですか？」

社会参加に動機づけられるインフォーマル資源

- ご近所の集いの場
- 定期的な通いの場
- 趣味の教室
- 趣味仲間の集まり
- 地元行事
- なじみのお店など

■話し相手～友人、知人、ご近所、店員、家族・親族、趣味仲間～

要介護高齢者になると会話の機会が減り気味です。コミュニケーションには「ケア効果」があります。会話をすることで溜まっていたストレスや日頃の思いを聴いてもらえ、心がスッキリする効果があります（ストレスケア）。また孤独感から解放され、共感の言葉や励ましで自己肯定感が得られ（承認欲求）、新しい人間関係を築くことができます（仲間意識）。

ケアマネジャーによる月１～２回のモニタリング訪問では孤独・孤立の解消には限界があります。これまで出会ったなかで「一緒にいると楽しい・会話が盛り上がる人」を聴き取り、話し相手資源としてケアプランに組み込みます。

手段は対面だけでなく、電話、スマホでの**SNSつながり**なら、家にいても遠方の相手とコミュニケーションが可能です。

SNSつながり
人と人の社会的なつながりを維持・促進するための機能をもったオンラインサービス。Facebook、LINE、YouTube、Zoomが高齢者にも人気。

話し相手となるインフォーマル資源

- 友人　●地元の知人　●趣味仲間
- なじみの店での知り合い　●子ども・孫・ひ孫
- ネットつながりの友人・知人

■**遊び相手・学び相手～友人、遊び仲間、趣味仲間、なじみの店～**

女性に比べて男性高齢者が求めるのは「おしゃべり相手」よりも「遊び相手・学び相手」です。口下手な男性がただ集まって会話をしても、共通する話題もなければ、お互いのバックボーンを詮索し、知らぬ間に張り合って**マウント**をとり距離をつくってしまうことがよくあるからです。

その点、一緒に遊べる相手（例：囲碁・将棋、麻雀、スポーツ）や一緒に学べる相手（例：シルバー大学、各種教室）はとても貴重です。年齢差も性差、職歴・学歴を気にしなくてよいのは、基本に共通のルールや**学ぶ立場という「対等性」**があるからです。

元気な頃にどのような人たちと遊んだか、日常生活圏域のどのあたりに住んでいたのか、などを聴き取り、ケアプランの課題に遊び相手や学び相手と一緒に楽しむことを設定し、サービス種別にインフォーマル資源として位置づけます。

遊び相手・学び相手のインフォーマル資源

- 友人・知人
- 趣味（例：ゴルフ、釣り、囲碁、将棋、パチンコ、麻雀、カラオケ、グラウンド・ゴルフ）
- 学び（例：各種カルチャー教室、郷土史調査）
- なじみの店の友人　●SNS つながり

マウント

自分の優位性を示すために、威圧的な態度や雰囲気で周囲を威嚇したり、萎縮させたりすること。元々はサル山のサルが自分の優位性を周囲に示す動物行動学の専門用語。マウンティングともいう。

3つのポイント

1. **マッチングは「同意と選択、距離感、自主性」の尊重**
2. **機能別に「支え手候補者」を利用者と一緒にチョイス**
3. **関わり方は「リアル」だけでなく「SNSつながり」も**

コラム

インフォーマル資源の「起源」から考える

インフォーマル資源のそもそもを考えてみました。

まずは用語。「フォーマル＝公的」ならば「インフォーマル＝私的」となります。これをさらにくだけた表現にすると「形式ばらない、日常的な、プライベートな」資源というのが適切な解釈のようです。

具体的に「日常的に支え合うプライベートな社会資源」で浮かぶのが「隣り組、町内会、ご近所づきあい」でしょうか。いざという時の「頼母子講（たのもしこう）」もその一つ。日本人はこの手の関係性を特に大切に守ってきたと思います。

頼母子講のベースにあるのは定住型の農耕社会における集団による生産関係。支え合わないと生きていけない＝関わらないと生きていけない農村社会で、共生の環境はつくられてきました。そこから生まれた「向こう三軒両隣」のつきあいが地域の「ご近所力」として注目されてきたのです。

しかし、そんな親密なコミュニティ事情はコロナ禍をきっかけに一気に脆弱になりました。三密回避が是とされ、深刻な影響を受けました。一方で格差社会はさらに進み、弾かれた個人が孤独化・孤立化しています。どうしたことでしょう。私たちはそんなに冷たくなったのでしょうか？ 日本人は「つながる」ことをすっかり忘れてしまったのでしょうか。

社会学者の恩田守雄氏（『互助社会論　ユイ、モヤイ、テツダイの民俗社会学』〔世界思想社、2006年〕）は、日本には「自生的な社会秩序としての互助行為」を連綿と行ってきた歴史があり、それが「共生行為と連帯行為」である、と説きました。阪神・淡路大震災、東日本大震災の時に多くの見知らぬ人たちが「生きる」ために行った避難行動と支援活動はまさに「助け合う・支え合うマインド」が残っていることの証左です。

少子高齢社会が進み、都市部でも見え始めた「ニッポン限界集落」化に私たちは戦々恐々としています。だからこそ、このインフォーマル資源をきっかけに、新たなつながりづくりが始まる予感がしています。

第2章

インフォーマル資源を見つける・つなぐ・つくる

第１節

生活者目線と利用者目線で「まち歩き」

■リアルな地域情報～５つの視点～

利用者支援には、利用者が住み慣れた地域をあなたが「知っている、わかっている」ことは重要です。利用者の地域を把握するための情報源には次の２つがあります。

第１が客観的な「データ」です。３年ごとに改訂される自治体の介護保険事業計画には、「日常生活圏域」ごとに利用者が暮らす地区の高齢化率や要介護認定者数、高齢者人口の推移などがまとめられています。基本情報として、それらの「データ」をおさえておくことは非常に重要です。しかし、それらのデータから個別の「利用者の生活者としての暮らしぶり（**生活者目線**）」を読み取ることはできません。

第２が「**リアルな地域情報**」です。利用者が住み慣れた地域の情報を「地理・地形的視点、なじみの人・場所視点、生活資源視点、まちづくり視点、災害・防災・避難視点」の５つの視点から把握する必要があります。

【リアルな5つの視点】

- **地理・地形的視点：**歩行・移動に関わる道路状況（道路幅、歩道の有無、坂の勾配、信号・横断歩道など）、河川・側溝、貯水池の状況、水田・畑、山林・峠、海岸線など地形を含めた形状
- **なじみの人・場所視点：**知人・友人の家、民生委員の家、ご近所の集いの場・通いの場（公民館、喫茶店、**ファミレス**など）、神社・お寺
- **生活資源視点：**ゴミ集積場、なじみのスーパー、美容院・理容院、ガソリンスタンド、商店街、青果店・精肉店、コンビニ
- **まちづくり視点：**共通の困り事（例：急坂や階段が多い、交通量が多い・信号がない交差点、空き家が急増、道が狭く消防車が入れない、中小スーパーの閉店、シャッター商店街となり高齢者が買い物難民）
- **災害・防災・避難視点：**地震・浸水時の避難場所と避難ルート、避難中のライフライン、家の倒壊・浸水時の救出　など

利用者目線

利用者目線をマーケティング用語では「ユーザー目線」ともいう。本書では介護サービスを利用する要支援・要介護高齢者の目線のことをいう。要介護度と状態像等によって利用者目線は異なる「個別・個人的なもの」と考える。

生活者目線

生活者・暮らす人の「幸福」を基本にした視点。逆説的には行政視点（政策・予算中心）、議員視点（得票中心）、経営者視点（利益優先）などがある。

ファミレス

ファミリーレストランの略（和製英語）。主にファミリー客層を想定したレストランの業態。

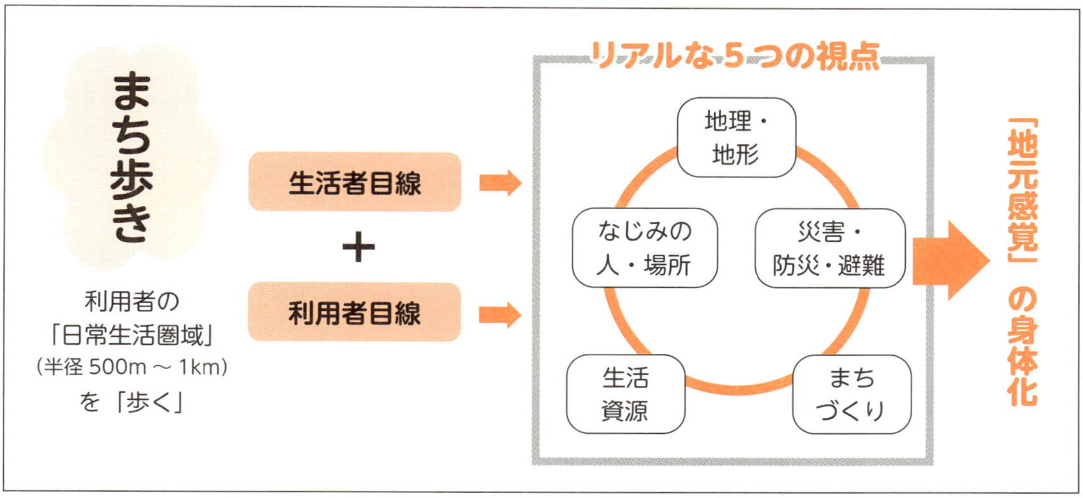

■まち（地域）を歩き「地元感覚」を身につける

市町村ごとに地域情報をまとめたパンフレットはあっても「５つの視点」で把握されたパンフレットはあるでしょうか。利用者にとって身近なオリジナル情報は市町村の介護保険課や地域包括支援センターでも把握していません。

利用者ごとのリアルな地域情報をケアマネジメント業務の一つとして集約できる立場にいるのがケアマネジャーです。そのリアルな地域情報こそがインフォーマル資源の「お宝」と考えましょう。

リアルな地域情報を利用者支援やケアプラン、利用者基本情報などに反映させるために行うことはただ１つです。利用者の「日常生活圏域」（半径 500 m～１km）をあなた自身が生活者目線で「**歩くこと**」です。いくら自動車で訪問していても意識は安全運転に集中しています。まちの人とあいさつも立ち話もできないからです。

歩くスピード（約４km/ｈ）だからあいさつや立ち話が気軽にでき、「生きた地域情報を**身体に取り込む（身体化）**」ことが可能なのです。五感で地域を把握しておくと、利用者との会話で「ああ、あそこですね！」と会話が弾み共感的なリアクションができるようになり、距離感はぐっと近づきます。

皆さんの中で利用者の住む土地で生まれ育った人は少ないのではないでしょうか。だからこそ「**地元感覚**（現場感覚）」を歩くことで身につけるのです。

地元感覚

地元に生まれ育った者にしかわからない・通じないと思う感覚。ものや場所の呼称、話しぶり（口調）、つき合い方などの地元ルールを会話に折り込むと地元から認められる。

■「五感で歩く」～「？」の違和感が興味をもつチャンス～

地域をどのように歩けばよいか、わからない人も多いでしょう。無意識に歩いていては何も地域情報は入ってきません。利用者目線で「自宅周辺半径 500 m～1 km」を目安に歩きます。新規ケースの時は事前に 30 分、モニタリング時には訪問前 10 分など、テーマやエリアを決めて歩きます。**歩き方**も、ザックリと歩く、立ち止まって景色や建物を見回す・人や車、自転車の流れを眺めるところから「まち歩き」を始めます。把握した情報は手元に用意した付箋に書き込み、あとで「白地図」に書き込みましょう。

では、「五感で歩く」とはどういうことでしょう。

【五感で歩く】

- **見る（視覚）**：視覚には「眺める、見る、見つめる、目を凝らす」の４つのレベルがあります。利用者の自宅回りや周辺の道路、目印（例：郵便ポスト、コンビニ、交差点、神社、お寺）、家の並び・**空き家**の数、商店街やスーパー、危険な場所（例：側溝、交差点、貯水池）などを見ます。
- **聞く（聴覚）**：聴覚には「聞こえる、聞く、聴く、耳をすます」のレベルがあります。まちの音から学校や工場の有無、車の交通量や信号の待機時間などがわかります。地域の人と立ち話をすると話し方や言葉・方言のニュアンスから「**地元の気質**」を知るきっかけになります。
- **嗅ぐ（嗅覚）**：まちにはさまざまな「におい」があり、まちの暮らしを知るヒントになります。一方で町工場の油や排水のにおい、飲食店や畜産農家のにおい、ゴミ屋敷・ゴミ置き場のにおいはご近所トラブルにもなりがちです。
- **触れる（触覚）**：肌感覚でわかるのは気温と湿気、風圧。日射しの程度や日陰エリアなどは夏の散歩時には大切な情報です。沿岸部などの海風や突風は歩行に影響するので、季節ごとに風圧の強さも把握しておきます。
- **味わう（味覚）**：どの地元にも「なじみの味」（**地元の味**）があります。ヒントは老舗の名産品や地元に愛されている飲食店の味です。それを味わうだけで利用者（家族）とよい関係がつくれます。また得られる地元情報は 10 ～ 30 年以上も遡ることができ、利用者（家族）との雑談ネタとしても貴重です。

五感を開けば開くほど「これって何かな？」と違和感（気になる）を覚えることがあるでしょう。それがチャンスです。「これっておもしろい！」「なぜここにあるんだろう？」「誰が使うんだろう？」と心の中で「問いかけ」をしながら観察することをおススメします。

歩き方

成人の歩行速度は4km/h程度。歩き方も速度を遅らせるだけでなく、姿勢（前かがみ）、福祉用具（杖歩行、シルバーカー）、時間帯（夕方、夜）、気候（雨天、猛暑、降雪）など条件を変えてみましょう。

空き家

地方や都市部でも空き家が急増中。放置されると外壁材や屋根材の落下や倒壊、ごみの不法投棄、悪臭、放火などさまざまな悪影響が生じ、ご近所トラブルの種となっている。

地元の気質

地元独特の「気質」（閉鎖的・開放的、堅実型・浪費型、伝統的・新奇性、お祭り気質、保守的・革新的など）をきっかけに話題にするのもよい。

地元の味

同じ都道府県内でも市町村や町内・集落によって「地元の味」は実にさまざま。調理方法や盛り付け・食べ方も多彩。地元ならではの「ソウルフード」（例：宇都宮の餃子）の話題は関係をぐっと近づけてくれる。

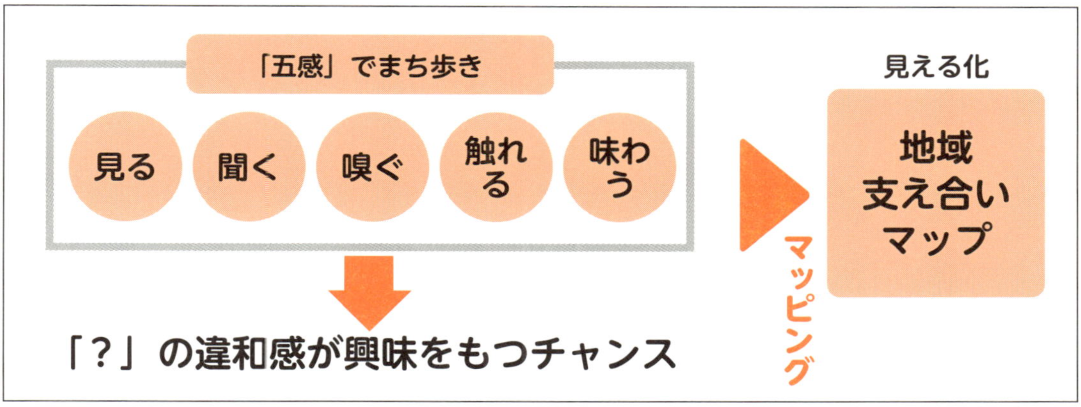

その疑問を利用者（家族）に尋ねてみることで会話が弾み、信頼関係につながることでしょう。

■まち歩きで「利用者の地域課題」を見つける

利用者から地域で暮らし続けるための困り事を聴き取りしても、その多くが抽象的な困り事だったりします。「買物に困っている」場合、スーパーや店舗がなくなったのか、膝の痛みなど下肢のトラブルで行けないのか、坂が多く重い物が持ち帰れないのか、歩く速度が遅くなり信号時間内に渡り切れないのか、など理由はさまざまです。

利用者の言葉だけでは**カラダ感覚**でわかる「リアルさ」が足りないので実感が湧かないものです。「どうすればよいか？」（手立て）をシミュレーションしようにも、実現性のある手立てが浮かびません。

しかし、まち歩きで得られた生の地域情報が書き込まれた「**地域支え合いマップ**」があれば、利用者の暮らしぶりと困り事が体感レベルでわかります。認知症で迷子になった時や地震時の山崩れや家屋損壊、河川の決壊などの「リスク課題」も予見できます。

重要なことは「地域支え合いマップ」に地域の主な社会資源と多彩な顔ぶれのインフォーマル資源（支え手）を書きこんでおき、あの手この手の「**現実的な手立て**」をシミュレーションできるようにしておくことです。

カラダ感覚
距離感や坂の勾配、暑さ・寒さなどは「カラダ感覚」がもっともリアルです。まち歩きすることであなた自身が体感でき、地元の人と「同感・共感の関係」になれることでしょう。

3つのポイント

❶ **リアルな地域情報は「5つの視点」で把握する**
❷ **地域の「まち歩き」は「五感」を開く**
❸ **まち歩きで利用者の困り事に対する「現実的な手立て」を引き出す**

第2節

利用者と始める「支え手」探し

■「支え手」探しはまち歩きで「話題のきっかけ」を仕込む

いよいよインフォーマル資源探しの始まりです。インフォーマル資源は「利用者目線」が基本です。領域は「家族・親族、地縁団体、地元つながり、趣味・楽しみ、日常生活資源、地元の介護・医療関係者（元職を含む）」で探します。

ここで役に立つのが事前にやっておきたい「まち歩き」なのです。しかし、あなたに「探す視点」がないとただの殺風景な景色か密集した街並みにしか見えません。ポイントは「高齢者にとって」の視点で見ること。古い建物や空き家・空き店舗、長く続いていそうな老舗や飲食店、ファミレスやそば屋・うどん屋、水田や畑・ビニールハウス、道路なら交通量、郵便局や郵便ポスト、公民館、お社やお地蔵様、ガソリンスタンド、美容室・理容室などはすべて「支え手」探しのきっかけになります。

利用者とのやりとりで「この先の南に行った○○のあたりにね……」と話が始まったら「お地蔵様があるところですか？」とまち歩きでキャッチした話題のネタで返すと「**同感の関係**」になり、ぐっと心の距離は縮まります。

続いて「その場所」の話題を基点にして、インフォーマル資源と関わる人たちの「**ご縁**」を聴きます。話題の中から「**支え手**」候補を探しましょう。

■家族・親族から「支え手」探し

利用者基本情報の「家族構成」を聴き取ります。利用者の**育てた家族**（配偶者、子ども、孫）の構成から、子どものいる場合は「住まい」（例：市町村、おおよその距離・移動時間）、実家に来る頻度などを聴き取ります。

その流れで、利用者の**育った家族**（きょうだい）ときょうだいの家族（義理の夫・妻、甥・姪）と「住まい」（例：市町村、おおよその距離・移動時間）、会う頻度なども話が弾んだら聴き取りましょう。

近隣で今もなんらかの関わりがあるなら、通い介護、見守りや声がけ、話し相手の役割ができないものか、シミュレーションします。遠方の家族・親族でも電話やLINEなどを使うなら話し相手の役割

同感の関係

同感とは「同じ感覚」になること。個人によって感じ方には濃淡・強弱はあるが、その基本は「共通体験」。気温、気候、坂の勾配、階段の数、味覚、視覚などがある（P.55参照）

育てた家族

結婚してつくった家族のこと。配偶者、子ども、孫をいう。再婚・再々婚ならば複数の「育てた家族」があることになる。「つくった家族」では誤解を招くので2005年に筆者が提唱。

育った家族

誰にもあるのが「育った家族」。昭和の大家族時代なら祖父母、両親、きょうだいが一般的。本人の生活感、価値観、こだわり、癖、金銭感覚などは「育った家族」の幼少期時代に形成される。

は担えます。

■「地縁団体」から「支え手」探し

加入率が下がっている町内会や区会、班、自治会ですが、いま加入している住民は「支え合い」に意識的な人です。またかつての町内会長や自治会長、福祉委員や友愛訪問員でがんばった方は、支え合いに理解がある人たちで「支え手」候補です。

- 「町内会で親しくされていた方はどの方ですか？」
- 「町内会の役員をされていた方は近所にいらっしゃいますか？」

よその人に場所を説明するのに、聞かれるとたいていは戸惑うものです。でも、まち歩きで得たわずかの「**土地勘**」がここでぐっとと役に立ちます。

- 「○○のあたりの方ですか？」

まちを知っている安心感から話題はとても盛り上がるでしょう。話す名前と場所、どのくらい親しいのかをしっかりとメモします。

■「つきあい」から「支え手」探し

利用者は地域の人たちと**いろんな距離感でつきあい**をしています。小中学校時代からのつきあいから**青年団**や**婦人会**、**消防団**、60歳代からは老人会、さらに仕事つながりや商工会・農協・漁協、飲み屋つながり、ペットの散歩仲間、子どもつながりの親友《おやとも》、何かと集まる茶飲み友だちまであります。

これらは「気の合う同士」が基本。「支え手」候補として把握しておきたいものです。新規訪問でなく次回以降の訪問時にタイミングをみて聴き取ります。あえて店名から聞いてみるのもよいでしょう。

土地勘
その土地の情報（地形や地理、交通状況、評判の店舗など）についての知識。まち歩きしておくとおおよその地形をカラダが覚えている。

婦人会
修養・趣味・社会活動などを目的として活動する地域を単位とした女性の自主組織。婦人団体、女性団体、女性会ともいう。農協には農協婦人部がある。

青年団
市町村ごとにある20歳代～30歳代の若者の社会教育団体。交流、地元行事、スポーツなどを行う。団塊の世代はその中心的存在だった。70歳代～80歳代はもっとも活動が活発だった青年団OBが多い。

消防団
市町村の非常時の消防防災組織。団員は20歳代～40歳代の男性が多く、本業をもち火事や災害時に活躍するボランティア。定期的に操法訓練があり大会もある。タテ・ヨコいずれも信頼関係は厚い。

- 「角のスナックにはよく行かれていたのですか？」
- 「茶飲み友だちといえる方は近所にいらっしゃいますか？」

■「楽しみ・趣味」から「支え手」探し

「意欲・動機づけシート」（45頁）の項目の「楽しみ・趣味」を参考に「つながり」を聴き取ってみましょう。

楽しみ・趣味にも一人で楽しむタイプと複数人のグループで楽しむタイプの２つがあります。楽しみ・趣味が共通していると関係は続きやすく、遊び相手・話し相手の候補としても有力です。

勘所は、今やっていなくても「これまで」やっていたことに着目することです。かつては楽しみ・趣味でどのようなつながりをしていたのか（例：グループ名と顔ぶれ、開催場所と頻度、楽しい思い出）を具体的に聴き取ります。場所が地区公民館や集会所なら「近場」に「支え手」候補がいる率がぐっと高く、まち歩きして身についた「**土地勘**」が役に立ちます。

- 「趣味のお仲間はご近所のどのあたりにいらっしゃいますか？」
- 「趣味のお仲間でいまも定期的に連絡を取っている方はいらっしゃいます？」

10年位前から人気の老人大学（シニア大学）などに参加した人なら、「学びの場」でのクラスメート感覚のつながりも聴き取りましょう。

高齢者の学び

人生100年時代、生涯学べる場として市町村や社会福祉協議会などが「老人大学（シニア大学）」として開校した。勉学や趣味を通じて友情を養い、生きがいと教養を高めるのが目的である。大学もシニア向けの短期講座を積極的に展開している。

■「日常生活資源」から「支え手」探し

住民は地域のさまざまな「日常生活資源」を使いながら暮らしています。大都市部ならば半径500ｍ～1km以内（徒歩圏内）でほとんどまかなえても、地方の中・小都市や町村、過疎地は車を使わなければ日常生活資源にたどりつけないのが現状です。人口減少と高齢化に伴い、地域の商店街や地元店舗、中小スーパーが閉店・空き家になるケースも増えています。

とはいえ、利用者にとっての「なじみの日常生活資源」そのものが「支え手」機能をもっています。地方の消費者の高齢化にともない、企業側も店舗のバリアフリー化や商品の宅配、行政の協力による定期的な移動販売などを行っており、それらの店舗の「支え手意識」はかなり高いと期待できます。まち歩きでキャッチした近所の古い店舗やスーパー、コンビニなどを話題にあげて、どのような日常生活資源を活用しているのかを聴き取ります。

- 「買い物はどちらのお店によく行かれていますか？」

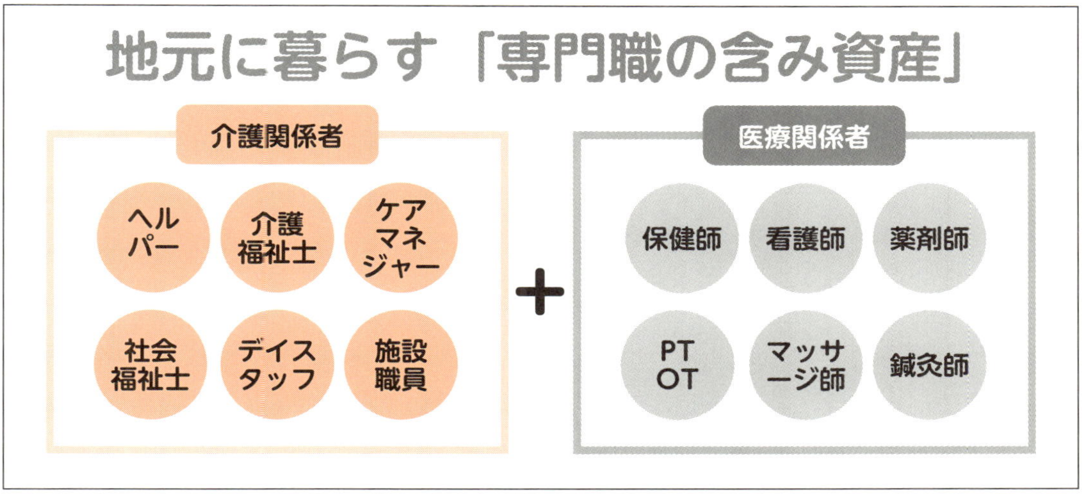

- 「美容院（理容院）はどちらに行かれていますか（いましたか）？」
- 「車の燃料はどちらのガソリンスタンドで入れられていますか？」
- 「冬場の灯油にどちらで購入されていますか？」
- 「よく使われている宅配便はどちらですか？」

■「地元の介護・医療関係者」から「支え手」探し

利用者の生活圏域に「支え手」候補は少なくても、ご近所に「住民」として住んでいる介護・医療関係者は地元に暮らす「**専門職の含み資産**」です。「支え手」意識は高く、声がけ・見守りのポイントがわかっており、いざとなったら「緊急時の対応」（例：迷子になった認知症の人の発見）が可能な人たちです。

とりわけ地方では「近所の家族、身内の誰か」の中に介護・医療関係者がいることは少なくありません。またその人から地域の「支え手」候補を紹介してもらうことも試みましょう。

- 「ご近所で介護の仕事をしてらっしゃる人（されていた人）はいますか？」
- 「ご親族（お身内）で介護や医療関係に勤めている方（されていた方）はいらっしゃいますか？」

3つのポイント

1. **まち歩きの「ネタ仕込み」で話題は広がる**
2. **「支え手」候補は領域別に探すと広がる**
3. **スーパーや店舗、なじみの店もご近所の「支え手」候補**

第3節

意欲・動機づけシートで「支え手」探し

意欲・動機づけシート

意欲を動機づける「やる気スイッチ」を引き出す質問シート。CADLの視点で構成され、過去・現在・未来の時間軸で聴き取る。質問に苦手意識をもつ人には使い勝手がよいと高い評価を受ける。シートはケアタウン総合研究所のHPからダウンロードできる。

ケアタウン総合研究所 検索

■意欲・動機づけシートで「話題」探しと「支え手」探し

「楽しみ・趣味」でつながっている（つながっていた）人は、関係性の濃淡はあれ「友人・仲間関係」が生まれています。着目すべきは、興味や楽しみが共通していると、初対面であっても話題のきっかけに困らず、とりあえず「親しい関係」がつくりやすい点です。おしゃべりや会話の「支え手」候補としてもっとも近い存在ともいえます。

しかし「楽しみ・趣味」のジャンルは範囲がとても広く、「支え手」候補を引き出すのは、スキルが必要です。そのサポートツールが「意欲・動機づけシート」（以下、シート）です。シートは大きく7領域に整理されています。

❶暮らし・役割　❷つながり　❸楽しみ・趣味
❹学び・手習い　❺巡る　❻つくる　❼心の支え

どの項目でもインフォーマル資源（家族・身内、ご近所、地域の友人・知人、趣味仲間、たまり場、なじみの場所）を情報収集できます。次のように使用します。

【使用する順序：記入時間10分～15分】

1. シートは利用者（家族）に直接記入してもらう。
2. チェック基準は「◎（とても思う）、○（思う）、△（少し思う）」の3つ。ただし項目が多く、「×」は否定的な印象が生じるから記入しなくてよいと伝える。
3. 各項目の時間軸別にチェックをしてもらう。時間軸は「していた（過去）、している・続けたい（現在）、したい（未来）」の3つ。
4. 記入が終わったらシートを受け取り、チェックされた項目を確認し、**関連質問**や**追加質問**で深掘りをする。

【深掘りする内容・目的は「支え手」探し】

- 始めた時期：例）思春期、青年期、社会人、中高年頃など
- 始めたきっかけ：例）得意・好き、興味があった、友人の誘い
- 何に惹かれたのか：例）おもしろい、上達できた、仲間ができた
- 続いた理由：友人・仲間の応援、家族の理解、ストレス解消など
- つながり：グループ名、顔ぶれ、開催場所・頻度、楽しい思い出
- していない理由：仕事・結婚・子育て、健康、出費、人間関係など

ポイントはそこまでの距離と移動手段とかかる時間、参加するた

関連質問

制限質問（はい・いいえ）の次に関連したオープン質問（状況、状態、方法、意思など）で話題を広げる。

追加質問

関連質問の回答から深掘りしたい内容を追加質問する。「特に～、なかでも～、一番～、忘れられない～」などの接頭語を付けるとよい。

Be Positive
私の「意欲・動機づけ」シート

作成日　　年　　月　　日　担当：

ご利用者名		生年月日	年　月　日　歳	性別		要介護度	

		私の「生き方」（CADL） ※記入できるところから楽しんで進めてください。 ※記入例：◎、○、△のみ	していた	現在		したい
				している	続けたい	
暮らし・役割	①	飾り付け（種類：　　　　）				
	②	料理づくり（何を：　　　誰に：　　　）				
	③	ショッピング（何を：　　　場所：　　　）				
	④	庭・花の手入れ				
	⑤	お出かけ（□散歩□シルバーカー□タクシー他）				
	⑥	孫・ひ孫の世話（名前：　　　　）				
	⑦	ペット（種類：　　　名前：　　　）の世話				
	⑧	ボランティア（種類：　　　　）				
	⑨	お墓参り（□寺）・氏子の行事（□神社）				
	⑩	地域活動（町内会など）				
	⑪	その他（　　　　　　　　　　）				
つながり	①	友達と会話（□対面　□電話　□ LINE 等）				
	②	友達と遊ぶ（種類：　　　誰：　　　）				
	③	ランチ･ディナー（店名:　　　　誰:　　　　）				
	④	同窓会（□学校　□職場　□サークル）				
	⑤	家族・親戚との団らん（名前：　　　　）				
	⑥	異性との交流（□会話　□食事　□他）				
	⑦	通信機器（□電話　□スマホ　□タブレット）				
	⑧	SNS（□ LINE　□ facebook　□メール）				
	⑨	その他（　　　　　　　　　　）				
楽しみ・趣味	①	読書（ジャンル：　　　作家：　　　）				
	②	絵画（□描く　□塗る　□貼る　□他）				
	③	写真（□人物　□風景　□植物　□他）				
	④	鑑賞（□映画　□観劇　□演奏会　□落語　□他）				
	⑤	歌唱（□合唱　□独唱　□カラオケ）				
	⑥	音楽鑑賞（ジャンル：　　　　）				
	⑦	コンサート（ジャンル：　　　　）				
	⑧	楽器演奏（種類：　　　　□１人　□複数）				
	⑨	遊び（種類：　　　　□ ˊ 人　□複数）				
	⑩	ストレッチ（□体操　□ヨガ　□太極拳　□他）				
	⑪	健康法（□歩く　□走る　□泳ぐ　□他）				
	⑫	スポーツ（種類：　　　　）				
	⑬	観戦（種類：　　　　）				
	⑭	舞踊（種類：　　　　）				

		私の「生き方」（CADL） ※記入できるところから楽しんで進めてください。 ※記入例：◎、○、△のみ	していた	現在		したい
				している	続けたい	
楽しみ・趣味	⑮	散歩・ピクニック（場所：　　　　）				
	⑯	釣り（□川　□海　□渓流　□釣り堀）				
	⑰	アウトドア（□川　□海　□山　□他）				
	⑱	ギャンブル（種類：　　　　　　）				
	⑲	投資　（□株　□外貨　□金　□宝くじ）				
	⑳	お祭り（種類：　　　場所：　　　　）				
	㉑	おしゃれ（種類：　　　TPO：　　　）				
	㉒	家庭菜園・ガーデニング・市民農園				
	㉓	その他（　　　　）				
学び・手習い	①	学び（　　　　）				
	②	作法　（□茶道　□華道　□着付け　□他）				
	③	オンライン（種類：　　　　）				
	④	教養　（種類：　　　　）				
	⑤	脳トレ（種類：　　　　）				
	⑥	教える（種類：　　　　）				
	⑦	その他（　　　　）				
巡る	①	史跡巡り（場所：　　　　）				
	②	名所巡り　（場所：　　　建物：　　　）				
	③	記念館巡り　（□美術館　□博物館　□他）				
	④	食べ歩き（種類：　　　場所：　　　）				
	⑤	手段（□散歩　□杖　□シルバーカー　□車いす）				
	⑥	温泉・健康ランド（場所：　　　　）				
	⑦	国内旅行（場所：　　　　）				
	⑧	海外旅行（場所：　　　　）				
	⑨	その他（　　　　）				
つくる	①	料理・手芸　（種類：　　　　）				
	②	クラフト・工芸（種類：　　　　）				
	③	プラモデル（種類：　　　　）				
	④	その他（　　　　）				
心の支え	①	お参り（神社・お寺など）				
	②	宗教（種類：　　　　）				
	③	修行・修練（種類：　　　　）				
	④	その他（　　　　）				
	⑤	その他（　　　　）				

めの促進要因（例：本人の情熱・意欲、友だち・家族のサポート）と参加を難しくしている阻害要因（例：体力不足、体調不安、身体機能の低下）をやりとりのなかで整理します。するとケアプラン第２表（まとまり課題、長期・短期目標、支援内容、サービス種別）を**プレ・プランニング**することができます。

また、ある項目（例：巡る、学び・手習い）の聴き取りから、つながり（例：旅行仲間、教室仲間）がわかり、話題を楽しく広げながら「支え手」（話し相手）が探せます。

「していた·している」のチェックには「どなたと？」の質問を行い、「したい」のチェックにも「どなたと？」を聴き取ります。やりとりのプロセスで「支え手」の名前が語られるでしょう。

プレ・プランニング

「プレ」は事前のこと。「○○をやりたい」が、やれない阻害要因と可能な促進要因を整理し、どのような条件がそろえば「○○ができるようになるか」を話し合うプロセスが「本人参加のプランニング」になる。

「暮らし・役割」の聴き取りから「支え手」探し

利用者はさまざまな人と関わり、日常生活資源に支えられて暮らしています。関わり方も相手の家を訪問する・自宅に招待することから、世話を通じてのつながりも生まれます。地域に貢献する活動ならなおさら関わりは深くなります。「支え・支えられる関係」から「支え手」探しをします。

〈質問フレーズ〉

1. 飾り付け：「どんな時に家（部屋）にお知り合いを招かれたりするのですか？」
2. **料理づくり**：「得意な料理をどなたに食べていただきましたか？」
3. 庭・花の手入れ：「どなたか見ていただいたことはありますか？」
4. お出かけ：「どなたとどこへよく行ってらっしゃいましたか？」
5. 孫・ひ孫の世話：「孫・ひ孫の話題をよく聞いてくれる方はいらっしゃいますか？」
6. ペット：「ペットを通じて仲のよい方はどなたですか？」
7. お墓参り・氏子：「苦労をともにした方は近所ではどの方ですか？」
8. 地域活動：「地域活動で一緒にご苦労された方はいらっしゃいます？」

料理づくり

「食べてもらうのが好き」なタイプの人はつながりも多い。腕を振るってもらう場面を演出する（例：子ども食堂）ことで新たなつながり＆「支え手」づくりにつながる。

「つながり」の聴き取りから「支え手」探し

私たちは幼少期からさまざまな「つながり」のなかで生きています。地元や身内のつながりから学校・仕事つながり、そして趣味つながりがあり、そのつながり方も対面（リアル）だけでなく電話・オンラインまでさまざま。**楽しみ方もいろいろ**です。

楽しみ方もいろいろ

読書や絵画、音楽のように個人で楽しむタイプから演奏、スポーツなど集団で楽しむタイプがある。エピソードから「どんなつながりがあったか？」を聴き取るのがポイント。

〈質問フレーズ〉

1. 友だちと会話：「お友だちとはどんな話題で盛り上がりますか？」
2. 友だちと遊ぶ：「どんな遊びをどなたとよくされてきましたか？」
3. ランチ・ディナー：「どなたとどのお店によく行かれましたか？」
4. おしゃれ：「おしゃれをしてどなたとどこへ行ってみたいですか？」
5. 同窓会：「同窓会の皆さんとは連絡は取り合っていますか？」
6. 団らん：「ご家族でよく団らんをする方はどなたですか？」
7. 異性との交流：「異性の親しい方とはどれくらいの頻度で？」
8. 通信機器：「お友だちと会話される通信機器はなんですか？」
9. SNS：「LINEでつながっている方はいらっしゃいますか？」

■「楽しみ・趣味」の聴き取りから「支え手」探し

好みの楽しみや趣味の聴き取りのメリットは「話題にこと欠かない」ことです。始めたきっかけ、続けている魅力、特にこだわっていること、どこでどんな楽しみ方をどんな人（「支え手」候補）としてきたか。**楽しみのレベルはさまざまでも**話題は尽きません。今はしていないなら「阻害要因」を聴き取ることで、それが課題や目標設定のヒントになります。

楽しみのレベル

趣味にも初心者からセミプロまでレベルはさまざま。どのレベルの人と楽しみたいかも大切なポイント。ミスマッチは意欲低下を招くこともあるので要注意！

〈質問フレーズ〉

1. 読書：「共通のファンとどの作家の話題で話をされたいですか？」
2. 絵画：「絵を描くのが趣味の人とどんな話題で話をされたいですか？」
3. 写真：「カメラが趣味の人とどんな話題で盛り上がりたいですか？」
4. 鑑賞：「○○の鑑賞をどなたとよく楽しまれていましたか？」
5. 歌唱：「○○をどなたと一緒に楽しまれていましたか？」
6. 音楽鑑賞：「○○の音楽ジャンルでどなたと一緒に楽しまれてきましたか？」
7. コンサート：「コンサートにはどなたと行かれていましたか？」
8. 楽器演奏：「演奏はどんな人たちとグループを組まれてきましたか？」
9. 遊び：「どんな遊びをどんな人たちとやってこられましたか？」
10. ストレッチ：「ジムや教室などで親しくなった人はいらっしゃいましたか？」
11. 健康法：「ラジオ体操などのお仲間はいらっしゃいましたか？」
12. スポーツ：「どんなスポーツをどんな人たちとされてきましたか？」
13. 観戦：「どんなスポーツをどんなお友だちと観戦されたいですか？」

⑭ 舞踊：「いつ頃、どんな人たちとやってこられましたか？」
⑮ 散歩・ピクニック：「どんな人たちとまた行ってみたいですか？」
⑯ 釣り：「どんな魚を釣りにどんな人たちと出かけてみたいですか？」
⑰ アウトドア：「チャンスがあるならどこでどなたとやってみたいですか？」
⑱ **ギャンブル**：「どんな人たちとまた○○（公営ギャンブルの種類）で勝負したいですか？（盛り上がりたいですか？）」
⑲ 投資：「投資のことでどなたとおしゃべりしたいですか？」
⑳ お祭り：「○○のお祭りにどなたと行って楽しみたいですか？」
㉑ 家庭菜園・ガーデニング・市民農園：「（野菜づくりが趣味の人に）たくさん育った野菜をお知り合いにあげたことはありますか？」

ギャンブル
身近な賭け事にパチンコ、競馬、競輪、宝くじがある。麻雀で賭けるのは違法行為。お金を賭けない勝負事なら将棋、囲碁、麻雀、ポーカーなどが一般的。

■「学び・手習い」の聴き取りのポイント

学び・手習いが高齢者に人気なのは「いつから・どこでも」始められ、脳トレにもなることです。通いなら地域の知り合いもつくれ、オンラインのデジタル教室なら距離を越えた友だちづくりも可能です。「教え手（講師、師匠、師範）」の経験があるベテラン級の人なら、地域に受講生・弟子などの「つながり」を聴き取ります。

〈つながり質問フレーズ〉

❶ 学び：「○○講座で親しくされている方はいらっしゃいますか？」
❷ 作法：「○○教室で親しくなった方とはいまも続いていますか？」
❹ オンライン：「オンラインのお友達はいらっしゃいますか？」
❺ 教養：「興味のある話題をどういう方とお話されたいですか？」
❻ 脳トレ：「脳トレの場に参加してみたいと希望されますか？」
❼ 教える：「どういう人なら○○を教えてみたいと思われますか？」

学び・手習いの種類
オンライン学習が一般的となり自宅学習がぐっと身近になっている。学びの種類は多数で、教養、歴史、哲学、宗教、語学、文学、短歌・俳句などがある。手習いには生け花、茶道、書道、絵画（日本画、油絵、水彩画、絵手紙など）がある。詳細はカルチャー教室を検索するとわかる。

■「巡る」の聴き取りのポイント

年金生活者はいわば「**時間長者**」です。史跡や名所巡り、食べ歩きや国内・海外旅行はとても身近で人気の趣味です。気がねない友人・仲間と一緒なのか、パックツアーなのか。巡った先がほぼ同じ、話題が一致する、食べ歩きで似たような体験をしたなど、親しくなる要素がたくさんあります。かつてのつながりだけでなく、これから望む行先と一緒に行きたい仲間などを聴き取りましょう。

〈質問フレーズ〉

❶ 史跡：「皆さんで行った史跡を3つあげるならどこですか？」
❷ 名所：「お友だちとまた訪れたい名所はどこですか？」
❸ 記念館：「思い出深い記念館はどなたと行かれましたか？」

時間長者
自由になる時間が膨大にある人のこと。楠本新氏は、定年後の人は約8万時間を自由に使えると計算する（『定年後』中央公論新社、2017年）。

④ 食べ歩き：「思い出の食べ歩きはどの方たちがご一緒でしたか？」
⑤ 手段：「どんな手段（例：電車、車、歩き、自転車）で皆さんと行かれるのが好きですか？」
⑥ 温泉など：「皆さんと行った温泉で思い出深いのはどこですか？」
⑦ 国内旅行：「国内旅行はどんな方たちとよく行かれましたか？」
⑧ 海外旅行：「可能ならどの方たちと海外のどちらに行かれたいですか？」

■「つくる」の聴き取りのポイント

趣味の手芸・工芸は「○○教室」や「○○サークル」に参加するとスキルアップし仲間もできるので人気です。場所も公民館が会場だと地域のつながりづくりを好む人が集まり、プロが教える教室ならスキルアップ目的の人が遠くから集まる傾向があります。

〈質問フレーズ〉

① **手芸**：「手芸を通して親しくしている方はいらっしゃいますか？」
② **工芸**：「工芸仲間といえる方は何人くらいいらっしゃいますか？」
③ **プラモデル**：「購入するお店で親しい店長や店員さんはいらっしゃいますか？」

手芸の種類

手芸の種類には編み物（かぎ針含む）、刺繍、裁縫、パッチワーク、羊毛フェルトなどがある。

工芸の種類

工芸の種類には陶芸、木工、漆工、金工、竹細工、寄木細工、和紙、染色、織物、日曜大工などがある。

プラモデルの種類

帆船、汽車・SL、自動車、レーシングカー、戦車・戦闘機、飛行機、恐竜、城郭など多数。アニメのフィギアも含む。

■「心の支え」の聴き取りのポイント

心が楽になる・落ち着くための宗教的集まりとつながり（信者ネットワーク）は絆が強く、日常的な関わりもあり、いざという時の「支え手」として頼りになります。定期的な集いや親しい人・関わっている人を聴き取り「支え手」を探しましょう。

〈つながり質問フレーズ〉

① お参り：「お寺や神社にどなたとよく参られますか？」
② 宗教：「信者の方とのつながりはどれくらいありますか？」
③ 修行・修練：「修行や修練で参加されている集まりはありますか？」

宗教・修行・修練

宗教の教団には信者のつながりがある。仏教や神道では「修行」を行い、キリスト教では「修練」を行う。宗教・宗派によって構成する人の呼び方（信者、信徒、教徒、檀信徒）が異なる。「どうお呼びすればよいですか？」と確認するのが礼儀。トラブル回避になる。

3つのポイント

① **意欲・動機づけシートで話題を広げ、「支え手」探し**
② **関連質問と追加質問で「深掘り」をしてみる**
③ **質問フレーズで「支え手」を見つけよう**

第4節

支え手とつながる勘所
～1インフォーマル資源から「広げる」～

■「インフォーマル資源」から広げる「支え手」の輪

これからの地域包括ケアシステムは、住み慣れた地域で暮らし続けるために、「地域の医療・ケア資源」が**連続性**をもった**連携**で利用者（患者）本位の人生を支えるシステム化（仕組み化）が求められます。

「本人らしい（自分らしい）人生」を可能にするにはインフォーマル資源の協力だけでなく、誰もが当事者となり、「支える・支えられる一員」としての役割づくりが重要となってきます。

身近な支援者を利用者の「支え手」としてケアプランに位置づけるだけではもったいない。「支え手」から、「地域の支え合いづくり」の一員にもなり得るのです。では、「支え手」づくりを地域再生のチャンスにするにはどうしたらよいでしょう。

第１に「支え手」の**キャパシティ**に着目することです。どうして利用者はその人の名前を挙げたのか。その関係性だけでなく「支え手」候補個人のキャパシティに関心をもつことであなたの「人をみる**目利き力**」はアップするでしょう。

第２に「支え手」になる人はたいてい複数の人を支えています。さらに複数の人には複数の「支え手」がいて、なんらかのタテやヨコのつながりがある場合もあります。その「タテ・ヨコのつながり」から新しい支え合いのつながりの可能性が見えてきます。

第３は日常生活資源のもつ「隠れた支え手機能・カタチになっていない支え手機能」に着目することです。昨今、生活のためというより、健康づくりや生きがい、仲間づくりを目的に働く高齢者も増えています。地方都市ではとりわけ顕著であり、日常生活資源で働く人たちは「なんらかの関係者・当事者」となっていることが多くあります。

地域包括ケアシステムの中の役割分担は、日常生活資源の活用にかかっています。

■「インフォーマル資源」のキャパシティに着目する

利用者と話し合い、「支え手」（本人が自覚していない場合もある）として名前が上がった人にはどこかのタイミングであいさつ（顔見

連続性

ものごとの流れが切れ目なくつながっていること。シームレスともいう。地域包括ケアシステムでは利用者情報の連続を目指す。

連携

「協力し合う関係」の意。ただし連係は組織内の協力関係に使い、連携は組織外・組織間との協力関係に使う。

キャパシティ

収容人数、容量のこと。人格の場合は「包容力、度量、才能、人柄」などの意味で使う。略して「キャパ」という。キャパが狭くとも深いつながりを大切にするこだわり派もいる。キャパが広い人の中には浅い・深いつながりを多彩に持ち合わせているケースもある。

目利き力

目利きとは、書画・刀剣・器などの真偽や良し悪しを見分けること。ここでは、人の質を直感的に見分ける能力のこと。

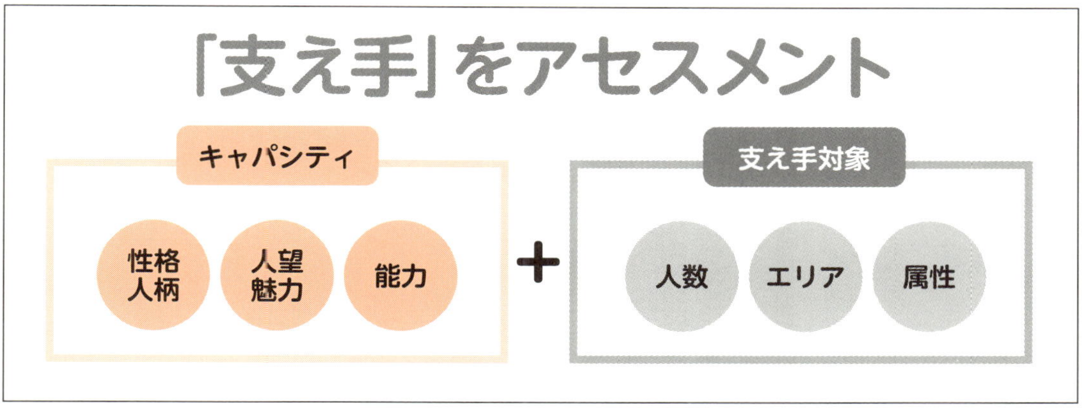

せ）しておくのがおススメです。モニタリング時のまち歩きでもよいでしょう。「支え手」との距離を縮める方法は第5､6節で解説します。

その際に、どのようなキャパシティの持ち主かを理解しているとインフォーマル資源の広がりにとても役に立ちます。

❶ **性格・人柄：** 性格や人柄はその人の努力や経験・学びから身につけた性質です。ポイントは利用者が「支え手」のどういうところ（性格、人柄）に好感を抱いているか、相性が合うのかに着目します。

着目点： 話し方、言葉づかい、笑い方、気づかい、やさしさ、明るさ、威張らない、表情、動作・所作、印象、体形、話題など

❷ **人望・魅力：** 人望とは周囲から信頼・期待を寄せられ、慕われることです。魅力とは人を惹きつける力です。ポイントは利用者が「支え手」にどのような信頼・期待を寄せているか、どのようなところに惹きつけられるのか、これまでのつきあいの歴史を含めて着目します。

着目点： 責任感、信頼感、誠実さ、おうようさ、たくましさ、柔軟性、謙虚さ・控え目さ、ブレないなど

❸ **能力：** 見守りや声がけの役割を担えるかだけでなく、「支え手」はさまざまな能力をもっている場合もあります。職業経験を通じて身についた能力、地縁団体の役割を担う能力、趣味（例：スポーツ、カラオケ、演奏、野菜づくり、漬物づくり、料理）などの特技・得意などに注目します。

着目点： 得意なこと、好きなこと、職業、趣味・楽しみ、コミュニケーション力、行動力、対応力、人脈づくりなど

❹ **支え手対象：** 地域や他の人から頼りにされる「支え手」なら、支えている対象は1人とは限りません。どのような支え方（例：声がけ、見守り、安否確認、移動支援、おすそ分け、話し相手）を

されているのか、に着目します。あらたな協力を依頼する時に役に立ちます。

着目点：人数（２～５人程度）、エリア（町内会）、属性（例：独居高齢者、認知症高齢者、障がい者、一人親家庭）など

■あなたが「支え手」の役に立つ情報源になれば関係は深まる

Give & Give

「Take ＝得る」の前に「Give ＝提供する」ことで良好な関係が築ける。Take 一辺倒だと印象はダウン。相手のメリットを優先することは重要。

関係づくりを深めるために「**Give & Give**」は役に立つキーワードです。ケアマネジャーはケアマネジメントの専門職です。介護・医療はもとより諸制度や市町村の介護・医療資源やローカルルールなどに精通している専門家です。わからないことがあってもケアマネジャーのネットワークを活用すれば、たいていのことの相談に乗ることは可能です。

つまり、ケアマネジャーは地域のインフォーマル資源の「支え手」たちにとっては、とても頼りになる存在なのです。あなたが「支え手」との協力関係を築く（Take の関係）ためには、まずはあなた自身が「支え手」に「役に立つ資源（Give の関係）」になること、それが勘所です。

〈支え手に役立つ情報〉

- 介護保険制度イロハ
- 市町村の介護サービス情報
- 介護のなるほど知識
- 介護の技術（食事、入浴、排泄など）
- 腰を痛めない介護テク（体位変換、移乗・移動）
- 認知症の人との会話テク（例：おだやかになる声がけ。迷子発見の声がけ）
- 介護ストレスを溜めないコツ
- 失敗しない施設入居　など

手元に介護ムック本や市町村発行の介護パンフレットなどをもとに説明すると安心です。「支え手」が「お得な介護ネタ」として地域の人に話せるように「ちょっとお得感のある情報」を日頃からストックしておきましょう。

■「支え手」候補の可能性を診断する～福祉っぽさを見分ける～

地域の高齢者や利用者の暮らしの身近にあるのが「なじみの日常生活資源」たちです。消費者の高齢化は顕著で日常生活資源の側も建物の仕様や出入り口のバリアフリー化、商品棚の陳列方法、高齢顧客への接待やサービスまで、高齢者向け・障がい者向けにリニューアル（アップデート）する局面になり、積極的な取り組みが行われ

広げるポイント

「支え手」に役立つ介護情報 － Give & Give ＋ 福祉っぽさの発見 － 着目点 高齢者・障がい者への「配慮」（接客・対応）

ています。

しかし、ポイントは「支え手」候補となりそうな人が働いているか、です。

店舗等で働く人の中でも**福祉の視点**を持つ人は、高齢者や障がい者に深い関心や共感を持っていることが多く、次の質問に熱心に答える傾向があります。この「福祉っぽさ」を見逃さず「支え手」候補となるようなコミュニケーションをしていきましょう。

- 「高齢や障がいのあるお客様には入店時にどのような配慮をされていますか？」

※障害者差別解消法による**合理的配慮の提供義務**について企業や店舗としての姿勢（接客、言葉づかい、人材教育）を把握する。

- 「高齢のお客様で、特に困っていらっしゃる方はいませんか？」

※高齢顧客への高い関心度とその理由・背景を把握する。

- 「困っていらっしゃる時にはどのように対応されているのですか？」

※高齢顧客の分析と対応力、自らの課題の自覚などを把握する。

- 「認知症のお客様の時はどのようにサポートされていますか？」

※認知症への思いや理解を把握する。

福祉の視点

困っている人に敏感で「何かできないか」「何か活かせないか」と考え、コミュニティや仲間づくり、つながりに高い関心を持つ。言葉づかいもやさしくオープンマインドの人が多い。

合理的配慮の提供義務

障害者差別解消法により、令和6年（2024年）4月1日から事業者による障がい者への合理的配慮の提供が義務化。対象は、身体・知的・精神障がいのある人（発達障がいや高次脳機能障がいのある人も含む）、そのほか心や身体の働きに障がいのある人で日常生活や社会生活に相当な制限を受けている全ての人が対象。「事業者」とは営利・非営利、個人・法人を問わず企業や団体、店舗、個人事業主、ボランティア活動をするグループなども入る。

3つのポイント

1. 「支え手」候補を「支える・支えられる視点」でアセスメント
2. 「Give & Give」で「支え手」にとってのメリットを提供する
3. 日常生活資源の支え手診断のポイントは「福祉っぽさ」

第5節

支え手とつながる勘所 ～2「同感」と「共感」～

■「地元」はどうしても「見知らぬ人」に距離を取る

では、利用者の「支え手」（候補含む）とどのようにつながっていけばよいのでしょうか。そのポイントは初対面ならば必ず生まれる「**距離感**」の縮め方にあります。

距離感
適切な距離感は礼儀であり敬意を払うことになる。なれなれしさは無礼であり失礼にあたる。「間」を重視する日本人は人との関係が感情的にならないように距離感の取り方を重視する。

なぜ地元の人は初対面の「見知らぬ人」に距離をおくのでしょう。これは日本人のもつ閉鎖的文化性にあるともいわれています。

第１が「**未知の人への怖れ**」です。見知らぬ人の「正体」がわからないと私たちは警戒心を解きません。「人見知り」の性格や保守的な気質が強い地域ならなおさらです。

第２が「**コミュニティの安全**」のためです。いわゆる「田舎」ではすぐに噂が広がるのが一般的です。それはお互いの様子にアンテナを張り、いざという時にコミュニティを守るための集団の知恵なのです。

第３が「**集団のこだわり**」です。えてして地域住民の意識は保守的といえます。引っ越してきた**新住民**が「○○地区の一員」と認められるまでに30～50年以上かかる地域もあるでしょう。地域では「**ヨソ者**」として区別し、「在住歴による序列」を大事にする文化（**身内意識**）があるようです。

新住民
新住民の典型が新興住宅地や新築マンション・アパートの住民や新店舗の人たち。「地域になじむこと」への願いは強い。つながりをつくることでインフォーマル資源にもなってもらえる。

ではどうしたら「見知らぬ人」への警戒心をクリアできるでしょう。

１つ目は「正体を明かす」ことです。移動用の車や上着に所属の事業所を大きく表示します。首から下げたカードホルダーに大きな文字で「名前、所属、肩書、資格」を表示するのは効果的です。名刺を出して大きめの声で自己紹介するのもよいでしょう。

２つ目は「ここの地域ははじめて」と伝えることです。知ったかぶりや無関心はもっとも嫌われます。「はじめてだから知りたい・教えてほしい」という「興味の姿勢」を示せば、あなたの好感度はアップします。

では「支え手」となる人、インフォーマル資源となる人たちとどのように「関係づくり」を進めていけばよいでしょう。そこで役に立つのが「同感テクニック」と「共感テクニック」です。

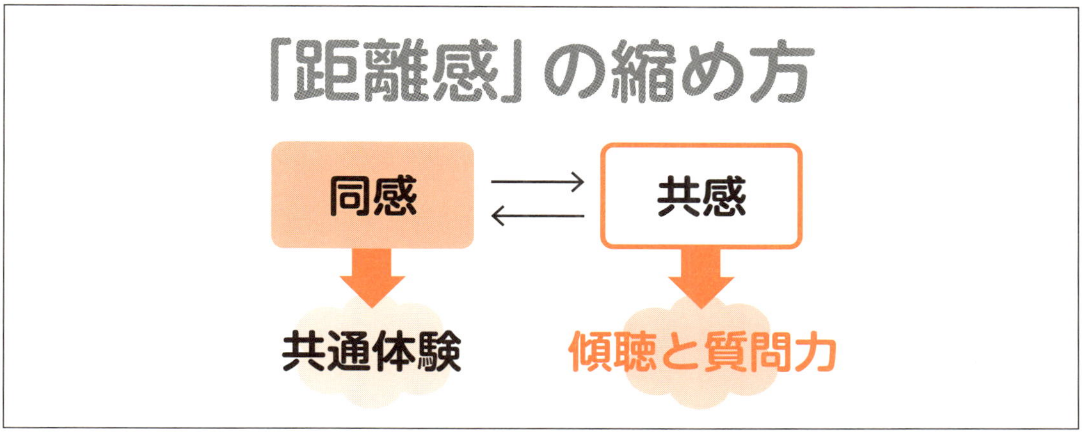

「同感」の関係づくりは「共通体験」から

まず押さえておきたいのは「同感」の解釈です。同感とは「同じ感覚」になることです。同じ感覚にも多少の濃淡・強弱はあります。感じ方が異なれば深掘りするチャンスです。基本は「**共通体験**」です。

共通体験があれば、それをきっかけに話題を広げましょう。

- みんなに共通する体験：お天気、朝のニュースなど
  「今日はとっても暑い（寒い）ですねぇ」
  「朝の○○のニュース、こわいですよねぇ」
- 身近な共通体験：お祭り、地元のなじみの味など
  「○○のお祭り、楽しかったですね」
  「○○のお店、○○の味がまったりして大好きです」
- まち歩きの共通体験：横断歩道、坂の勾配、危険な橋の欄干など
  「○○の横断歩道の信号、短くて車に轢かれそうでした」
  「△△の坂はかなり急で、途中息切れがしそうでした」
  「□□橋の欄干が低くて川に落っこちそうでした」

このように話が盛り上がりやすいのが「同感」の話題です。生まれ育ちが同じ出身県だと特に「味覚」はいい切り口です。「甘み、塩っけ、渋み、酸っぱさ」や出汁のうま味、味噌の種類（例：白、赤）などもいいでしょう。なお、相手から「そうではない」と返ってきても慌てずに**逆質問**で深掘りしましょう。これもチャンスです。

共通体験

共通体験は集団の「調和」を保つ。メンバー間の絆を強化し、一体感を高める。反面、共通体験のない人間を疎外する原因ともなる。身近な共通体験を話題にするだけで親和性が高まる。そこが勘所。

逆質問

質問しても「別にそうでもない、わからない」などの回答だと戸惑いがち。慌てずに「そこを詳しくお話いただけますか？」と一歩踏み込み、切り口が見えたら追加質問で広げてみよう。

「共感」の関係づくりは「傾聴と質問力」

年齢や環境が違う地域の人と「同じ経験」をすることはあまりないでしょう。でも共感づくりで距離を縮め、関係と理解を深めることはできます。「～～の状況なら私にもわかる・感じる」ためにはシミュレーションをしましょう。共感は言葉だけでなく表情や態度（例：目を合

わせる、うなづく、笑う、泣く）で相手に伝えることができます。

「共感」の関係づくりの勘所はていねいな傾聴と質問力（問いかけ）です。ポイントは本人の**主観**（主訴、思い）ばかりでなく「そう思った**具体的事実（ファクト）**」を聴き取ることです。理由、状況、意思、ジレンマ（葛藤）、評価などを質問で深掘りします。そのプロセスで、「そういうことなんだ」と納得の瞬間が生まれます。それが共感です。

主観の見分け方

個人の感情や意見を表す言葉（「私は思う・感じる・信じる」など）の使用に注目。「絶対に、いつも、決して」の言葉は、自分の見解を一般化または絶対視していること。個人的な経験や信念、強い思い込みなどにも注意する。

●理由

私たちが思う・感じる、判断・行動することには「理由（目的）」があります。しかし説明を飛ばしがちです。興味をもったら質問します。

例）「〜〜と思われた（感じた、判断・行動した）理由はなんですか？」

●状況

話がわかりにくいのは状況の説明が主観的・感情的で抽象的な言葉が並んでいる時です。話に輪郭がなく、とても共感できません。いくつかのエピソードを「６Ｗ５Ｈ１Ｒ」で質問しましょう。

例）「〜〜の状況について詳しく聴かせてもらえますか？」

6W5H1R

５Ｗ１Ｈに「＋1W＋4H＋1R」としたもの。1Wは「wish（思い・願い）」。4Hとは「How Long（期間）、How much（金額）、How large（大小）、How many（いくつ）」のこと。1Rとは「Result（結果）」。具体的な事実に6W5H1Rで質問をすると理解が深まり、イメージしやすくなる。

●意思・意向

意思とは「その時の思い（現在、過去）」、意向とは「これからの方向性（未来形）」です。この質問で本音を引き出します。

例）「その時、ご自分は（皆さんは）どう思われたんですか？（どうされたかったんですか？）」

●ジレンマ（葛藤）

どんな人や地域もジレンマ（葛藤）を抱えています。想定外の結果やしがらみは最たるもの。叶えられないことへの本音を聴き取ります。

例）「正直、そういう時、どのようなお気持ちになりますか？（なりましたか？）」

●評価

思いが叶う・予想どおりの達成感もあれば、うまくいかなかった・予想と違ったという未達成感もあります。プロセスや結果などをどう評価しているのか。本音や葛藤にもぐっと迫り共感のチャンスとします。

例）「〜がうまくいった（うまくいかなかった）のはなぜだと思われますか？」

■関係づくりのコミュニケーションは「傾聴と促しのリアクション」

同感と共感のコミュニケーションを「関係づくり」に効果的に活用するために「傾聴」と「リアクション」はとても大切です。

傾聴とは、じっくりと相手の話を聴くこと。しかし利用者・家族や

「関係づくり」の勘所

じっくり傾聴 ＋ **促しのリアクション**

地域の人がいろいろと親切に話してくれるばかりではありません。その試金石がリアクション（聴く態度）です。促しのリアクションをしているとリズムが生まれ、やりとりが楽しくなります。

　注意したいのはマスク姿の時です。マスクをしていると顔半分が隠れるので表情がわかりづらく声がこもりがちになってしまいます。口角を上げ笑顔をつくり、リアクションは大きめの声で「少し大げさ」くらいがちょうどよいのです。

〈促しのリアクション〉

- 目線を合わせる（やさしく見つめる）
- 「3つのうなづき（小・中・大）」を織り交ぜる
- 相手の話の途中であいづちを打つ（例：へェ〜、ふ〜ん、そうなんですねェ、勉強になります）
- ポイントとなるワードを反復する（〜〜なんですね）
- 身を少し乗り出す、拍手をする

　また、誰にも話し方には個性があります。どの人にも「声に特長」があり、相談援助職のケアマネジャーはそれを十分に自覚し、場面によって使い分けるスキルが必要です。

- 元気な声で話す（特徴：高め、張り気味、笑顔）
- 落ち着いて話す（特徴：低め、ゆっくり、真剣）
- 受容的に話す（特徴：やさしく、ていねい、ほほえみ）

話し方

話し方にも個性がある。テキパキ話す人、ボソボソを話す人、言葉を選びながら話す人、すぐに横道にそれる脱線気味の人などさまざま。相手と同じスピードで話す、ちょっとおおげさなリアクションは心地よいもの。親和性は高まる。

3つのポイント

1. 「同感」は関係づくりのきっかけには最高
2. 「共感」は質問力を使って頭の中でシミュレーション
3. 促しのリアクションは「うなづき、あいづち、反復」

第6節

支え手とつながる勘所 ～③「違い」は多様性～

■「共通点」から入る「関係づくり」はリスクが多い

関係づくりを何から始めますか？と質問すると、ほとんどの人は「共感と共通点」をきっかけに会話をする、と回答します。

しかし共通の話題でどこまで話が盛り上がるでしょうか。共通していることと**「同じ好み」**であることは異なります。大きな枠で共通していても細部で「好き嫌い」が明らかになり、さらに、感情的な隔たりや体験上の格差、また正反対の考え方が明らかになって関係づくりができるでしょうか。

あなたは大丈夫でも、先方がとても気分を害しているかもしれません。下記のようになっては関係はギクシャクしっぱなしです。

例：お互い野球が大好き　➡　好きな球団の話題

　　私：阪神　相手：巨人　➡　気まずい空気

私たちは共通していると思い込んでいる認識にも、個人や立場で「かなりの誤差」があることを理解しておくことはとても大切です。

共感と共通点

共感とは「相手の立場に立った心の受けとめ」。共通点は「ある分類（例：出身校）」における具体的事実のこと。共通点が同じでも共感できる関係になれるわけではないから要注意。

「同じ」という言葉

日本人は均質性と集団性を好む一方で「同じ」であることに忌避感を抱くという矛盾を抱えている。「同じ」とは真逆の概念の「個性、革新性、多様性、独自性の尊重」が謳われる。「違い」を尊重することが「個の尊重」につながり相手との親和性を高めることになる。

■「違い」から入る「関係づくり」はメリットが多い

私の実感では、人間関係は「単位が大きくなると共通性の範囲は広く」なり、「単位が小さくなると違いの差が際立つ」という特徴があります。海外に行けば「日本人」というだけで共通点を感じます。ところが国内で関西地方を例にあげると「大阪、京都、奈良、兵庫、和歌山」では方言の関西弁は微妙に違い、気質や文化はかなり異なります。

皆さんは、一方的に共通点を決めつけられ、ワンパターンの「同じ扱い･とらえ方」をされるのと、違いを尊重し「個別の扱い･とらえ方」をされるのでは、どちらが気持ちよいでしょうか。

「違い＝個別性・多様性」です。違いを理解し「個人として認められた」ことで相手の承認欲求は満たされ、初対面のあなたを受け入れてくれるでしょう。

■「違い」から入る関係づくり ～① 興味をもち理解・尊重する～

「違い」とは個別性であり多様性です。一方で一般的に「違う」こと

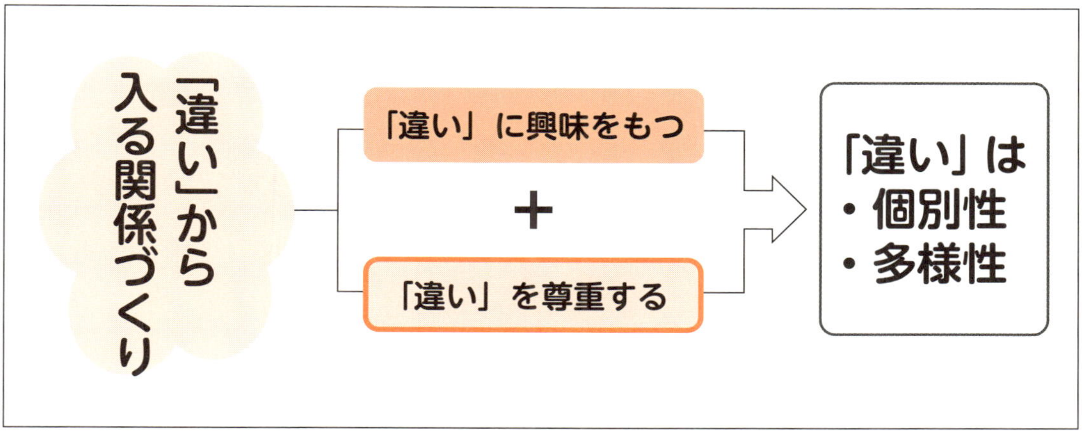

を私たちは好みません。それは脳が「違う」ものを異質と認識し警戒心をもってしまうからです。相手の動きや反応が予測不能なため、関わりを回避するともいわれます。違いを感じる人とは文化や習慣、考えが異なると解釈し、「距離を取る」という行為に出ます。

では「違い」のほうが多いのに「薄い共通点」を持ち出して「同じ気持ち・同じ感覚」を一方的に決めつけられたらどうでしょう？ 多くの人は勝手な思い込みに対し、拒否的態度を取ります。実際、街中で自分と同じ柄のトレーナーを着ている人がいたら声をかけますか？ 多くの人はその場を離れるか「恥ずかしい気分になる」といいます。「同じ」でなく「違い」を好むのは、違いとは「個性」だからです。

では、私たちはどういうことが「違っている」と不安なのでしょう。

- 好きなこと
- 嫌いなこと
- 考え方
- 感想・印象
- 知識・解釈
- 受けとめ方
- 思い
- こだわり
- 感覚
- 行動
- 性格
- 価値観

これらは表には出さないし、外からはわからないので不安になりがちです。だからこそ「違い」を関係づくりに生かす勘所があります。

第１の勘所は「**違いに興味を抱く**」ことです。

ポイントは「好み・得意・考え方」などプラス面のみに興味を抱くことです。興味が湧いても、本人が引け目に感じているマイナス面は避けるのが無難です。まず相づちで反応し興味の問いかけをします。

- 「すごいですねぇ！ なぜ好きか、教えていただけますか？」
- 「なるほど！どうやったらできるか、聞かせていただけますか？」
- 「ステキですね、その思い。詳しく教えていただけますか？」

たいていの人は自分のプラス面に関心を持ってくれる人に好感を抱きます。回答にリアクションし、追加質問（例：特に苦労した点、自慢できるところ、大切にしているこだわり）で理解を深めましょう。

追加質問
P.44参照

第２の勘所は「**違いを尊重する**」ことです。

日本人が自分の考えを主張しないのは**同調圧力**（空気を読む）があるだけではありません。「間違っているかも？という自信のなさ」と「どう思われているかわからない不安感」を持つ人が多いからです。だからこそ、違いを認め尊重する言葉がその人を安心させ輝かせることになります。

同調圧力

多数派が少数派に同調するようにかける無言の圧力。ムラ社会の名残りであり、組織の和を重んじる文化性が集団の心理的力学となっている。一般的な言い方に「空気を読む」がある。

- 「なるほど、その考えはとても大切ですね」
- 「そういう方法、とても参考（勉強）になります」
- 「そのこだわり（思い）、とても興味があります」
- 「そう考える理由をもう少し詳しく聞かせてください」

■「違い」から入る関係づくり　～② 共通点を示し共有する～

あなたが、その人の「違い」に興味を抱き、話される個性（違い）を理解・尊重するリアクションをとれば「相手の心のハードル」はかなり下がります。逆に、これらのプロセスを踏まずに、初対面で一方的に信用や信頼度を「売り込み」すぎてしまうと失敗します。利用者や地域（地元）にとって、あなたは「ヨソ者（見知らぬ人）」なのですから。

相手の「違い」が整理され、オープンマインドになったところで「共感」を示します。

- 「そうなんですか！　○○は私も好き（苦手）ですね」
- 「へェ～、私も～～のように感じた（受けとめた）ことがあります」
- 「なるほど！　私もそうかな、と思いました」
- 「そこ、○○がなぜそうなっているか、私も疑問でした」

共感フレーズ

共感を相手に伝えるために最初に付けるフレーズ。感嘆詞ともいう。

相手の言葉に「**共感フレーズ**」を付けて応えます。ただし主観への共感は「なぜなのか？」を説明しなければいけないこともあり、説明がうまくできないと関係づくりでつまづくことになります。

鉄板の共通点は「具体的事実」を示すことです。

- 年齢、年代
- 出身県市町村
- 小中高校
- 部活動
- 職業
- 体験・経験
- 趣味
- スポーツ
- 旅行先
- 所属団体
- 共通の友人・知人・恩師
- なじみの店

- 「私も同じ○○県（市町村）の出身です」
- 「私も同じ○○小学校（中校大学、専門学校）の卒業です」
- 「私も○○を趣味でやっていました（やりたかったんです）」

年齢や立場、経験にいくら「違い」があっても、出身県や小中高校が共通点だと「親しみ」がぐっと湧くものです。それがチャンスです。

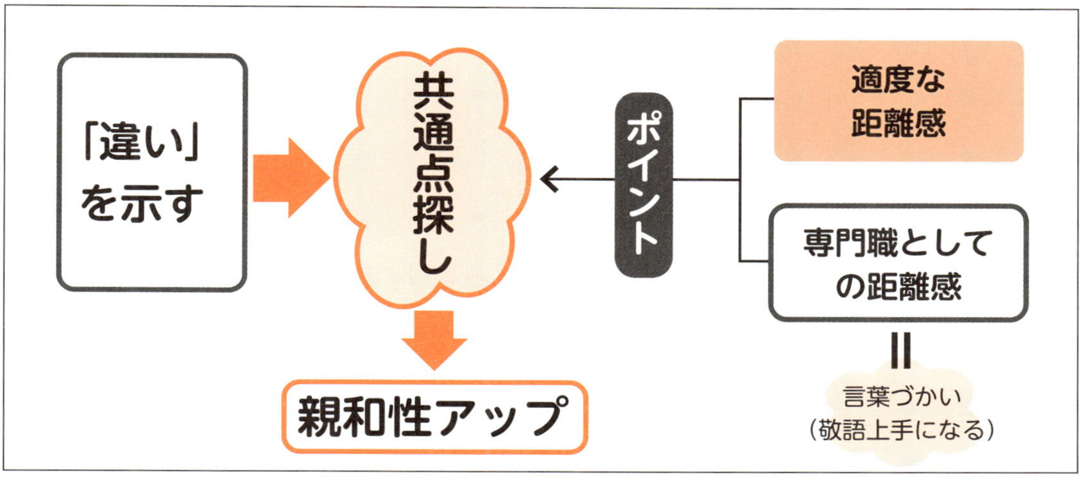

共通の事実については対等でありオープンマインドで話せます。

■「違い」から入る関係づくり～③ 適度な距離感と言葉づかい～

「違い」から入る関係づくりで注意したいのは「適度な距離感」と「言葉づかい」です。共通点が見つかると**ラポール形成**が一気に進むからです。だからこそ注意したいのは「わきまえる態度」です。

第１に「適度な距離感」はつねに保つことです。

あなたの目的はインフォーマル資源との関係づくりです。共通点が多いと親しさがつい「なれなれしさ」になってしまう危険があります。距離を縮め過ぎず「専門職としての距離感」をいつも意識します。

第２は「**言葉づかい**」です。

日本語には敬語という会話スタイルがあります。相手に敬意や丁寧さを示すのが目的で、尊敬語・謙譲語・丁寧語の３種類があります。

相手の立場・個性を尊重する姿勢を敬語で表現しましょう。

- 尊敬語「お聞きして（お尋ねして）よろしいですか？」
- 謙譲語「～～について、おうかがいできますか？」
- 丁寧語「ご質問していいですか？」

ラポール形成

ラポールとはフランス語で「架け橋」を意味する心理学用語。信頼関係を結ぶことで、心地いい、気がねない、心が開いた関係がラポール形成された状態といえる。

言葉づかい

日本語では年長や立場が上の人、初対面の人に敬語を使うのはエチケット。また、親しき仲にも礼儀あり。タメ口やなれなれしい言い回しは関係づくりでは要注意。

3つのポイント

1. **関係づくりは「違い」から始めるとメリット大**
2. **「違い」は個別性＆多様性。関係づくりは興味・理解と尊重**
3. **「違う」からこそ適度な距離感と言葉づかいに配慮する**

第7節

支え手を「つくる」 ～ムリなく・ゆるく・なごやかに～

■地域支え合いマップで未来の支え手シミュレーション

これからは支え手（インフォーマル資源）を「見つける」「つなぐ」だけでなく、「育む」ためのポイントについて学びます。

求められるスタンスは「**未来形（未来志向）**」です。

１人の利用者と居宅介護支援事業所としての関わりは、１～10年近くになることが多くあります。仮にその利用者とは入所や死亡をきっかけに関わりはなくなっても、その地域（地元）に他の利用者がいるなら「地域との関わり」は続きます。

このため、利用者個々の支え手づくりだけでなく、日常生活資源に支え手機能を加えていく「**未来形（１年～３年）で育むアプローチ**」がケアマネジメントに必須となります。

そこで活躍するのが**地域支え合いマップ**です。利用者の心身の状態や体調、疾患を考慮し、介護度に応じた支え手をシミュレーションしましょう。

第１が**軽度の利用者の生活シミュレーション**です。

「**if（もし）**」を意識して、お出かけ・散歩時や買物時、ゴミ出し、災害避難時に声がけや見守り、話し相手、お茶飲み相手、趣味仲間が「いたらいいな」を地域支え合いマップにシミュレーションします。

第２は要介護２～４の利用者の**まちづくりシミュレーション**です。

歩き方や目線、移動の動作など利用者になりきってみましょう。杖やシルバーカーなどを使うのもいいでしょう。標識、横断歩道、休憩所など、ハード面での「if（もし）」をシミュレーションします。

第３は要介護２～４の利用者の**日常生活資源シミュレーション**です。

店舗や商店街、スーパー、コンビニ、宅配便などが「利用者にやさしい支え手」として「こうなったらいいな！」の視点でシミュレーションします。

第４はどんな状態の利用者にも応用できる**CADL シミュレーション**です。意欲・動機づけシートで抽出された「楽しさ、趣味、役割、交流」などを「どうすれば実現できるか」、そのためにどのような支え手がいればいいかを、シミュレーションします。

未来志向

目標志向は「具体的目標達成」をめざし、未来志向は「未来のありたい姿・ワクワクする姿」を描くこと。

育む視点

「育てる」とは成長するためにかかわること。「育む」とは育つために愛情をもってかかわること。

地域支え合いマップ

地域の支え手や社会資源（行政、施設、事業所、店舗など）を利用者目線でつくった手づくりのマップのこと。具体的なつくり方は第４章参照。

if（もし）

if 思考とは無意識のうちにかけてしまう制約を外し、「もし……だったら」と仮の条件や環境を設定して思考する方法。発想が自由になり、期待感（あったらいいな）が高まり意外なアイデアや可能性が見つかる。

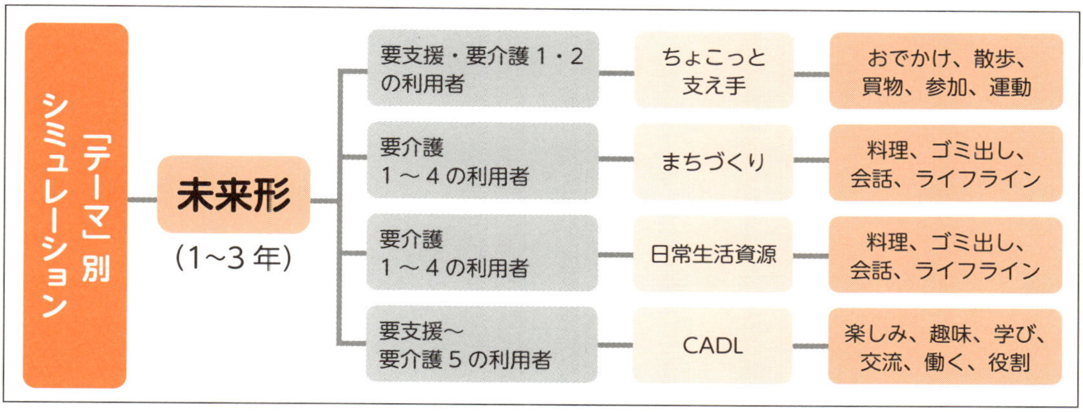

ちょこっと支え手シミュレーション：要支援・要介護 1・2

要支援・要介護1・2の利用者にとても重要なのは「お出かけ、散歩、買物、参加、運動の支え手」です。

●おでかけ・散歩

ポイントは利用者のお出かけ・散歩時の声がけ・見守りづくりです。一緒に歩いてみると、どこに知り合い・支え手（元候補含む）がいたか、**休憩ポイント**（喫茶店とか）はどこがいいかがわかります。あいさつすれば知り合いになれ、新しい情報も入ります。

●買い物など

利用者がよく行く買い物先やなじみのお店では、高齢消費者の悩みや接客の苦労を聴き取り、バリアフリー度や接客のレベル、合理的配慮の提供レベルを把握します。高齢消費者で注意する点（例：動作、視力、頻尿、転倒、支払い）や認知症への声がけの例などをアドバイスします。「何か困ったら気軽に相談ください」と名刺を渡しておくとよいでしょう。

●参加・運動など

利用者が参加していたボランティアや地域行事、朝のラジオ体操などの「通いの場」のリーダーは支え手候補です。要支援・要介護１程度で参加している高齢者がいたら対応の苦労やノウハウを聴き取りましょう。どうすれば参加できるか、リーダーとシミュレーションします。

まちづくり・日常生活資源シミュレーション：要介護２～４

自宅で過ごすことが多くなる要介護2～4の利用者に重要なのは「料理、ゴミ出し、会話、ライフラインの支え手候補（元含む）」です。

●料理（日常食、郷土料理、お菓子づくり）

料理が好き・得意でも孤食ばかりではさみしいものです。ともに料理をする・食卓を囲む、郷土料理・お菓子づくりなどを教える・学ぶことは「お互いのメリット（お互いさまの関係）」にもなります。子ども・

ちょこっと支え手

支え手にも「頼まれたらいつでも」という人から「都合がつけば」「○○なら」という「ちょこっと」手伝ってくれる人まで様々。負担感のないかかわりが長続きのポイント。

休憩ポイント

高齢者の外出で事前に決めておきたいのは「ちょっと休憩できるところ」。例として喫茶店、停留所、駅、コンビニ、公民館、図書館などがある。緊急時は通報先にもなる。

孫・ひ孫、近所の支え手たちが料理を持ち寄る（おすそわけ）・一緒につくることも支え手候補を見出すことにつながるでしょう。

●ゴミ出し

ゴミの分別とまとめ、集積所までのゴミ出しはとても高いニーズがあります。ご近所でできる「ちょこボラ（ちょこっとボランティア）」から支え手育てが始まります。関係の深さ・親しさによって「台所から」と「玄関から」に分けてプランに位置づけましょう。庭の草抜き・草刈りのニーズも高いです。

ちょこボラ

地域のちょっとした困りごと（ゴミ出し・草刈りなど）を住民同士で解決するしくみ。「ちょこっと・ボランティア」の略。

●会話（おしゃべり）

中重度の要介護状態になると「コミュニケーション・ロス」になりがちです。孤独・孤立は喫煙よりも健康や寿命にも悪い影響を与えるといわれています。「独居高齢男性」には特に必要な資源です。傾聴でなく必要なのは会話（おしゃべり）。対面での会話、日常の電話やLINE での会話など、手段によって支え手候補は遠距離の人や身内の人でも可能です。趣味仲間や当事者の会もオンライン仲間として支え手候補となります。

傾聴と会話

傾聴では利用者は一方的な話し手。会話はやりとりなので「おしゃべり」に近い。テーマは自由。２～５人だとさらに盛り上がる。

●ライフライン（電気、ガス、水道、郵便配達・新聞配達、宅配業者）

ライフラインや配達系の人は定期・不定期で利用者宅を訪れています。その時の声がけや簡単なやりとりが安否確認となり、緊急時の早期発見にもつながります。ライフライン点検の事業者と配達・配送の事業者には本人の了解をもらえたら必要な情報（例：難聴、歩行に難、頻繁な物忘れ）と着目点を伝え、支え手候補になってもらうことも試みましょう。

■ CADL シミュレーション：要支援～要介護 5

どんな状態の利用者でもそのケアプランに CADL（趣味、楽しみ、学び、仕事、役割など）を課題化すると、支え手（元含む）が広がります。利用者が出向くだけでなく支え手が来る、電話やスマホやオンラインでやりとりする、など**多様な手立て**をシミュレーションします。

多様な手立て

目的達成のために取り組む方法や手段。「この支え手の人には何をやってもらえるか？」という逆発想で可能性を検討してみる。

●楽しみ・愉しみ

鑑賞・観劇する、モノをつくるのを「支え手」と一緒に行うと満足度も上がり、何よりさまざまな支援（例：送迎、同行、会話、声がけ、見守り）が可能になります。誰と何をしたいか（していたか）を聴き取り、未来形で支え手をシミュレーションします。

●趣味

趣味で支え手とつながる方法は「かつての仲間」との復活が１つ。もう１つは新しい趣味グループに参加して新しい支え手候補を探す方

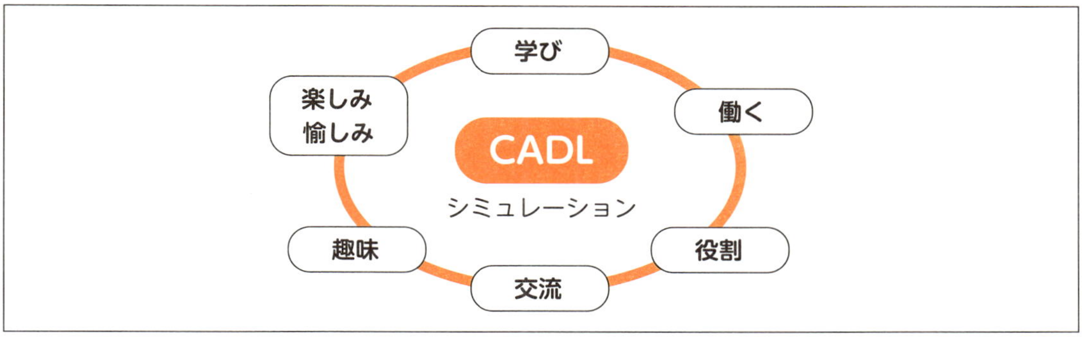

法があります。対面、オンライン、オフ会など、それぞれに必要な支え方による支え手をシミュレーションします。

●学び

要介護になっても新しい知識と視野を得る「学び」は脳と心の活性化に役立ちます。高齢者の**リカレント**ブームのおかげで通信講座（オンライン受講付き）がとても充実しています。

「通い」ならば送迎や見守りの支え手、通信講座ならパソコン操作の支え手などをシミュレーションします。通いなら同じゼミ仲間が支え手候補として有力です。

リカレント
学び直しのこと。特に中高年や定年後の高齢者で「自分アップデート」としてブームになっている。

●交流

人が集まると「出会い」が生まれます。本人にとって交流したい場はどこか。つながり（家族・身内、友人、趣味など）ごとに集まる機会をシミュレーションします。お祭りや地元行事などは「集いの時期」が決まっているのでシミュレーションはしやすいでしょう。

●働く・役割

要介護になっても働くこと、役割を担うことは社会参加と社会貢献の意識が生まれ、周囲から感謝されると「**自己肯定感**」を得られます。これまでの職業歴や地域活動歴、さらに地域の困り事などから「役割探しや役割づくり」を話し合って、何が担えるかシミュレーションしましょう。要介護高齢者であっても電話やSNS、オンラインを使って他の要介護高齢者や障がい者、子どもたちの「お話し相手」を担うことで「支え手」になることもできます。

自己肯定感
承認欲求とともに重要なモチベーション要素の１つ。他人と比べるのでなく、自分を「かけがえのない存在」としてまず肯定すること。前に進むための原動力にもなる大切な感情である。

3つのポイント

1. 支え手は「未来形」でシミュレーション
2. 利用者の状態と望む生活からシミュレーション
3. CADLのシミュレーションは多様な手立てが可能

コラム

地元歴と地元愛

「地元」と「地域」。似ているようで使われ方やニュアンスに違いがあります。地元には「自分が育った・慣れ親しんだ場所」というあたたかい印象があり、心情的な帰属感やなつかしさを含んでいます。一方、地域は「特定の行政区分や社会的なまとまり」を指し、客観的・行政的な意味合いが強い印象です。

会話でも、「地元」は個人的な思いや感情、人間関係、経験を語る際にしっくりときますし、「地域」は行政の計画や施策、統計分析などを解説する客観的な文脈の時にピッタリです。

私が初対面の人との関係づくりで大切にしている勘所は「地元歴」です。先代から100年以上も続く地元歴の古株なのか、まだ数年しか経っていない新顔なのかで地元への「愛の深さ」と地元情報、そして地元人脈の量が異なるからです。

では古株の人が「地元への愛」を熱く語るかというと、意外とそうではありません。古株さんが、地元のダメさを散々にグチるという場面によく出くわしますが、内心はとても地元ラブですから、「そうですね！」と乗っかると大いなる反感を買うことになるので要注意です。古株さんの地元人脈は豊富ですが、その分、ややこしい忖度をしなくてはいけない複雑な立ち位置にいたりして、新しいコトをしづらかったり、自由に行動できないジレンマの中にいることもあるようです。

新住民さんが「地元」と認められるにはワタシ的には10年は必要かと思います。でもそれまで、何もできないわけではなく、地元感覚を身につけることはできます。そのウルトラCが地元のコミュニティに参加して顔見知りになり、共通の体験や思い出をつくること。そのために積極的に役割を担い、汗をかくことです。そこにおたがいさま・おかげさまの「感謝の関係」が生まれます。さらに、「地元の魅力」を自分の言葉で熱く語ることです。自然、街並み、店舗、グルメ、会話や方言、地元気質まで、どんな着目点でもいいです。それが地元の古株さんたちにとっては「心地いい評価」なのです。

地元を知るだけでなく「愛する」こと。魅力を「熱く語る」こと……。やがて地元の古株さんがあなたに歩み寄ってくることでしょう。

第3章

まちなか
インフォーマル資源たち

第1節

まちなかインフォーマル資源だから「できる」こと

なぜ「まちなかインフォーマル資源」なのか？

これまでの支援のカタチは行政や制度でつくられた仕組み（セーフティネット）によって、要支援・要介護の国民（住民）を支えるのが基本でした。しかし、制度にあてはまらない、制度そのものがないために「タテ割りの谷間」に落ちてしまうことがしばしば起こってきました。

複雑に支援困難化したケースに関わる主体が定まらず、さらに深刻な事態になることも多かったため、地域共生社会を目指し、より地域の社会資源を包摂した本人本位の支援体制の取り組みが進んでいます。

そこで、これからは「まちなか」のインフォーマル資源の出番です。なぜなら、制度による支援には、暮らしを支える「**日常的な支援**」に限界があるからです。そのヒントは要介護となった利用者自身が「まちなか」で暮らしてきた、働いてきた人であることです。本人が慣れ親しんだ「なじみの人・店・集まり」が暮らしを支えるインフォーマル資源候補となるのです。

日常的な支援

朝夕・日中のあいさつ、気軽な声がけ・見守り、電球交換、レジでのおしゃべり、エレベーターでのドア介助、道案内など。

つなぐポイントは動機づけと負担感のない関わりづくり

本書では利用者（家族）を支えるインフォーマル資源を、次の12種類としました。どれも「暮らしの生活資源」です。しかし、関わる人たちが「支え手意識」をもっているわけではなく、義務感があるということでもありません。むしろ関わる人たちの「支えたい・力になってもよい意識」をどのように引き出し・つくり出し・つないでいくかがケアマネジメントの新しい手法として求められています。

〈インフォーマル資源（種類12）〉

① 買い物系　② 生活関連系　③ 居場所・集い系
④ 移動関連系　⑤ 飲食系　⑥ 健康づくり系
⑦ エンタメ系　⑧ 趣味・学び系　⑨ 農業・園芸系
⑩ 防災・減災・避難系　⑪ 地元シニア系　⑫ 認知症支援

ここ数年、災害時支援を軸に地域コミュニティの重要性が改めて注目され、「地域のつながり」を残すこと、蘇らせることが積極的

に取り組まれています。一方で、その取り組みに「行政・福祉」が垣間みえると押しつけ感や義務感が生まれ、一歩踏み出せないという住民の声もあります。むしろ「お互いさまの助け合い・支え合い」という負担感のないフレーズだと心のハードルが下がり、「それくらいならやれそう」と気軽に動機づけることができます。

■「まちなかインフォーマル資源」で地域課題発見・解決を目指す

これまでの地域福祉の考え方は、地域住民と地域ボランティア、地域のコミュニティ（例:町内会、老人会、婦人会）と行政が連携し、「福祉の地域（まち）づくり」を目指すものでした。

しかし、地域コミュニティが人口減少と高齢化で弱体化し、その存続さえ危ぶまれている深刻な現実が各地で進んでいます。「誰かが取り組む地域福祉」ではなく、住民自身や各種団体はもちろんのこと、地元企業や小規模事業者も「**企業市民**」として当事者意識をもって「誰もが参画する新しい地域福祉」を推進することが求められています。

まちなかインフォーマル資源としての働きをまず担っているのは親や身内の介護や子育てなどで当事者意識をもつ人たち（支える側）です。そういう人々は、同時に地域の課題（問題・困り事）にいつもふれている当事者なのです。

利用者の家族ということだけでなく、その人たちが「地域のチカラ」になっていくために地道に関わりましょう。

●支え手候補はどこにいる・どこかにいる

利用者にとっての支え手候補を、過去・現在、身内・地域、趣味・暮らしの複数の領域で細かく「**たな卸し**」します。

●支え手候補は何ができる・何かできる

「○○ができる」支え手候補探しというより、聴き取った話から「ちょっとでもできることは何か？」の視点で着目します。

●支え手候補の困り事・願い事はなに？

支え手候補の困りごと（現在形・願い事（未来形）に着目することで地域課題が浮き彫りになり「当事者意識」を育てるきっかけとなります。

企業市民

経営学用語の１つ。企業は利益を追求する以前に「よき市民であれ」という考え方。企業の社会的責任であり、社会貢献活動として地域活動への協力やボランティア、寄付、環境保護などを行う考え方。

第2節

買い物系インフォーマル資源

■買い物系資源の「インフォーマル資源的価値」

買い物系資源が重要なのは「暮らしに必要なモノ（例：食材・食品、衣料品、生活用品」などが揃わなければ「暮らし（命）を続ける」ことができないからです。買い物の効果はそれだけではありません。買い物自体が生活のリズムであり「楽しい行為」だからです。たくさんの品物を選ぶ行為とは暮らしをシミュレーションすることです。そして、買い物にはその場に出かけて人と「出会う・集う」要素があります。お店の店員や顔見知りと出会う、気軽に立ち話をする行為が人間関係を深め、地域のコミュニティを強くします。

買い物難民

過疎地域のみならず都市部においても、食料品の購入や飲食に不便や苦労を感じる高齢者が増えている。

しかし、高齢者が自動車免許の返納で移動手段がなくなる、寝たきりなどになってお店に出向けなくなるだけでなく、中小規模のスーパーマーケットの倒産・撤退や老舗商店の閉店でまたたく間に「**買い物難民**」になってしまうという深刻な事態も生まれています。

地域にある買い物系インフォーマル資源（例:商店、スーパーマーケット（通称スーパー）、コンビニエンスストア（通称コンビニ）、ドラッグストア、商店街など）から、いかに支え手候補を見つけるか・育てるかが鍵となります。

〈買い物系インフォーマル資源〉

●食品専門店（肉、魚、野菜など）　●雑貨屋（食品＋生活用品）
●生活用品専門店（家電、衣料品、靴、陶器、寝具、乾物類など）
●コンビニ　●商店街　●中小スーパー　●大手スーパー
●ドラッグストア　●ホームセンター　●移動販売車
●食品・食材宅配　●弁当宅配

〈高齢者サポート・チェック項目〉

□段差スロープ　□エスカレーター　□エレベーター
□手すり　□休憩スペース　□多目的トイレ
□車いす駐車スペース　□商品陳列の工夫
□案内・商品表示の拡大文字　□商品お届けサービス
□送迎サービス　□認知症サポーター
□買い物サポーター　□早朝オープン（夏）

買い物サポーター

高齢者や障がい者がスーパーの陳列棚から野菜類や生鮮食料品、各種食品を取り出すのは困難なこともあり、店舗側として認知症サポーター研修を受けた買物サポーターを常置している例もある。

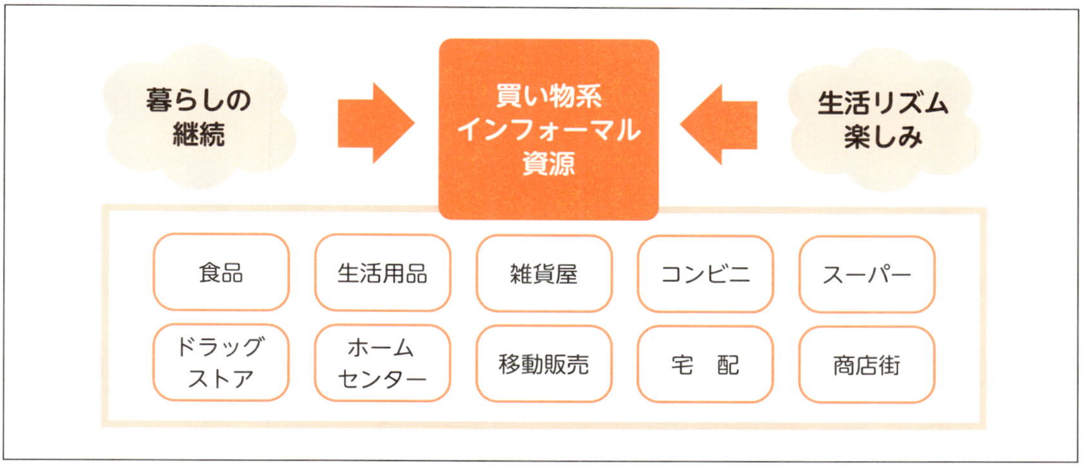

買い物系インフォーマル資源を利用者目線でチェック

利用者目線の基本は「なりきり」です。利用者の身体機能（例：歩きが遅い、商品がつかめない）だけでなく五感（例：照明が暗い、価格文字がにじむ）も含めて「本人なりきり」でまち歩き・店内歩きを行って利用者の「**体感**」をカラダに刻みます。この時に感じた「不便さ」が支え手（店側）にとっては「貴重なお客さま情報」となります。

利用者から聴き取った道順で「なじみのお店」までのルートを歩き、白地図にマッピングします。目的・利用時期、誰と行ったのか、親しい店員（支え手候補含む）などもメモ書きします。たとえ閉店した店や空き店舗でも大切な思い出があり話題にもなります。かならずマッピングし「○年前に閉店」などとエピソードをメモ書きします。

体感
身体で感じること。身体が受ける五感。室温・気温、湿度・湿気、手触りのほかに「億劫さ、痛み、しびれ、ふらつき」なども含まれる。疑似体験により体感を知る。

買い物系インフォーマル資源を「見つける・育てるポイント」

ケアマネジャーは、利用者の住む地域に土地勘がなくても、地域を客観的に見ることができます。利用者目線に立ち、地域の買い物系インフォーマル資源の候補を**意図的**に探す作業を行いましょう。その際の視点は「どうやったら○○さんの買い物系インフォーマル資源になるか？」ということです。

〈視点〉

- 「ここの店員さんにどういうことならお願いできるだろう？」
- 「ここの○○スーパーにどんな支え手になってもらえるだろう？」
- 「○○移動販売にどうしたら○○エリアまで回ってもらえるだろう？」
- 「どういう手順なら○○スーパーの持ち帰りサービスを利用できるだろう？」

意図的
はっきりした考え方や目的があり、わざとその行為を行うこと。恣意的とは「思いつき、思うままに行う」こと。

第3節

生活関連系インフォーマル資源

■生活関連サービスの「インフォーマル資源的価値」

買い物系インフォーマル資源が「暮らし（命）を続ける」ために必須なら、生活関連サービスは「暮らし（命）を豊かにする」ためのものです。買い物自体は毎日～週数回の頻度に対し、生活関連サービス（一部は毎日）の多くは月１回～数年に１回程度です。ただし、ライフラインの故障時には緊急の対応が必要となります。人によっては「楽しい行為」（美容）もありますが、少しくらい欠けていても差しつかえないこと（理容、銭湯、新聞）もあります。家事代行の生活関連サービスを使いこなすことで、地域コミュニティに頼ることなく一人暮らしや要介護の暮らしを続けることも可能です。

しかし、生活関連サービスの担い手がいない・大手家電店やホームセンターの進出でなじみの店が閉店した、生活困窮となりサービスの利用料が払えないとなると、またたく間に「生活難民」になってしまいます。地域にある生活関連サービスが利用者の暮らしをいかに支えてきたかを再確認し、いかに新しいインフォーマル資源になってもらえるか、まさに見つける・育てる視点が求められます。

〈生活関連系インフォーマル資源〉

- 理容（散髪、毛染め、顔そり）
- 美容（カット、毛染め、ネイル、メイク、エステ）
- クリーニング（衣服・布団等の洗濯、仕上げ）
- 新聞配達
- 銭湯（スーパー銭湯含む）
- 宅配便
- **ペットケア**（ペットシッター、トリマー、動物病院）
- 住宅修理・管理（外装や内装、電気・排水管系統、エアコンの修理、内装リフォーム、予防保守）
- 工務店・建設会社
- ホームケア（掃除・洗濯・調理代行）
- 不動産会社
- ホームセキュリティ（警備、見守り、緊急時対応）
- ライフライン（電気・ガス・水道）
- シルバー人材センター（屋内・屋外清掃、ゴミ出し、庭木剪定、家電修理、家事代行、草取り、軽作業、墓そうじ）

〈高齢者サポート・チェック項目〉

□出張サービス（例：理容・美容、ペットのトリミング）
□訪問改修・お届けサービス（クリーニング等）

ペットケア
高齢者の心のケアとしても効果的なペット。需要も伸びる一方でペットの高齢化も進み「飼い続ける」ためには適切なケアが必要となっている。

□送迎サービス（銭湯等）
□ライフライン検針を兼ねた見守り
□認知症サポーターの有無　　　□介助ヘルパーの有無

■生活関連系インフォーマル資源を利用者目線で「チェック」

生活関連系インフォーマル資源のポイントは要介護状態になった時の「使い勝手」です。ここでも利用者目線で「なりきり」（利用者に動作をやってもらい観察するのでも可）を行い、屋内の家電品やキッチン・トイレ回り、**ライフライン**の使い勝手をチェックします。また「なじみの店舗」（例：理美容）を聴き取り、利用者なりの身体機能と五感を想定してその店舗までのまち歩きをして「体感」をカラダに刻みます。白地図に距離と時間をマッピングします。

「なじみ・長いつきあい」をキーワードに生活関連系インフォーマル資源業者を利用者から聴き取り、高齢者サポート・チェック項目を参考に一覧表に整理しておきましょう。

ライフライン
電気・ガス・水道のこと。電気なら電源盤の位置、ガスなら開閉栓の操作・地震時の対応、水道なら蛇口の操作性、冬場の凍結対策などが「使い勝手」としてあげられる。

■生活関連系インフォーマル資源を「見つける・広げる」

少子高齢化と子世代の共働き化のなか、ここ 20 年間で高齢者を対象とした民間の生活関連サービス（特に家事代行）が急成長しています。介護保険で行える生活援助には限界があり、保険外サービスとして注目をされています。

また生活関連サービス事業者の高齢化した顧客対応への配慮（例：ゆっくり話す）も進んでいます。また地元の高齢者が登録しているシルバー人材センターは料金的に安価なので、提供メニュー、エリア、料金なども整理しておくといいでしょう。さらに、シルバー人材センターに登録している高齢者は、地元に強いので、地域のネットワークをつくる意味でも価値があります。

■生活関連サービス事業所へのヒアリングのポイント

- エリア：「どのエリアまでサービス提供をされていますか？」
- 差別化：「高齢者向けサービスで特化している点は何ですか？」
- 可能性：「介護されている高齢者のお客様にこれからどのようなサービスを届けようとお考えですか？」

第4節

居場所・集い系インフォーマル資源

■居場所・集い系資源の「インフォーマル資源的価値」

「居場所」とは「落ち着ける安心できる場所、心地よい場所、自分を受け入れてくれる場所」などといわれます。また「自分の役割を実感できる場所」（**社会的居場所**）という意味で使われることも増えています。居場所は、高齢者の心の健康に大きく影響をします。

かつての居場所は「歩いて通える場所」が一般的でした。今では自転車・オートバイ・車で通える広い範囲に居場所をつくっていることも一般的です。顔ぶれも家族・親族、友人・知人、趣味仲間・遊び友だちなど幅広く、居場所も自宅だけでなく趣味サークル会場やファミレス・飲み屋等があり、近年は**SNS**で全国の人とデジタルな**居場所**（LINEグループなど）をつくっている高齢者も増えています。

しかし高齢者の居場所は継続しづらいのが現状です。コロナ禍で集う機会を過剰に自粛した、心身の機能が低下して通えなくなった、メンバーが高齢のため入院・入所・死亡した、などが原因です。なお、地域の居場所づくりは子育て家族、不登校や生活困窮世帯の小中高校生、ひきこもり青年の支援にも使われています。

社会的居場所

誰かと一緒にいる居場所のこと。高齢者対象では、いきいきサロン、認知症カフェ、シニア食堂などがある。

SNSと居場所

50代以上ではFacebook、LINEで共通したテーマで集まる友達グループが居場所として位置づけられる。

〈居場所・集い系インフォーマル資源〉

●幼なじみ　●同級生　●同窓生
●趣味仲間　●遊び仲間　●飲み仲間
●おしゃべり友達　●信仰・宗教　●ボランティア仲間
●地域カフェ　●公民館　●集会所
●喫茶店　●ファミリーレストラン　●飲食店
●お寺　●教会　●図書館　●インターネット（SNS）

〈高齢者サポート・チェック項目〉

□バリアフリー対応　□頻度　□開催時間帯
□移動支援　□年齢制限　□参加費用

■居場所・集いの場を利用者目線で「チェック」

利用者が「○○が私の居場所です」と話す人はまれです。現在進行形だけでなく、かつて近所・近隣で「週に複数回集まっていた、おしゃべりしていた場所」を聴き取りましょう。

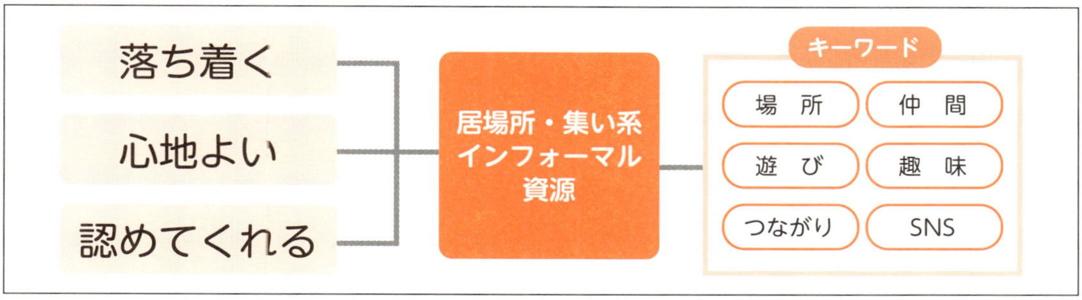

そこから聴き取れるポイントは「関係性」です。親族・友人関係、趣味サークル関係、地元の遊び仲間関係などの例を挙げながら聴きとることで利用者は答えやすくなります。

〈居場所・集い系インフォーマル資源の情報把握〉

●場所（自宅、公的施設等の住所）　●距離と道順と道路状況
●顔ぶれ　●頻度　●過去（現在）の状況（例：継続、中止）

〈聴き取り方〉

- 「ご友人たちとどちらでよく集まっていらっしゃいましたか？」
- 「ご近所の方が集まるとなれば、どちらが多いのですか？」
- 「ホッと落ち着ける場所はどちらですか？」
- 「また足を向けてみたい場所（お店、喫茶店）はどちらですか？」

居場所はリアルに会わなくても「おしゃべりし合う関係」（電話、LINE、メールなど）として「**心の居場所**」をつくることも可能です。

心の居場所
居場所は物理的概念だけでなく心理的概念でもある。距離が離れていてもコミュニケーションがとれることで「心の居場所づくり」が可能になる。

■居場所・集い系インフォーマル資源を「見つける・つなげる」

利用者の居場所・集い系インフォーマル資源を「探す」だけではなく、新たに「見つける・つなげる」ことを意識してまち歩きすることも重要です。地方なら地元のつながりや関係性もまだ残っています。しかし、都市部では地域活動などをやってこなかった男性高齢者で友人・知人がまったくいないというケースも想定されます。

「意欲・動機づけシート」を活用して「得意なこと、好きなこと、興味のあること、役に立てそうなこと」などを聴き、「話題が一致する・役に立てそうな居場所候補」（社会的居場所）を見つけ、つなげていくことがポイントです。役に立つことで周囲から感謝され「**居場所感**」が満たされます。また自己有用感も充実します。つなぎ先は社会福祉協議会やボランティアセンターにも情報提供しましょう。

居場所感
「いてもいい」と思える感情と「役に立っている感情」は深く結びついている。世話される対象でなく世話をする役割を担ってもらうことが主体性の尊重と自己有用感の尊重につながる。

■高齢者の居場所・集いの場につなげる働きかけポイント

●能力貢献：「得意の○○で△△に力を借していただけますか？」
●社会貢献：「○○で困っている人に紹介してもいいですか？」

第5節

移動関連系インフォーマル資源

■移動関連の「インフォーマル資源的価値」

この50年間で飛躍的に**モータリゼーション**が進み、自家用車所有率は「一家に１台」から「１人に１台」になりました。深刻なのは乗車客が減ったバスや電車は、減便・廃線・廃止となっています。一方でドライバーが高齢化して、交通事故（原因：認知機能低下による判断遅れ、操作ミスなど）と認知症ドライバーによる逆走などが深刻な社会問題を引き起こしています。

これらを背景に「運転免許証の返納」が社会的要請となっていますが、皮肉にも「免許返納＝買い物難民・通院難民」と「免許返納＝高齢者の社会不参加（ひきこもり）」を生み出している現実があります。

フォーマル資源である公共交通機関に加えタクシー事業者、送迎ボランティアにいかに地域の要介護高齢者の支え手を担ってもらうかの視点でまち歩きを行いましょう。要支援・要介護高齢ドライバーであれば、車に関わるサービス事業者（例：販売、点検・整備、燃料、保険、装備品）にいかに高齢ドライバーの守り手・支え手になってもらえるかチェックしていきましょう。

〈移動関連系インフォーマル資源〉

- JR・私鉄バス・電車
- タクシー
- **乗合タクシー**
- **相乗りタクシー**
- コミュニティバス
- 送迎ボランティア
- 自動車整備工場
- ガソリンスタンド
- 損害保険代理店
- 新車販売ディーラー
- 中古車販売
- カー用品ショップ

〈高齢者サポート・チェック項目〉

- □車両のバリアフリー度（例：低床化、車いす乗降対応、車いすスペース、優先席）、事故防止対策（例:急発進補助装置の設置）
- □駅構内の誘導案内表示（アナウンス、サイン音含む）
- □駅構内（エレベーター、エスカレーター、多目的トイレ）
- □停留所・場（段差解消、屋根、ベンチ、手すり、視覚障がい者用誘導用ブロック、多目的トイレなど）
- □駅・停留所までの道路状況（距離、坂、混雑）
- □駅・停留所の運行ダイヤ　□停留所数
- □停留所箇所（例：病院前）
- □給油ミス、洗車操作ミス防止のためのサポート

モータリゼーション

自動車が広く普及し生活必需品化する現象。日本では高度経済成長期に始まり「交通戦争」が流行語に。団塊世代が20代になる頃に急速に普及。反比例して公共交通機関の利用が激減し今にいたる。

乗合タクシー

交通空白地域・不便地域における外出支援を目的に各地で運行されている。「定時定路線型」と「デマンド型（目的地自由）」の２種類がある。

相乗りタクシー

配車アプリ等を通じて、目的地の近い旅客同士を運送開始前にマッチングし、タクシーに相乗りさせて運送するサービス。相乗りする際の運賃は、原則として乗車距離に応じて按分する。

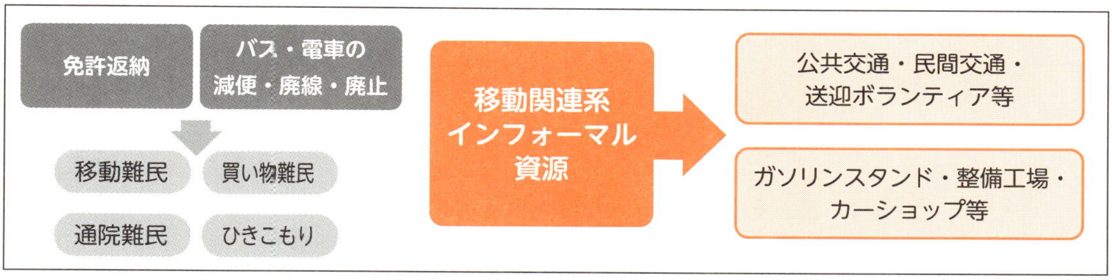

移動関連系インフォーマル資源を利用者目線で「チェック」

移動関連系資源が要介護状態になった利用者にとってどのような「使い勝手」なのかが重要です。バスや電車を利用するうえでの「困り事」(例:停留所が遠い、バス便が少ない)と「望むこと」(例:**フリー乗降制、エレベーターの設置**)、タクシーの困りごと（例：乗降に支障あり、料金が高い）と望むこと（例：スライドドア、低床タイプ、タクシー割引券、乗り合わせ・相乗り）などを聴き取り、解決策を地域包括支援センターなどと相談し行政に提案します。

要支援・要介護高齢ドライバーならば、交差点の信号や通行車両・横断歩道・交通標識の**視認レベル**、他車のクラクションやエンジン音の**聴覚レベル**、給油手順の混乱の有無、軽度の自損事故（例：ドアのこすり）などを聴き取り、本人同意の下、地域包括支援センターや利用するガソリンスタンドや自動車整備工場などに情報提供することで事故を予防し、高齢ドライバーの「支え手」を担ってもらえることにつながります。

フリー乗降制

停留所でなく乗客が希望する場所（例：自宅前）でバスからの乗降を認める制度。停留所と目的地（例：自宅、診療所、店舗）の距離が離れている高齢者に人気。

移動関連系インフォーマル資源を「見つける・広げる」

路面バスなどはフリー乗降制や停留所の新設・移動、ダイヤの増便などを行うことで「地域の足」としての機能はアップします。また、行政のコミュニティバスの運行エリアの拡大やタクシーの乗合制の促進や相乗りの緩和、タクシーチケットの助成などは行政・事業者に提案し、使い勝手のよいインフォーマル資源化を目指します。また、**送迎ボランティア（有償）**の活用は社会福祉協議会に相談し調整を行います。

送迎ボランティア（有償）

地域助け合い型の移動サービス（移動・外出支援）。地域サロンなどの利用者を対象とした送迎、通院・買い物などの送迎のほか、バス停が遠い・急坂があるなど、交通が不便な地域の住民を対象とした通院・買い物等の送迎などもある。有償(低単価）による提供が行われている。

自動車関連サービスのインフォーマル資源化のポイント

- 運転サポート要員の養成
- 軽微な危険運転・軽度の自損事故の発見・サポート
- 行方不明等発生の際の早急な発見にかかわる捜索およびドライブレコーダーの記録の開示協力
- 危険運転回避のための急発進・急ハンドル抑止装置の提案

第6節

飲食系インフォーマル資源

飲食系資源の「インフォーマル資源的価値」

一般的に外食は「暮らしの楽しみ」の一つです。外食にもレストラン、うどん屋、そば屋、とんかつ屋などの「食事系」、喫茶店、カフェなどの「お茶飲み系」、酒・ビール、ワインなどを楽しむ「アルコール系」に大きく分類できます。高齢者になると外食派より内食派（自炊）が圧倒的に増えますが、元はグルメであり、**食べ歩き**・飲み歩きが好き、外食しながらの友達とのおしゃべりが好きな高齢者にとって「外食」は外出へのモチベーションになります。

しかし要介護高齢者になると、心身機能の低下などにより外出が困難になり、心落ち着ける「居場所」だった地域のなじみの飲食店に足を向けることは激減します。

飲食系の店舗がバリアフリー仕様ではなくても、要介護となった利用者を快く受け入れてくれる、外出を支援（介助、送迎、同行）してくれる友人・知人がいるなら、再び訪れたい「居場所」として課題設定することを試みてみましょう。

食べ歩き

いろいろな料理のできたてが食べられるのが食べ歩きの魅力。郷土料理から地元食材を使ったB級グルメまで人気。ショッピングモールのフードコートもいろいろ食べられるので魅力。

〈飲食系インフォーマル資源〉

- レストラン
- 食堂（食事処）
- うどん屋
- そば屋
- ラーメン屋
- 焼き肉屋
- お好み焼き屋
- 天ぷら屋
- 喫茶店（純喫茶、音楽喫茶、マンガ喫茶）
- カフェ（ブックカフェ、ネットカフェ、ペットカフェ）
- 居酒屋
- スナック
- バー
- パブ
- クラブ

〈高齢者サポート・チェック項目〉

- □営業時間帯
- □トイレ（スライド扉、手すり、洋式、車いす対応）
- □店内案内
- □店内移動
- □ AED 常備
- □段差、スロープ
- □車いすスペース
- □メニュー表示
- □認知症サポーター研修

飲食系インフォーマル資源を利用者目線で「チェック」

利用者からこれまでよく利用していた「外食するなじみのお店」を聴き取りましょう。先にまち歩きをして、いくつかの飲食系のお店に目星をつけ「○○町の△△のお店にはよく行かれていたのですか？」と質問するのもスマートでしょう。

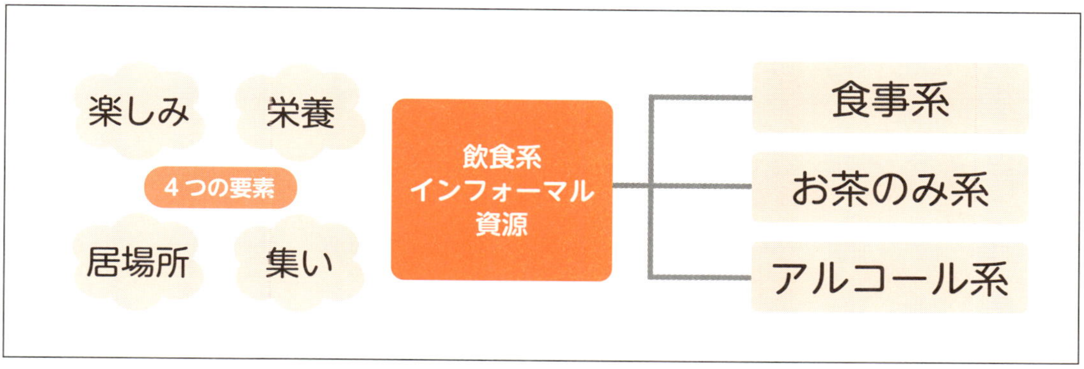

〈把握情報〉

●誰と？　●どのような機会に？　●現在の利用状況は？

●好きな理由は？　●また行ってみたいか？

外食を１人ですると孤独ではないか、と心配する必要はありません。お店のオーナーや店員さんとのふれあいと、おいしい料理で満足がいくならOKです。移動も介助スキルのあるドライバーのタクシーを利用するなら十分可能です。

■飲食系インフォーマル資源を「見つける・つなげるポイント」

利用者が足を向けたくなる飲食系インフォーマル資源を、新たに「見つける・つなげる」ことを意識してまち歩きすることは、利用者の動機づけには有効です。もともとどのようなお店にこだわりがあるのか、どのようなメニューや食材なら足を向けてみたいのかを、訪問時の会話のやりとり（雑談）で聴き取っておきましょう。まち歩きで見つけた飲食店情報を伝えることは利用者との距離感を縮めてくれます。

また地域の１人暮らし高齢者や自宅で食事が用意されない子どもたち対象に「**シニア食堂**･子ども食堂（地域食堂）」（週１回～月１回）が広がっています。１食400円～600円が平均で公民館や集会所、空き店舗などで開かれています。初対面でも気軽に参加でき、仲よく和気あいあいとした雰囲気が人気です。主催するのはNPO法人や社会福祉法人、社会福祉協議会や地域包括支援センターです。複数回参加するうちに要介護高齢者（認知症含む）自身が配膳や盛り付けなどの「役割」を担うことで居場所となることも期待できます。

まち歩きをしながら「○○の地域にもシニア食堂があれば」と主催団体につなぎ、半年～１年後に実現することを目指しましょう。

シニア食堂

シニア食堂を運営するのは主に元気シニアの皆さん。地元の高齢者との知り合いづくりにもなる絶好の機会。会によっては宅配弁当やテイクアウトも行っている。

第7節

健康づくり系インフォーマル資源

■健康づくり系資源の「インフォーマル資源的価値」

人生100年時代が社会的にも共通認識になり、団塊世代の高齢者を中心に新しい健康ブームが始まっています。健康体操や健康食品、サプリメントだけではなく、「**貯筋**」を目指したエクササイズや運動習慣づくり、食生活の改善が団塊世代の高齢者をとらえています。

貯筋

お金を貯める「貯金」でなく、筋肉を貯めることをめざすのが「貯筋」（預筋もあり）。筋肉の低下が転倒や体力低下、軽度認知症にも影響すると言われている。

厚生労働省も「健康寿命の延伸・健康格差の縮小」を目指し、生活習慣病の発症予防・重症化予防のための生活習慣の改善がうたわれています。社会生活機能の維持・向上と健康づくりへの投資が市町村単位で積極的に取り組まれ、日常生活圏域でさまざまな健康づくり系インフォーマル資源が活動しています。

地域包括支援センターや保健センターが公民館や市民体育館などで取り組む健康教室に始まり、社会福祉協議会やNPOが取り組む交流をメインにした健康教室やイベント、また民間のフィットネスジムなども低価格のプログラムを提供しています。

しかし公的機関が取り組む健康教室に参加する要支援・要介護高齢者からは「自宅から遠い、移動手段がない、回数が少ない、誘ってくれる機会がない」ために十分活用されず、延べ人数は多くても「**同じ顔ぶれ**」という現象も生まれています。

同じ顔ぶれ

小規模の市町村では健康意識が高い・地域コミュニティ意識が高い人同士が知り合いなので起こりがち。気持ちはあるが健康行動が伴わない層や健康低・無関心層、ひきこもり層にいかにアプローチできるかが課題となっている。

健康づくりを希望する利用者と健康づくり資源とを「つなげる」ことが双方の「Win-Win」に貢献することになります。

〈健康づくり系インフォーマル資源〉※市町村によって名称や内容はさまざま。

- 健康教室（例：○○体操、脳トレ、メタボ予防、ロコモ、認知症予防など）
- ラジオ体操
- 散歩グループ
- 健康遊具（公園）
- 健康スタンプラリー
- 健康マイレージカード
- 栄養改善教室
- 男の料理教室
- 健康推進員
- フィットネスジム
- スポーツクラブ
- 健康イベント
- 健康カフェ

〈高齢者サポート・チェック項目〉

- □会場（環境）
- □頻度
- □実施時間
- □年齢構成
- □メンバー（男女比、人数）
- □参加費用
- □送迎サービス
- □リハビリ体操
- □レクリエーション体操
- □既往症チェック
- □持病等健康チェック
- □要支援・要介護レベル制限

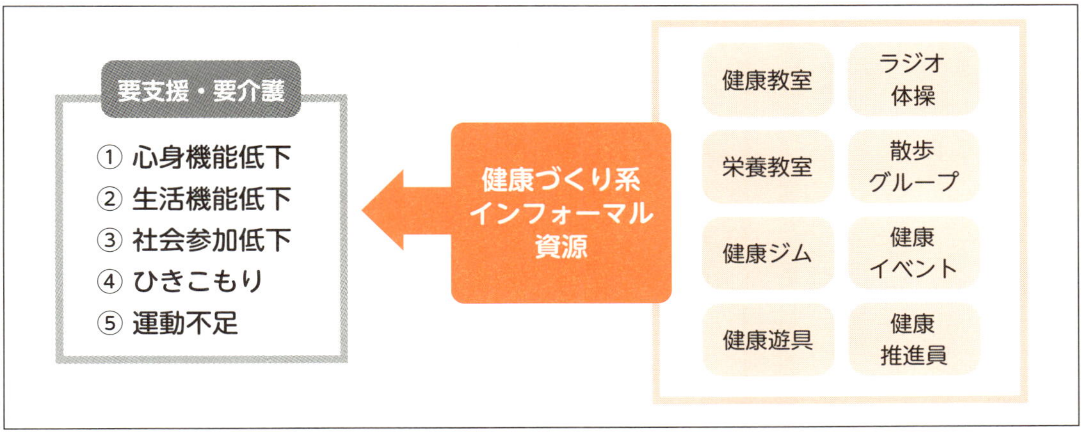

健康づくり系インフォーマル資源を利用者目線で「チェック」

今は要支援・要介護高齢者であっても、かつては健康づくりやスポーツに熱心に取り組んできた人（例：テニス、ジョギング、サイクリング）はいます。いわゆる「**健康意識高い系**の人」たちです。地域の健康づくり資源（例：体操教室、ヨガ、パターゴルフ）に再び参加することをケアプランの課題にすると前向きになる層です。

「意欲・動機づけシート」から、やっていた「運動（スポーツ）の種類、期間、場所、仲間、レベル（戦績含む）」などを聴き取り、まち歩きしながら白地図に種類・場所や仲間の家などをマッピングします。犬の散歩や近所のジョギングなら道順をマーカーしましょう。

やりとりのなかで次の質問をして動機づけます。

- 「もし仮に○○（阻害要因：痛み、体調）が改善すれば、やってみたい運動（スポーツ）はなんですか？」

健康づくりをキーワードに利用者のやる気スイッチを探り、ケアプランに位置づけましょう。

健康意識高い系

健康意識高い系は主に次の３つのパターンに分かれる。①運動・健康づくりが楽しく生活習慣として定着している層、②身体的な健康だけでなく精神的な幸福感も重視する層、③食事を中心に生活習慣病予防と健康サプリメントに関心が高い層。

健康づくり系インフォーマル資源を「見つける・広げるポイント」

地域の健康づくり資源を把握しているのは、主に地域包括支援センターです。日常生活圏域ではなく利用者のご近所エリア（半径１～２㎞）の情報を収集します。**生活支援コーディネーター**（地域支え合い推進員）から地域の集いの場・通いの場のなかの健康づくり系を聞き出し、活動場所を見学し、「顔の見える関係」をつくりましょう。

小規模のフィットネスジムやパーソナルトレーニングジムも健康づくり資源です。どのような心身の状況なら利用可能か、衛生面や費用面なども情報収集し、必要に応じて利用者に情報提供をしましょう。

生活支援コーディネーター

地域包括支援センターか社会福祉協議会に所属（一部行政あり）。厚生労働省では「地域内において高齢者への生活支援と介護予防サービスを提供する体制の構築に向けた調整機能を果たす存在」と位置づけ、第１層（市町村全域）、第２層（日常生活圏域）、第３層（個別支援）それぞれに配置。

第8節

エンタメ系インフォーマル資源

エンタメ系資源の「インフォーマル資源的価値」

介護保険サービスは ADL・IADL・健康管理などの「日常生活の支援」は行いますが「日常の心の豊かさ（CADL）への支援」は行いません。心の豊かさは「人生の豊かさ」に通じます。がん患者で心身のつらさが日常化していても「楽しさ、笑い、ワクワク感」に**緩和効果**があり善玉細胞が活性化するともいわれています。「動かす（運動）、ふれあう（交流）、語り合う（ストレス発散）」こともできるエンターテインメント（以下エンタメ）はまさに心のサプリメントです。

地域のエンタメ系インフォーマル資源には市民劇場・美術館・映画館などの文化施設、スポーツ観戦ができる運動施設などの大規模なものから、ジャズ喫茶や歌声喫茶、画廊やギャラリー、カラオケボックス、健康麻雀、将棋・囲碁教室、ゲームセンターなどがあります。恒例のイベント、お祭り、花火大会、伝統芸能以外にも、各地の**神事・祭事**もお楽しみ恒例行事になっています。

エンタメ系資源には１人でも楽しめるスタイルから複数人で楽しむスタイル（例：観戦・応援、対戦）までさまざま。いろいろなエンタメ資源をまち歩きでマッピングしましょう。

緩和効果

緩和とは緊張や痛みを緩め（ゆるめ）和らげること。緩和ケアとはがんと診断された患者の身体的・精神的な苦痛をやわらげるためのケア。

神事・祭事

神事とは五穀豊穣や子孫繁栄などを願い、祈祷などが厳粛に行われる式のこと。神社の宮司が行い氏子（うじこ：神社の関わる地域の人）は協力する。
祭事とは「まつりごと」。人が集まり踊ったり歌ったり、神輿や山車などで練り歩く。参加者が主体で行う。

〈エンタメ系インフォーマル資源〉

●市民会館　●文化ホール　●公民館　●美術館
●植物園　●動物園　●野外ホール　●画廊・ギャラリー
●運動場　●野球場　●サッカー場　●体育館　●映画館
●ジャズ喫茶　●歌声喫茶　●カラオケボックス　●将棋・囲碁
●麻雀　●パチンコ　●ゲームセンター　●神社・仏閣

〈高齢者サポート・チェック項目〉

□段差スロープ　□エスカレーター　□エレベーター
□手すり設置　□休憩スペース　□多目的トイレ
□障がい者用スペース（客席）
□誘導案内表示（アナウンス、サイン音含む）

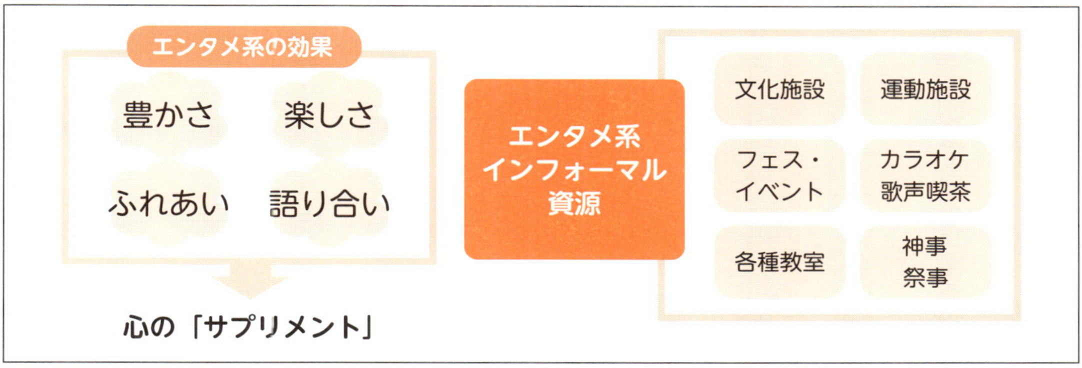

■エンタメ系インフォーマル資源を利用者目線で「チェック」

エンタメ系資源こそ「意欲・動機づけシート」でたくさん聴き取りましょう。「いま」ではなく「やっていた（過去）」ことに関心をもって聴くことで、「地元の生の知識」を増やすことになります。

いまは要支援・要介護高齢者であっても、かつては演劇や伝統芸能、お祭りの中心メンバー（**演者**含む）だった、洋楽や邦楽が好きで教室に通っていた、コンサートや発表会をよく鑑賞した、なじみの歌声喫茶で合唱した、仲間とカラオケを楽しんでいた、好きなチームの応援によく行ったなど、エピソードを語ってもらえるとチャンスです。顔ぶれ（支え手候補）・場所や仲間の家などを楽しく引き出し、まち歩きしながら白地図や**インターネット地図**にマッピングします。

やりとりのなかで次の質問をして動機づけます。

- 「もし仮に○○（阻害要因：痛み、体調）が改善すればどのようなサポート・お手伝い（車いす介助、クルマの送迎）があれば、どなたと△△（例：コンサート、カラオケ）に行ってみたい（楽しんでみたい）ですか？」

エンタメ系のインフォーマル資源をキーワードに利用者のやる気スイッチを探り、ケアプランに位置づけましょう。

■エンタメ系インフォーマル資源を「見つける・広げるポイント」

利用者の住所をインターネットで検索しマッピングした地図をプリントアウトします。規模の大きいエンタメ系資源（例：市民会館、運動場）や、小規模のエンタメ系資源（例:パチンコ）は利用者（家族）から聴き取った場所を白地図に書き込みます。

まち歩きしながらおおよその距離・道路状況・時間を測り、メモしましょう。意識していると**神社（お宮）**や**お地蔵様**が目に入ります。年間を通じて神事（祭事）が行われている（行われていた）可能性があるので、必ずマッピングし、利用者（家族）から「由来」を聴き取りましょう。地元の歴史を知るチャンスです。

演者

演者とは舞台や劇で出演する人のこと。役者とは舞台や劇で特定の人を「演技」する人のこと。

インターネット地図

代表的な地図にGoogleマップ、Mapion、Mapfanなど。建物名・店舗名・住所、停留所や駅の出入口、道路幅の再現度が異なる。

神社・お宮・お地蔵様

神社は日本神道の神を祭り、祭祀儀礼や参拝をする場所。建物自体を神社と呼び、「お宮」とも呼ぶ。お地蔵様は仏教の「地蔵菩薩」のことで僧侶の石像が多い。道祖神、水子地蔵、六地蔵などがある。

第9節

趣味・学び系インフォーマル資源

■趣味・学び系資源の「インフォーマル資源的価値」

趣味・学び系資源のよいところは利用者の「文化性」と「興味・関心事・憧れ、得意分野」がもっともわかりやすい点です。地域にはその道（例：舞踊、華道、茶道、書道）のプロ（指導者）が自宅に「○○教室」の看板（**流派**は要チェック）を掲げているケースもあれば、公共施設（公民館、体育館、公園など）で教室を定期開催しているケース、民間の娯楽施設・スポーツ施設に併設しているケースもあります。これらは一種の「集いの場・通いの場」の役割を担っていることに注目すべきです。またコロナ禍以降はオンライン教室も大流行りです。

流派

芸事には流派があり、家元を中心にして組織されたグループのようなもの。華道の主な流派には「池坊、草月流、小原流」があり、茶道なら「表千家・裏千家・武者小路千家」が代表的。

趣味・学び系資源には「動かす（運動）」から「深める（知識・教養）」、「磨く（技術）」があります。これらに「ふれあう（交流）、楽しむ、成功体験（発表・展示）」の要素を大切にする教室もあります。

かつて「やっていた」利用者には、年齢や立場・関係を越えて、趣味や興味・関心事でつながる人や支え手が、地域にすでに存在（点在）していることを意味します。

本人を動機づける「やる気スイッチ」を見つけるヒントになります。

〈趣味・学び系インフォーマル資源〉

●生け花教室　●茶道教室　●書道教室　●着付け教室
●絵画教室（洋画、水彩画、水墨画）●カラオケ教室●日本舞踊
●楽器教室（ギター、ウクレレ、三味線・三線、ピアノ、カリンバ、ケーナ）　●将棋教室　●囲碁教室　●麻雀教室
●料理教室（男性向け含む）　●フラワーアレンジメント教室
●ハンドメイド（陶芸、編物、パッチワーク）　●ヨガ教室
●ダンス教室　●スポーツ（ゴルフ、テニス、ウオーキング）

〈高齢者サポート・チェック項目〉

□会場のバリアフリーレベル（段差スロープ、手すり、エスカレーター、エレベーター、休憩スペース、多目的トイレ、誘導案内表示）　□会員構成（年齢、男女）　□受講時間
□受講方法

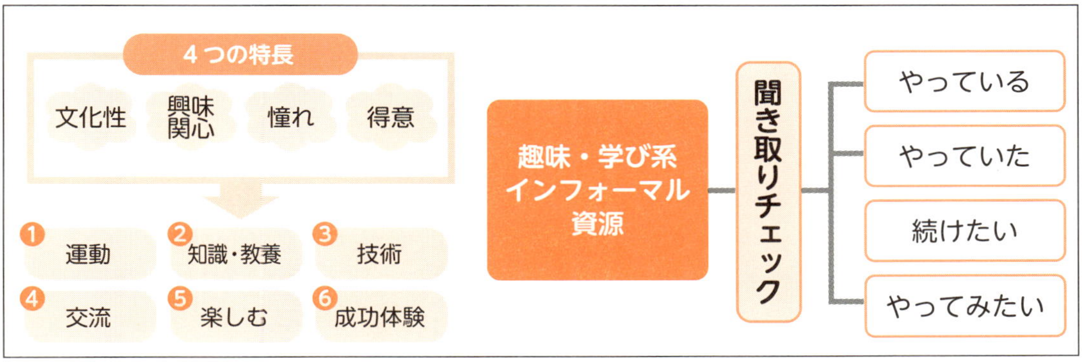

■趣味・学び系インフォーマル資源を利用者目線で「チェック」

趣味・学び系資源は「意欲・動機づけシート」でたくさん聴き取れます。項目ごとに「やっている」だけではなく、「やっていた（過去）」ことに着目し、聴くことで利用者の「興味・関心、得意」がわかります。始めたきっかけ、教室の場所、やっていた期間、さらには当時の顔ぶれと現在のつながり、楽しいエピソードなどを話題にします。

「やっている」ならば、きっかけ・内容・場所・頻度・顔ぶれ（支え手候補）、続けられているコツなどを楽しく聴き取り、続けたい意向の有無とそのためにはどうすればよいかを話し合いましょう。

「やってみたい」には「やっていない」からでなく、実は「ずっとやってみたかった」という憧れ（やる気スイッチ）があります。まち歩きしながら白地図にマッピングした教室などを次のような会話の中で紹介することで、利用者にとってのインフォーマル資源（集いの場・通いの場）になる可能性があります。

- 「もし仮に〇〇（阻害要因：しびれ、ふらつき）が改善して、〇〇のサポート（車いす介助、クルマの送迎）があれば、△△の〇〇教室のようなところで学んでみたい（楽しんでみたい）ですか？」

■趣味・学び系インフォーマル資源を「見つける・広げるポイント」

趣味・学び系資源は市町村の公共施設に足を運ぶと「**掲示板**」やチラシ置きテーブルがあるので効率的に情報収集できます。募集・案内チラシを見て、利用者の近隣での開催の有無や頻度、会費、責任者などをメモしてマッピングします。まち歩きでは家の玄関や民間施設（ゴルフ練習場、カラオケボックス）などに「〇〇教室、〇〇スクール」と掲示されていたら白地図にマッピングします。またインターネットで「カルチャー教室、住所、大人」などを入力すると検索が可能です。そのうえで足を運び、実際に見てマッピングします。

掲示板

公共施設には趣味活動を紹介する掲示板やチラシ置きテーブルがあります。基本的には公共施設利用のグループのみですが、例外もあるので市町村全体のインフォーマル資源を情報収集できる。

第10節

農業（農園）・園芸系インフォーマル資源

■農業（農園）・園芸系資源の「インフォーマル資源的価値」

いま都市部では市民農園がブームです。遊休耕作地や河川敷を農協や行政、NPO 法人、民間が借り上げ、市民農園として貸し出しています。行政も高齢者の社会参加と認知症予防、高齢者の生きがい活動として「農業×福祉」の連携・活用を推進しています。市民農園に関わる人の多くは近距離に住居があり、あいさつ程度から農園外での交流までつきあい度もいろいろです。

農業（農園）・園芸のよい点は身体機能の維持・向上だけでなく、心理的なリラックス効果が高い点です。そしてレジャーとしてやっている市民農園で育った食べきれない野菜は「**おすそ分け**」され、ご近所や知り合いのコミュニティの絆づくりにひと役買っている例が多いのも注目すべきです。

おすそ分け

自分のもらい物、得た利益や成果物の一部を他の人に分け与える行為。「お裾分け」と書く。謙遜の意味で使うこともあるが、つまらないものを分けるというニュアンスもあるので目上の人には使わない。

まち歩きで注目したいのが、公園や駅、公民館、道路脇などのまちなかの花（花壇）です。花木がきれいなのは世話をする園芸ボランティアがいるからです。園芸ボランティアに熱心な人は地元愛豊かな人が多く、横のつながりもあり、支え手候補になります。

〈農業（農園）・園芸系インフォーマル資源〉

- 市民農園（主体：行政、農協、NPO）
- 体験農園（主体：農家）
- 貸し農園（主体：企業・NPO・農家）
- 園芸ボランティア（活動場所：公園、公民館、集合住宅、公共交通機関、公共建築物など）

〈高齢者サポート・チェック項目〉

《市民農園・貸し農園》

□会員構成（年齢、男女）　□農作業時間帯　□主な作物
□利用料金　□スペース（3 坪～ 6 坪）　□貸し農機具
□作業代行　□トイレ　□シャワー　□熱中症対策
□指導員・サポート　□イベント

《園芸ボランティア》

□会員構成（年齢、男女、人数）　□作業時間　□熱中症対策

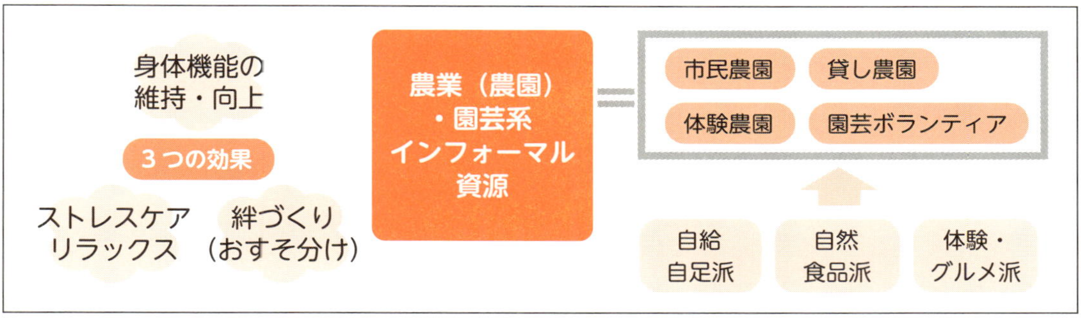

■農業（農園）・園芸系インフォーマル資源を利用者目線で「チェック」

市民農園を始めるきっかけや動機はさまざまです。野菜くらいは手づくりしたい**自給自足**派、無農薬野菜にこだわる健康意識高い系の自然食品派もいれば、子どもに農業体験をさせたかった、手づくり野菜を食べたいちょっとグルメ派の人もいます。また実家が農家で定年になってやり始めた人もいます。

「意欲・動機づけシート」から、「きっかけ、場所、広さ、作物の種類、収穫量、苦労、おすそ分け先」などを聴き取り、まち歩きしながら白地図に農園の場所やおすそ分けした家などをマッピングします。

農業は一年を通して世話が求められるので、苦労と喜びにちなんだたくさんのエピソードがあります。家族との共同作業、人とのふれあい、おすそ分けエピソードを通じて人柄や家族関係などを把握することができます。

園芸ボランティアに熱心な人は花や草木などの「自然が好き」です。個人で活動するのが向いている人から「緑の○○ボランティア」などグループで活動したい人までさまざまです。活動場所、育てた花木の種類、手入れの苦労（水やり、剪定、除草作業など）、咲いた時の喜びや達成感などを聴き取り、次の質問もよいでしょう。

- 「もし仮に○○（阻害要因：膝の痛み、症状）が改善すれば、どんな花（野菜）を育ててみたいですか？」

■農業（農園）・園芸系インフォーマル資源を「見つける・広げるポイント」

市民農園の情報はインターネット検索するか、市区町村や農協の広報誌や掲示板で入手できます。まち歩きをしていると住宅地にぽっかりと区画整理された「畑地」があれば、ほぼ貸し農園・市民農園です。多くは看板が立てられています。どんな作物が実っているかは写真で残すのがよいでしょう。

園芸ボランティアには公園・公民館などの公共物の花木の手入れ具合いを見て、「ご近所の園芸ボランティアの方たちが手入れをされているのですか？」と声をかけ、地域の情報収集をしましょう。

自給自足
自分が必要なものを自分で生産し、自分の力で生活すること。

第11節

防災・減災・避難系インフォーマル資源

■防災・減災・避難系資源の「インフォーマル資源的価値」

日本は地震・台風・水害・土砂崩れなどの災害がどの地域でも起こりうる危険性を抱えています。地球温暖化と気候変動により、春・夏期の酷暑による熱中症や冬季の豪雪なども増加しています。

もっとも影響を受けるのが「**災害弱者**」です。災害時に自力での避難が難しく、避難行動に支援を要する人々です。具体的には心身障がい者（身体・精神・知的・内部障がい者）、要介護高齢者、乳幼児・児童、妊婦、重度疾患患者、さらに日本語の理解が乏しい外国人です。

全国の市区町村では「災害の予言書」である**ハザードマップ**を自然災害別（洪水・浸水・内水、高潮・津波、地震、土石流・地滑り、宅地液状化など）に体系的に作成しインターネット上にも公開しています。

ハザードマップを自治体窓口や市区町村のホームページで入手・検索し、まち歩きしながら危険度と避難経路、避難所、**洪水標識板**などをマッピングすると「利用者別ハザードマップ」として活用することができます。なお大災害などをきっかけに更新されるので要チェックしましょう。

〈防災・減災・避難系インフォーマル〉

- 町内会
- 防災委員
- 消防団
- 自主防災組織
- 避難所
- 防災協定の地元企業
- 防災無線
- 避難経路
- 自然災害別ハザードマップ
- 地域別防災マップ
- 避難所マップ
- 避難行動要支援者名簿
- クールシェアスポット（夏季：公共施設、大型店舗など）

〈高齢者サポート・チェック項目〉

- □避難所への経路（距離、坂・階段・砂利道などの形状、手すり）
- □避難場所・避難所の看板
- □避難経路の誘導案内板
- □福祉避難所（社会福祉施設等：介護施設、障害施設など）
- □避難所の環境（室温、湿度、話し声、バリアフリー、ついたて、介護・食事・飲水の提供、寝具、簡易ベッド、衛生用品など）
- □避難用具（持ち上げ式担架、布担架、介助者ベルト、担ぎベルト、マットレス、階段避難車、ボートなど）

災害弱者

高齢者、障がい者、乳幼児、妊婦など、災害時に特に配慮を要する人を「要配慮者」といい、そのうち自ら避難することが困難で支援を要する人を「避難行動要支援者」という。

ハザードマップ

想定し得る最大規模の洪水・浸水、高潮、地震、津波、ため池氾濫、土砂災害などすべての災害を掲載したもの。災害別に市町村のサイトに掲示してあり、地点検索や住所検索もできる。指定避難所マップもある。

洪水標識板

河川や高波による浸水可能性を高さ（m）で提示した看板。

防災・減災・避難系インフォーマル資源 ー

町内会	管理組合	防災委員
消防団	自主防災組織	防災無線
避難経路	避難所	防災協定の地元企業

＋

- 自然災害別のハザードマップ
- 地域別防災マップ
- 避難所マップ
- 避難行動要支援者名簿
- クールシェアスポット（夏季）

防災・減災・避難系インフォーマル資源を利用者目線で「チェック」

「利用者別ハザードマップ」は利用者目線が基本。避難時は土砂崩れや大雨・浸水も想定されます。冬期なら豪雪・凍結の不安があります。利用者の心身の状態と体力や体調に配慮した、複数の避難先と避難コースを決めてマッピングしておきます。

次は「**個別避難計画**」でシミュレーションします。避難先コースの距離と移動時間（徒歩、杖歩行）を表記します。町内会によっては、防災委員を中心に要支援者ごとに「担当」が決まっている場合もあり、担当の人の家をマッピングし、事前にあいさつをしておきます。避難の際、どのようなサポート（声がけ・見守り、介助、誘導、担架、車いす）が必要かも表記しておきます。

個別避難計画

避難行動要支援者の状況に合わせて、避難のタイミング、避難場所、避難方法、避難サポートなどをシミュレーションし、見える化しておく。

また避難所に行く（立ち退き避難）だけでなく、屋内での安全確保（**垂直避難**）もシミュレーションします。その際に役に立つのが「家の間取り図」です。避難場所（寝室、トイレ、風呂場）と避難動線とともに「避難グッズ」（非常用持出袋、ヘルメット、懐中電灯、非常食・飲水、介護用品、衛生用品など）の置き場所も表記しておきます。

また**減災**のための家具の転倒・落下防止（耐震金具、固定ベルト）、複数の避難路確保なども間取り図に書き込んでおきましょう。

垂直避難

地震や津波、台風や豪雨時に建物・屋内の２階以上の高さがある場所に移動すること。

減災

「災害が発生することを前提として、被害を最小限にしよう」という考え方と取り組み。火災など二次災害の防止も含む。

防災・減災・避難系インフォーマル資源を「見つける・広げるポイント」

災害弱者支援に行政や町内会では「避難訓練」を定期的に行っています。利用者と参加し、参加した利用者（家族）から聴き取り社会資源を把握しましょう。企業や大型店舗も事業の継続と従業員や顧客の安全確保のために、災害時にビルの屋上や屋上駐車場の開放などの取組みを行っています。まち歩きでチェックすることをおススメします。

熱中症対策では行政はエアコンの効いた「一時的に暑さをしのぐ場」を住民に開放するスポット（公共施設、大型店舗等）を積極的に設置をしています。近隣にある場合はマッピングし体験をしておくのもよいでしょう。

第12節

地元シニア系インフォーマル資源

■「地元シニア」という「インフォーマル資源的価値」

地方の高齢化は急速に進み、日常生活圏域でみると40%～60%の高い数値を示すところも増えています。中山間地の100戸以上の集落から十数戸の集落（限界集落）だけでなく、商店の過疎化が進む地方都市の中心市街地や、かつての新興住宅地や団地・マンション群でも同様の事態が進んでいます。

一方で、定年後は「会社のためから社会のため」「社会への恩返し」と社会貢献を志す高齢者（シニア）も増えています。「自由になる時間を持て余しているシニア世代（**時間長者**）」として、新しくフォーカスすれば支え手候補が見つかりやすくなります。

時間長者

P.48参照

要介護高齢者になると外出の機会が減り「地元シニアたち」との関係も疎遠になりがちです。その原因に、これまでなにかと「**おたがいさま**」の気持ちでお世話をしていた周囲も、介護サービスの利用が始まると「もう大丈夫かな？」と「遠慮がち」になるからです。しかし夜間を含め自宅で過ごす利用者を、介護サービスや医療サービスが24時間ケアできるわけではありません。日々の暮らしの中で、話し相手・見守り・声がけ・おしゃべりができるのは、今までつき合いのあった「地元シニア」の皆さんです。

おたがいさま

誰かが困ったら助ける、自分が困ったら助けてもらう互助の精神（言葉）。「おかげさまで……」は相手の気づかいへの感謝の気持ちを謙虚に伝える時に使う言葉。

インテークやモニタリング、「意欲・動機づけシート」の聴き取りで名前があがった「関わりのあった友人、知人、仲間、身内」をまち歩きしながらマッピングしましょう。そしてケアマネジャーが利用者と顔なじみの地元シニアの皆さんとの「**ハブの役割**」を担い、再び「関わり合い」を無理なく丁寧に作っていくことが「支え手づくり」につながります。

ハブの役割

ネットワークやコミュニケーションの中心点、結節点のこと。つなげ役ともいう。

〈地元シニア系インフォーマル資源〉

□幼なじみ　□友人　□知人　□町内会　□身内

□仲間（例：趣味、ママ友、消防団、仕事、ボランティア）

〈高齢者サポート・チェック項目〉

□見守り　□声がけ　□話し相手　□ゴミ出し支援

□買物支援　□庭木・草取り　□困り事支援

□安否確認　□避難誘導・同行　□捜索発見協力

□家族介護・認知症介護の経験　□認知症の理解度

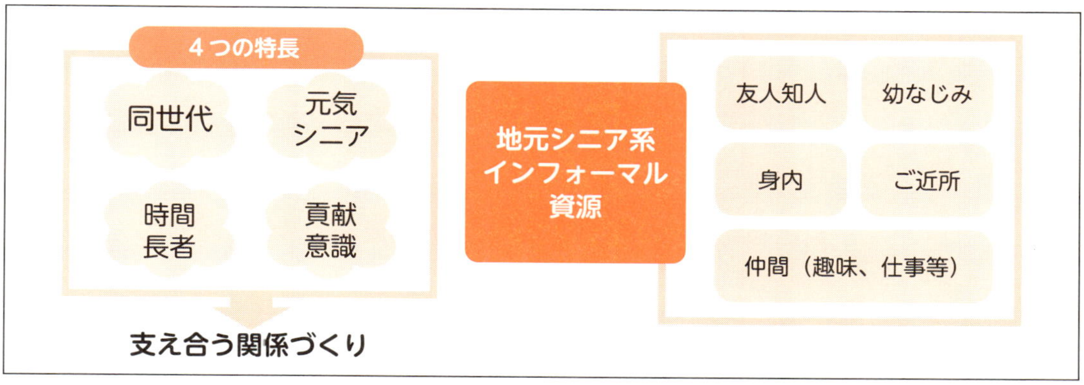

□認知症の人への関わり方・会話スキル
□地域ボランティア経験

■地元シニア資源を利用者目線で「チェック」

しかし、地元シニアの誰もが支え手候補ではありません。人間関係には「**相性**」があるからです。善い人・悪い人・ずるい人などの人格で決まるものではなく、正反対の性格なのに相性がいい場合もあります。また仲違いをしていても、同じ体験や共感できること（例：身内の死、病気）、感謝や謝罪を機に仲直りすることもあります。

初対面でも趣味や話題が共通する、同じ体験・所属だったなどで「相性の良い関係づくり」が可能になります。相手が20代～40代でも新たな関係が生まれることもあります。

「これまで」の暮らしぶりや交流・人間関係に着目し、聴き取った「友人、知人、仲間、身内」や**よく行く・行った場所**をまち歩きしながらマッピングします。

相性

P. 30参照

■地元シニア資源を「見つける・広げるポイント」

地元シニアから支え手資源を見つける・広げるには「急がない・あわてない・きっかけを逃さない」ことです。コロナ禍以降、集まる・ふれあう・話し合う機会が減り、コミュニティのつながりが弱まっている一方で、ふるさと復興や災害対策をきっかけに、**地域共生社会**を目指し地域のつながりに取り組む高齢者層も増えています。

要介護となっても、すべての高齢者が困るわけではありません。要介護4でも在宅生活が続けられるのは「支え手」がいるからです。支え手は他の複数の支え手を担っていることがよくあります。支え手同士の横のつながりをもっていることも多くあります。

利用者（家族）の支え手探しは焦らず・急がず時間をかけて、「そういえば……」と話題が出た時がチャンスです。

地域共生社会

「支え・支えられる関係が循環し、誰もが役割と生きがいを持つ地域社会づくり」だけでなく、地域で「人と資源が循環し、地域社会の持続的発展の実現」をめざし、地域社会で誰もが“参加と協働”ができる取り組み。

第13節

認知症支援に役立つインフォーマル資源

■認知症支援の「インフォーマル資源的価値」

認知症の理解も社会的に広まってきました。認知症の人が地域で暮らし続けるには「地域の理解」だけではなく「地域の支え」が必要です。ここまで紹介したまちなかインフォーマル資源のどれもが認知症支援に役立つことができます。

求められる「訪問タイプ」の支えにはご近所の声がけ・見守りから暮らしの支援（例：ゴミ出し、買い物、草取り、庭木の剪定、電球交換）・心の支援（例：話し相手）があり、緊急時の支援（例：安否確認、避難所誘導、病院付き添い）、さらには行方不明時の支援（例：行政への報告、発見協力）などもあります。

これらのきめ細かい支援ができるのは「まちなかインフォーマル資源」です。ご近所づき合いから町内会・自治会・マンション管理組合、老人会・ボランティアグループ、民生委員だけでなく、暮らしの支え手であるさまざまな店舗や郵便局・金融機関・宅配業者、タクシー会社などで認知症サポーター研修が行われているなら有力なインフォーマル資源として位置づけられます。

「通いの場タイプ」には「**認知症カフェ**」といった集いの場から「地域の居場所」としてしゃべり場・シニア食堂として集まるタイプ、少人数の自宅開放型から社会福祉法人や社会福祉協議会が開くタイプ（地域サロン）までさまざまです。詳細は**生活支援コーディネーター**などから情報収集できます。

認知症カフェ

認知症の人やその家族、地域の人が気軽に参加できる交流の場。家族にとっては息抜き・情報交換の場。

生活支援コーディネーター

P.81参照

〈認知症支援の支え手資源〉

●町内会　●自治会（マンション含む）　●老人クラブ

●認知症サポーター（郵便局、大型店舗、宅配業者、タクシー会社）

●認知症カフェ　●集いの場（しゃべり場、シニア食堂、地域サロン）

●**認知症家族の会**

〈認知症支援のサポート・チェック項目〉

□認知症の理解　□関わり方（会話スキル）　□認知症介護の経験

□認知症サポーター　□地域ボランティア経験

□見守り　□声がけ　□話し相手　□ゴミ出し支援　□買物支援

□庭木・草取り　□困り事支援　□安否確認　□避難誘導・同行

□捜索発見協力

認知症家族の会

全国47都道府県に支部がありさまざまな事業を実施。活動は①つどい（本人、家族、若年、男性介護者など）、②電話相談・情報交換、③会報発行の3本柱。市町村単位で細やかな集いなどを行っている。

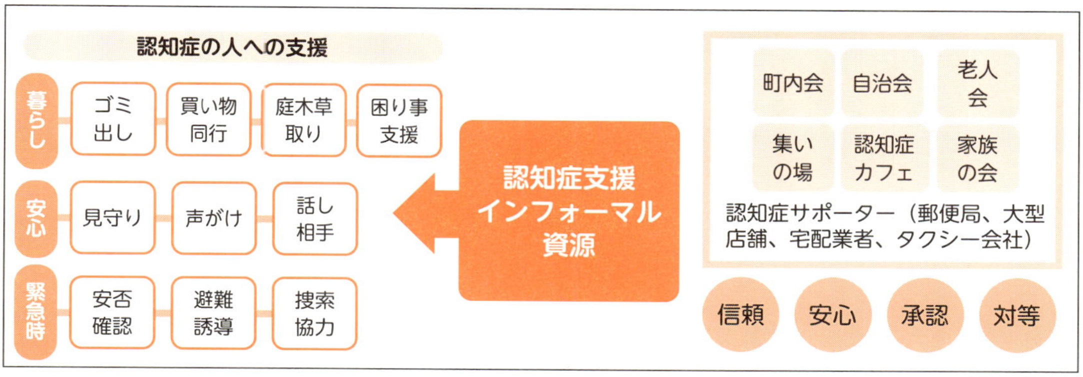

認知症支援の支え手資源を利用者目線で「チェック」

認知症の利用者の目線で支え手候補となる人は「頼れる・安心できる」とともに「認める・対等である」ことです。認知症を憐れむ・さげすむ・いぶかる感情や態度に対し、認知症の人はとても敏感です。まず支え手候補となる条件を満たす人は、「これまでの親しい人たち」、なじみの場所でつきあってきた人たちです。

現在だけではなく、「これまで」の暮らしぶりや交流・人間関係に着目し、聴き取った「親しい人」や**よく行く・行った場所**をまち歩きしながらマッピングします。

しかしいくら頼りたい支え手候補でも、認知症になって困っていること（例：もの忘れ・物盗られ、**ひと忘れ**、迷子、感情失禁）をプロのようにサポートできるわけではありません。確かな認知症の知識と**関わり方のスキル**が必要です。信頼関係をつくってから、シーンごと（例：迷子）にシミュレーションし、支え手候補にとってのベター＆ベストな関わり方（例:右耳が難聴なので左耳に話しかける、内容を区切って低めの声でゆっくり話す）を伝えることで、確かな認知症の人の支え手になってもらえます。

よく行った場所

「なじみの場所」というのは抽象的。よく足を運んだ場所（例：仕事、買物、食事）といって聞くほうが具体的。

ひと忘れ

他人・知人の顔の判別がつかない、名前が出てこない、人違いに気づかない状態のこと。

関わり方のスキル

認知症ケアはコミュニケーションによるケアが重要。認知症の人の心に届く「声のかけ方・接し方」には一定のスキルが必要である。

認知症支援の支え手資源を「見つける・広げるポイント」

認知症支援の支え手を「地域の暮らしの資源」に広げると、支え手はぐんと増え、認知症の人に「やさしいまちづくり」となり、地域課題の解決につながります。

認知症サポーター養成講座を実施した地域や郵便局・金融機関・小中高校などは市町村の高齢長寿課や地域包括支援センター、**全国キャラバン・メイト連絡協議会**の HP から情報を入手しましょう。またつながりづくりのために養成講座に参加・協力することもよいでしょう。大型店舗や中堅スーパー、郵便局、金融機関などで「認知症サポーター養成講座」の修了者が何人いるかも具体的に把握しましょう。

全国キャラバン・メイト連絡協議会

都道府県・市区町村と全国規模の企業・団体等と協催で認知症サポーター養成講座の講師（キャラバン・メイト）を養成。その後、自治体等と協働して「養成講座」を開催する。

コラム

私の「まち歩き」
～大間町と奥尻島～

私は全国の研修先でよく「まち歩き」をします。まちを知るには、それが一番手っ取り早い方法だからです。地元の人との会話で共通の話題になり、そして何より「身体がまちを覚えてくれる」からです。

主催者が車でまちを案内してくれる時も、私は途中で車から降りて10分程度歩きます。車窓からでは「眺め」でしかない景色が、歩くことでリアルな体感を通してそのまちが身体に刻まれるからです。

忘れもしないのが青森県大間町。季節は1月です。新年、豊洲市場の初競りで盛り上がるマグロの町です。雪に埋まる漁師町はとても静かでした。翌朝の6時、海からの猛吹雪が吹き荒れる大間の地に、完全防寒スポーツウエアの出で立ちの私がいました。

「こんな体験、めったにないもんな。行くぞ、オレ！」

左右に足を滑らせながらのジョギングの始まりです。あまりの寒さと吹雪と積雪に15分で退散しましたが（汗）、このきびしさを体感したおかげで15年経った今もこのまちを身体が覚えています。

北海道奥尻島の島巡りも印象的でした。海からの寒風に身体をふらつかせながら周遊道路を歩いている時、とてもオシャレな北欧風の家が砂浜沿いに10数戸並んでいたのです。

「この家並みは、なんなんだろう？」。役場の保健師さんに尋ねました。「奥尻地震（北海道南西沖地震）の津波で全滅した家の新築なんです」とのこと。

復興支援のために間髪入れずに入った建築会社がスウェーデンメーカーだったらしく、またたく間に5棟が建ったそうです。

その後、散歩して目にした高さ11ｍもある防潮堤を見上げ、アルミ製の頑丈な避難路も歩いてみました。坂の勾配、避難路も歩くことで「高齢者にとってこの坂は？　距離は？」を実感できました。

まち歩きは歩くスピードと考えるリズムの相性がちょうどいい。

なにより「カラダの記憶に刻まれる」ことが大きなメリットです。

第4章

実践！　地域支え合いマップの「つくり方」

第1節

地域支え合いマップの３つの効果

■ 地域支え合いマップで可能になる「リアル・シミュレーション」

言葉だけでは正確に伝わりにくいのが「位置」と「環境」です。地域を「見える化」したマップ（地図）がないと次のようなやりとりの時にとても困ります。

- 「このちょっと先に、友人の○○さんがいます」→不明点：場所
- 「△△公園まではけっこう遠く、坂もあるし歩くとわりと時間がかかります」→不明点：距離、**道路の勾配**、時間
- 「□□スーパーで買物したいんだけど、○○はクルマが多くて危ないし信号もないから歩いて行けない」→不明点：通行量、道路状況
- 「母はよくＸＸ団地の４号棟あたりで迷子になって 19 号棟あたりでウロウロしているんです」→不明点：場所、エリア

みなさんは利用者（家族）から、このように話されてすぐに状況がイメージできますか？ どのような支援があればよいか、考える（シミュレーションする）ことができますか？

もし手元に地域支え合いマップがあればどうでしょう？ 利用者（家族）は話題の場所や道路やエリアを指で示しながら説明できます。

わかりにくくなりがちな話題を「わかりやすく」するだけでなく、「先々、何が心配ですか？」と一緒に未来形で話し合うことができます。

道路の勾配

新興住宅地は山地を開発したものが多く、斜面住宅地が多い。そのため外出困難の原因の１つになっている。急な坂道には「道路の勾配（傾き）」標識がある。

「９％」とは 100 m水平に進んだときに９ｍ高さが増す傾斜を表す。

■ 地域支え合いマップの「３つの効果」

地図は３次元の立体を２次元の平面にする「**魔法の手法**」です。先述したように、日常会話では場所の説明は抽象的な言葉を使いがちです。これが実にさっぱりわからないのです。

【抽象的な言葉（例）】

- **場所** …… ○○のあたり、の近辺、の近く、あのへん
- **距離** …… わりと近く、かなり遠い、歩くとかかる、車なら近い
- **状況** …… 急な坂、交通量多い・少ない、広い・狭い、危ない
- **目印** …… パッと目に入る、大きい・小さい、高い・低い、標識・看板、目立つ、派手

これらの表現は「主観的」なために「正確さに欠ける」のです。インフォーマル資源を探す・見つける・つくるためには、この「曖昧さ」

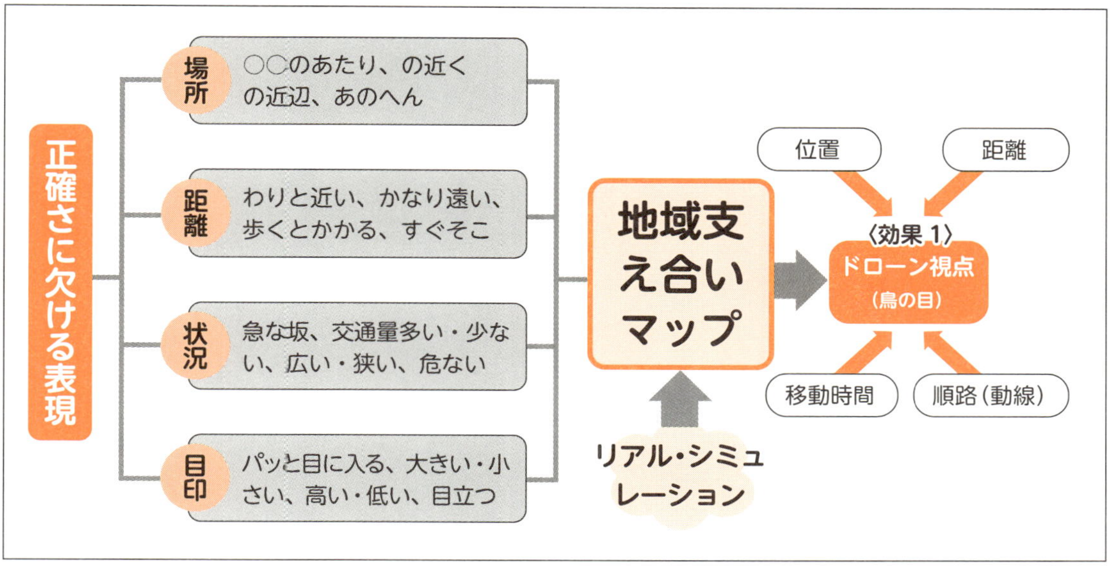

がシミュレーションする時の弱点になるからです。

地域支え合いマップはこれらの阻害要因を克服する「7つの効果」をもっています。

■〈効果１〉「ドローン視点（鳥の目）」で俯瞰できる

地域をまち歩きすると「目に入る景色」が順番に脳に記憶されます。それはあくまで歩く動線に依存した「一方通行」です。迷ってしまったり、同じエリアを行き来すると、私たちの脳の「記憶が混乱」することになります。同じ道を逆方向から歩くと、景色が異なるためにさらに混乱します。道に迷いがちの人はとたんに「迷子」になってしまいます。

ドローン視点
カメラ付きドローンで地上を映し出した画像。グーグルマップは衛星写真。白地図表記も可能で使い勝手は良。

しかし地図があると「**位置情報**（何がどこにあるのか）」が正確になります。地図化とは視点を「ドローン化」することです。インフォーマル資源となる「場所、建物、人」の位置がわかり、「声がけ・見守りの役割分担」や「迷子時の捜索の手がかり」などにも効果的です。まさに地図上で「リアル・シミュレーション」ができます。

①「位置」がわかる

地図のポイントは「**位置**」が正確に見える化できることです。住所があっても文字から位置をイメージできる人はよほど地元に詳しい人です。「○○小学校の近くの○○さん」と利用者から聴きとっても「右隣、左隣、お向い」のいずれなのかわかりません。数十m離れていることもあるでしょう。

しかし地図に表記されていれば位置は正確に伝わります。**目印**があればほぼ間違うことはないでしょう。とりわけ中山間地や沿岸部の

目印
まち歩きでは「本人にとっての目印」の視点で地図にマッピングする。看板、信号、建物、神社、標識、ポスト、お店など。

集落の家の住所表示はエリアが広めなので地域支え合いマップはとても便利です。

②「距離」がわかる

地域支え合いマップで重視したいのは「順路（道順）」だけでなく、目的地までの「**距離**」です。要支援・軽度の要介護になると健康時に歩けていた距離に変化が生まれます。距離は本人の生活圏域や社会参加・人間関係（集い・通いの場）を左右します。短くなってしまった歩ける距離をリハビリテーションやケアプランの課題や目標に「めざす距離」として表記することは本人の動機づけにも効果的です。

③「移動時間」がわかる

距離と同時に重要なのは「**移動時間**」です。健康時にかかった時間と要支援・要介護となった状態の移動時間では、疾患や障がいによる心身の機能低下や体調の不具合が直接影響します。

移動時間の変化

移動時間の変化から心身機能や認知機能の低下を事前に察知できる。「3年前は～、冬場は～」と条件を決めて質問をするのは効果的。

また移動手段（自立歩行、介助歩行、杖歩行、シルバーカー歩行、自動車）によってもかなり異なります。さらに、一日の時間帯（明るい日中、視力が落ちる夕方や夜間帯）、季節と気候、気温なども影響します。

特に災害時などの**避難所**への距離と移動時間は必須の情報です。

災害時避難所

地震・洪水・津波などの災害時の避難所の位置と避難経路を歩いてみて、かかる時間とリスクを事前確認することは重要である。

④「順路（まちなか動線）」がわかる

一般的な地図でいくら道路が正確に表示されていても、特定の個人が日常的に移動する「順路」は表記されているわけではありません。

地域支え合いマップには、利用者が日常的に移動する行先（例：なじみの場所・店舗、知り合い、遊び場）までの「**順路**」を聴き取って「矢印」で表記します。おおよその道順を聴き取ったら、ドライブレコーダーのように順路をたどって確認・マッピングするのがよいでしょう。

順路がわかると、どこに「声がけ・見守り」をしてくれる人がいるか・いるとよいか、なじみの店舗までの順路で危険な場所はないか・迷いそうな場所はどこか、が把握できます。とりわけ認知症が進行し迷子になった時に「探す**手がかり**」になります。

手がかり

問題解決の糸口・手助け・きっかけ、サポートのこと。捜索では行きつけの場所、なつかしい場所（実家、職場、学校）などがポイントになる。

■〈効果２〉「予知・予見・生活の予測」ができる

小説家や脚本家は、登場人物の関係図や住んでいる家や部屋の間

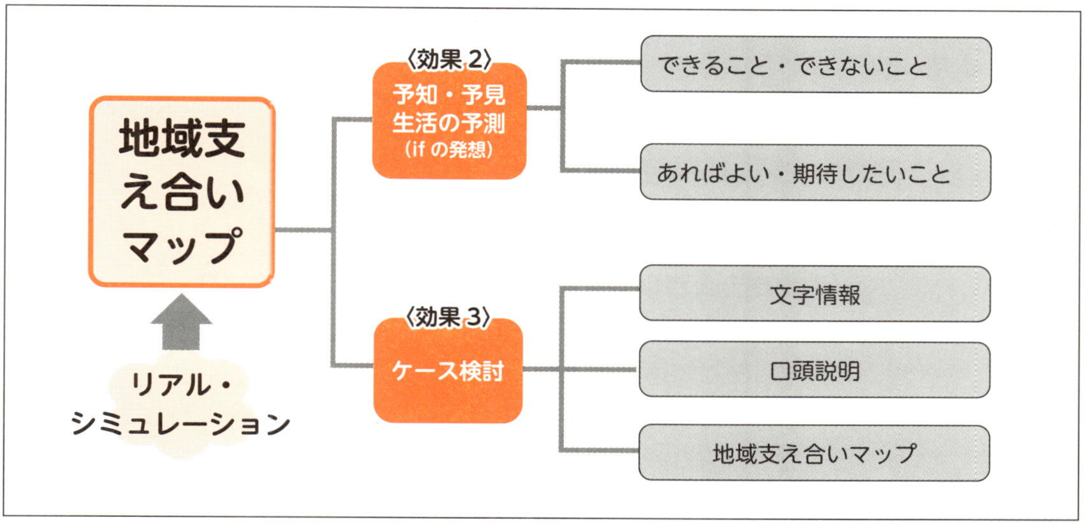

取り図、周辺の地図を描いて作品づくりを行います。関係性と動線を見える化するためです。

この手法を使って、現在のインフォーマル資源ができること・できないこと（予知・予見）、先々あればよいなと想定するインフォーマル資源に何が期待できるか（生活の予測）を未来形でシミュレーションできます（**if〈もし〉の発想**）。

if〈もし〉の発想

P.62参照

■〈効果 3〉「ケース検討」が実践的にできる

事業所のケース検討で課題となるのは、利用者基本情報やアセスメントシート、ケアプランなどの「文字情報」と担当者の「口頭説明」のみに頼っていることです。

文字と音声では「**伝えきれない２次元情報**」が地域支え合いマップなら見える化できます。マップにビジュアル度の高い写真（画像）や動画などがあればさらにリアルな共通認識となり、ケース検討も具体的で実践的な内容となります。

ケース検討

ケース検討のスタートは「認識の共通化」。言葉や文字だけの解釈には「程度の差と誤解、思い込み」が生まれやすい。地図、写真、動画でビジュアル化するのがポイントである。

3つのポイント

1. **地域支え合いマップで地域（まち）と支え手を「見える化」**
2. **地域支え合いマップでリアル・シミュレーションする**
3. **地域支え合いマップで予知・予見と生活の予測を行う**

第2節

地域支え合いマップの描き方～３つの手法～

■地域支え合いマップは「ソーシャル・デザインマップ」

一般的な地図は地形の状態を正確に縮尺して表した「地形図」です。そこに建物や住宅地、道路、信号、河川、池、農地・畑地などが直線と曲線と地図記号で表されています。目視できない３次元のエリアを２次元に整理して「見える化」してくれています。

さらに、一般的な地図には「**テーマ**」で整理されている地図もあります。コンセプトがしっかりとある観光マップ、災害マップ、グルメマップなどです。地図にテーマをかけ合わせることでオリジナル・マップができます。これを「**ソーシャル・デザインマップ**」と呼びます。

テーマ地図

テーマを決めた地図なので情報が整理され、プラス関連情報も追加されている点がメリット。ロケーションマップとも言われ、○○さん用地域支え合いマップはその人の人生とつきあいを網羅している。

「地域支え合いマップ」は地図にインフォーマル資源の支え手や店舗、団体･グループをかけ合わせたソーシャル･デザインマップです。利用者を支えるインフォーマル資源に悩んでいる時に、まずはまち歩きで情報収集して、マップに目印や情報を描いていくプロセスで頭の中が整理され、資源化の可能性が浮かんでくる瞬間があります。

あなたの直感で描かれるマップの製作プロセスそのものが、利用者と利用者が暮らす地域への「深い理解と愛情」につながっていくことになります。

■地域支え合いマップの描き方①：「白地図」をつくる

地域支え合いマップづくりは、まず「白地図」づくりから始めます。

- **フリーハンド法：**歩きながらおおよその地図をフリーハンドで「手描き」する方法があります。大きさはA4がベストです。
- **トレース法：**住宅地図や国土地理院やグーグルマップからダウンロードした地図に白い紙を載せ、上からマジックでトレース（地図の線をなぞる）します。メリットは地図上の必要な道路や建物、交差点、目印のみをマッピングできます。トレース前に拡大コピーも検討します。
- **検索・ダウンロード法：**「白地図、つくり方」などで検索し、国土地理院やグーグルマップから白地図（航空写真含む）をダウンロードして、使います。詳細で正確ですが、情報が多すぎるというデ

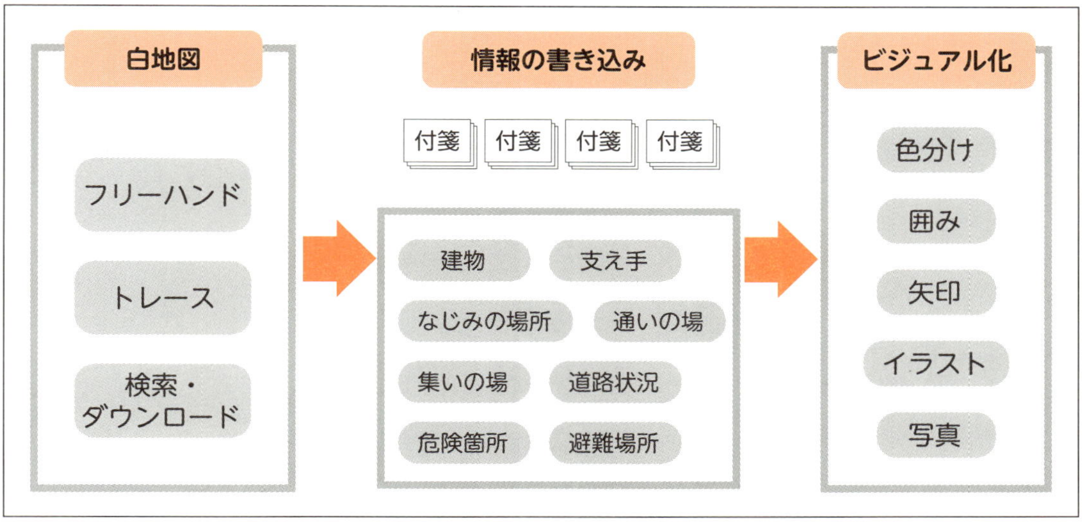

メリットがあります。

■地域支え合いマップの描き方②：情報を「付箋」に書き込む

まち歩きや聴き取りで得た情報を白地図に直接書くのもよい方法ですが､書き直しや追加は手間です。得た情報は**「付箋」**に書き込み、あとで貼り込むのがよいでしょう。位置関係も自由に移動できます。

〈書き込む情報〉

- **建物**：地名、名称、本人との由来、距離、移動方法・時間、頻度
- **人物**：名前、本人との関係、場所・距離、移動方法・時間、頻度
- **なじみの場所**：名称、由来・関係、距離、移動方法・時間、頻度
- **通いの場・集いの場**：名称、関係・顔ぶれ・人数、頻度
- **道路**：名称、道幅、交通量、坂の勾配、信号と横断歩道の長さ・歩行時秒数、交通危険箇所、歩行者用側道、ガードレール、踏切、スクールゾーン　など
- **危険箇所**：河川、橋、ため池、側溝、堤防、山崩れ、倒木、冠水、高波・津波、道路の損傷（陥没）、凍結箇所、階段、段差　など

■地域支え合いマップの描き方③：「ビジュアル化」する

なじみの場所、通いの場・集いの場、支え手、目印、危険箇所などを「**色分け、線で囲む、矢印、イラスト、写真**」などでビジュアル化しましょう。色分けした付箋を使うのもよいでしょう。支え手は「関係の深さ・支える内容の重要度」で「**文字の太さや文字色**」やラインマーカーなどで強弱を工夫します。

付箋

付箋なら手早く・手軽に記入できる。ひらめき・思いつきなどのアイデア出しにも効果的。貼る・はがすが自在で移動も簡単なのでワークショップでも活用できる。

時間

高齢者の動作で着目すべきは「かかる時間」。歩く速度が目的地に着くまでの時間、横断歩道を渡る時間を左右する。体調・体力だけでなく道路の勾配や状態（例：砂利道）も影響するので移動時間の記入は重要。

第3節

Step1：まち歩き ～「目印」を書き込もう～

■「目印」をマッピングする

手元に「白地図」と付箋、サインペンを準備したら、いよいよまち歩きのスタートです。利用者の自宅を基点に右回り・左回り、放射線状など「自由気まま」にまち歩きします。行きと戻りでは「見える景色」は異なります。できれば両方を行うようにしましょう。

マップづくりのポイントは「**目印の発見**」です。地元の人の「生活者目線」、利用者の「利用者目線」、幼児・小学生の「**子ども目線**」と「**高齢者目線**」の「３つの目線」で見回しながら歩きます。目印には「公的施設、建物・看板、店舗、生活施設・設備、交通・移動、福祉施設、介護・障がい事業所、病院・医院、家屋、産業用地」などを基準に目印を発見し、付箋に書き込みます。利用者（家族）や地域の人から「**身近な目印**」を聴き取れたら、その都度、追記していきましょう。

子ども目線・高齢者目線の効果

子どもや高齢者の目線で建物、信号、標識、踏切などで腰をかがめて眺める（低い目線）、無音のイヤホンで外の音を聞く（難聴の再現）、遅い歩行速度で歩く（身体機能の低下の体感）ことで身をもって知ることができる。

■「目印」発見の勘所

次のような目印に注意して白地図に書き込んでいきましょう。

- **施設**：地図上で必ず表記されるのが施設です。市役所や役場、公民館･集会所、郵便局、学校、お寺、神社などはベストな目印です。
- **建物・看板**：高層ビル、目立つデザインの建物や看板は目印として重要。話題として盛り上がります。
- **店舗**：まちなかの昭和ながらの店舗（空き店舗含む）はなじみの場所として大切な情報です。
- **生活施設･設備**:暮らしに直結するゴミ集積所、郵便ポスト、消火栓、災害時の避難所などは必ず把握します。
- **交通・移動**：散歩・買物などの移動と道路状況や交通環境は密接です。道路名や交差点名、道路標識、住所表示、冠水表示・海抜表示は大切な目印です。
- **福祉施設､介護･障がい事業所（入居施設含む）**:利用も想定して「目印」としてチェックしておきます。
- **病院・医院など**：地域医療の貴重な資源としてマッピングします。眼科、皮膚科医院や歯科はもちろんのこと、薬局、ドラッグストア、整骨院・マッサージなども表記しましょう。

看板

まちなかの看板広告は時代の象徴。ボンカレー（松山容子）、オロナミンC（大村崑）、オロナイン軟膏（浪花千栄子）、ハイアース（水原弘）、キンチョール、不二家、仁丹などがそのままになっている場合がある。話題としても最適。

- **家屋**：地域の歴史は家屋の築年数や街並み、寺社にあらわれます。明治・大正時代から続く築 100 年以上の旧家や酒蔵は地域の誇りであり、「共通の目印」です。
- **産業用地**：用地の状況から地域産業（例：農業、製造業）や就労、環境などが把握できます。目印だけでなく話題としても効果大。

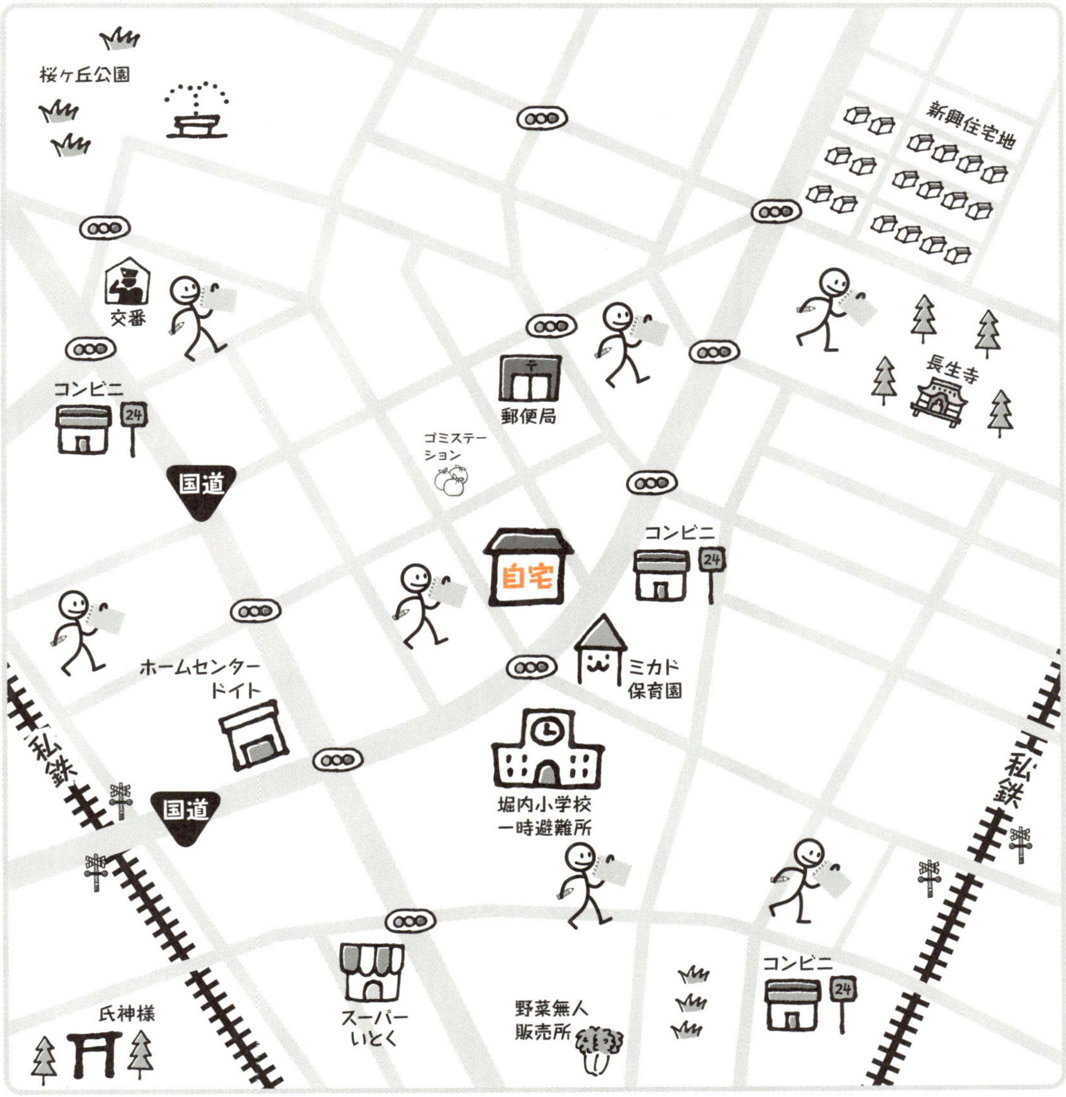

大まかな「目印」から
マッピングをスタート！
「まち歩き」探検隊気分で楽しく！

第4節

Step2：なじみの場所・なじみの人 ～「居場所」はどこ？～

■「なじみの場所・なじみの人」をマッピングする

なじみの場所とは「行きつけ、顔が通っている（知られている）、知り合い（なじみの人）がいる、思い出が多い」場所です。子どもの頃から慣れ親しんだ場所から、仕事・友人・遊び・信仰・信心にまつわる場所、そしてホッとリラックスできる隠れ家的場所までさまざまです。そのなかで、特に心を解放できる・落ち着ける場所が「**居場所**」です。

なじみの場所やなじみの人は利用者基本情報の「地域の人間関係」や意欲・動機づけシートの聴き取りなどから把握します。

- 「このお近くでよく出かけていたなじみのお店はどちらですか？」
- 「このお近くでなじみの場所といえるのはどちらですか？」
- 「かつて（いまでも）行きつけだった場所はどちらですか？」
- 「お友だちなどとよく行かれた場所はどちらですか？」
- 「10代の頃、よく行かれた場所はどちらですか？」
- 「親しくされているなじみの人はご近所にいらっしゃいますか？」

利用者の口から語られる「なじみの場所」や「居場所」を、まち歩きで白地図にマッピングした「目印」に追加で書き込みます。

居場所

気軽に集える・集って楽しい・いても安心できる場所のこと。子ども食堂、シニア食堂は食を通じた居場所。地域サロンは語り合い目的の居場所。なじみの喫茶店やスナック、ファミレスやフードコート、釣り堀、市民農園も居場所。一方で敷居が高いと感じる人もいる。本人目線が一番大切。

■「なじみの場所」発見の勘所

次のような手がかりから「なじみの場所」を聴きとって地図に書き込んでいきましょう。

- **思い出：**小学校・中学校、高校、神社、お寺、図書館、郵便局、公民館など、思い出がつまった「なつかしい場所」を聴きとります。
- **生活環境：**買物（例：商店街、店舗、スーパー、コンビニ、ホームセンター）や飲食（例：レストラン、喫茶店、飲み屋）など暮らしでよく通う場所です。親しい人がいたら追記をします。
- **家族関係：**家族でよく行った場所・店舗などを聴きとります。
- **友だち関係：**聴きとりの話題のなかで仕事仲間、趣味仲間、知り合いとよく行った場所などを**追加質問、関連質問**します。
- **お楽しみ・趣味：**お気に入りの場所（例：○○公園、河川敷、△△浜）や趣味でよく行った（使った）場所を聴きとります。

追加質問、関連質問

盛り上がる会話とは質問と回答の繰り返しのやりとり。深めたいことは追加質問で尋ね、幅を広げたいなら「今の話に関連するんですけど……」と質問するとどんどん楽しい会話が生まれる。

memo

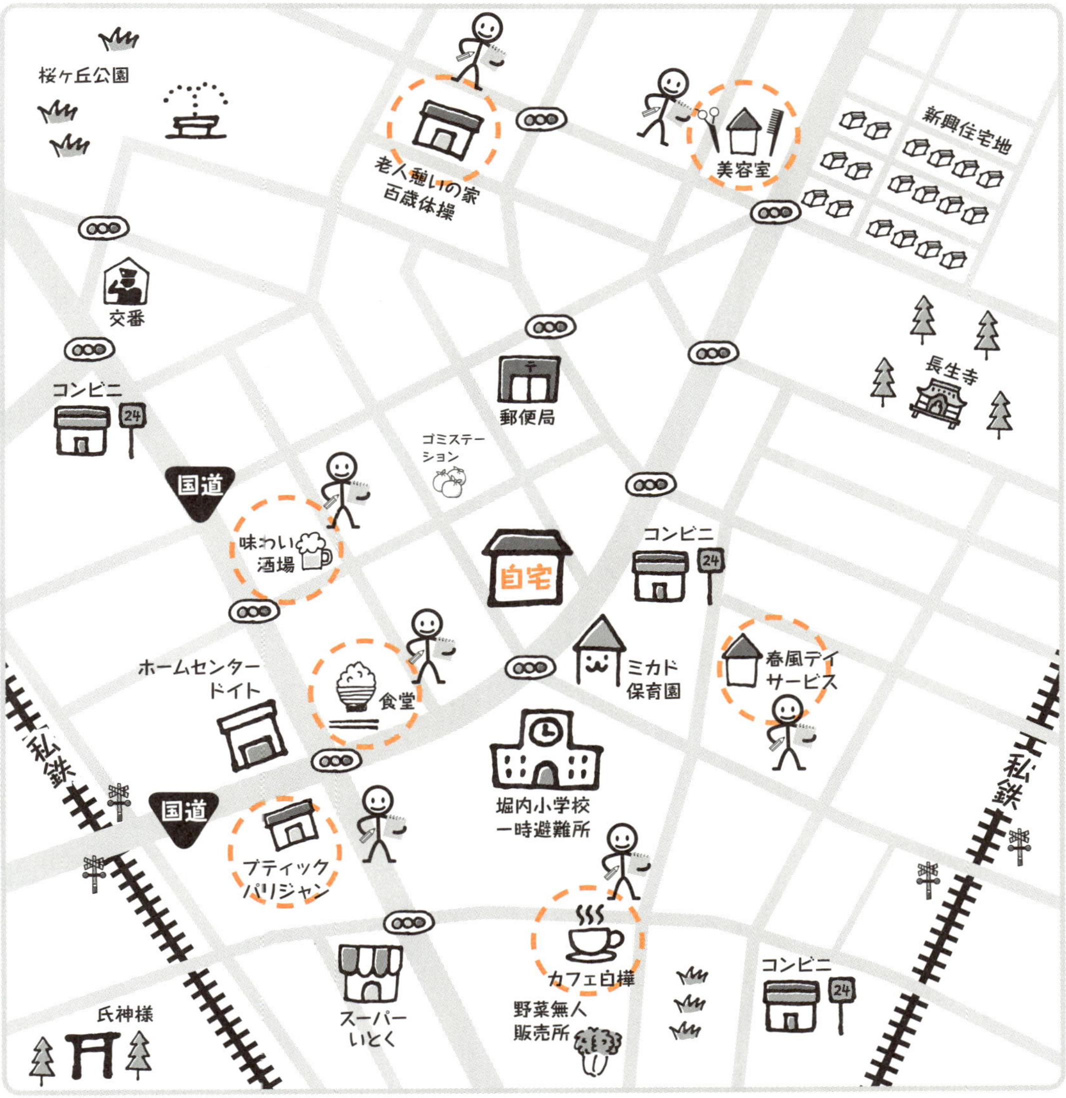

「なじみの場所」や行きつけの「居場所」をマッピングする

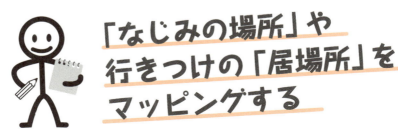

第5節

Step3：支え手たち
～多彩な「顔ぶれ」をマッピング～

■「支え手」は担っている人・担ってほしい人でシミュレーション

地域資源である「支え手」は、あくまで「利用者目線」が基本です。支え手といっても身構える必要はありません。あいさつ程度の声がけや入店時の見守り、立ち話の相手、電話や SNS でのおしゃべりから迷子時の捜索協力や災害時の避難協力などさまざまです。利用者から支え手となる人に「担ってもらっている役割・担ってほしい役割」を聴きとり、「**個人名**」を付箋に記入し、白地図にマッピングします。

急ぐ必要はないので、どこかのタイミングで支え手の人に「会う・あいさつする」か、人物の確認をしておくとよいでしょう。

また「このあたりに～～してくれる人（例:声がけ）がいるといいな」と**未来形で「支え手候補のシミュレーション」**を行うことも重要です。

個人名

仮名では地域支え合いマップは未完成。名字かあだ名・呼び名を表記します。性別と年齢がわかると関係の様子や担ってもらえる役割もシミュレーションしやすいので、ぜひとも！

■「支え手」探しの勘所

次のようなつながりから支え手を聴きとってみましょう。

- **家族・身内：**「家族構成」の聴きとりの際に、近隣に暮らす育った家族（きょうだい、両親、おじ・おば、いとこ）と育てた家族（配偶者、子ども、孫、甥・姪）がいれば支え手候補です。
- **地縁団体とつながり：**町内会、区会、班、自治会、老人会・婦人会、消防団、民生委員（元含む）からご近所で親しい人を聴きとります。
- **地元のつきあい：**幼なじみ、仕事づきあい、飲み屋関係、ペット仲間、子どもを通じた親友《おやとも》、**通称・あだ名**で呼び合う茶飲み友だちなど「気の合う同士」は気軽で楽しい支え手候補です。
- **趣味・楽しみ：**現在も続く趣味・楽しみの友だちだけでなく、かつての趣味・楽しみでのつながりを聴き取ります。場所が公民館なら「近場」に支え手候補がいる率がぐっと高まります。
- **日常生活資源：**「なじみの日常生活資源」そのものが「暮らしの支え手」です。なじみの店舗や**合理的配慮**（例：バリアフリー）の行き届いたスーパーや商店街、クリーニング店、理美容室などの利用歴、利用する理由を聴きとり、支え手となってくれる人は個人名（通称・あだ名でもＯＫ）を聴きとります。
- **地元の介護・医療専門職：**ご近所の介護・医療専門職は「頼りになる支え手」。緊急時のプロの対応を託せる頼もしい支え手です。

通称・あだ名

親しい間柄だと本名でなく、あだ名、通称、愛称、ニックネームなどで呼ぶ。容姿、性格、体形、住む地などをもじって付けることも。由来を聞くと盛り上がる。

合理的配慮

P.53参照

memo

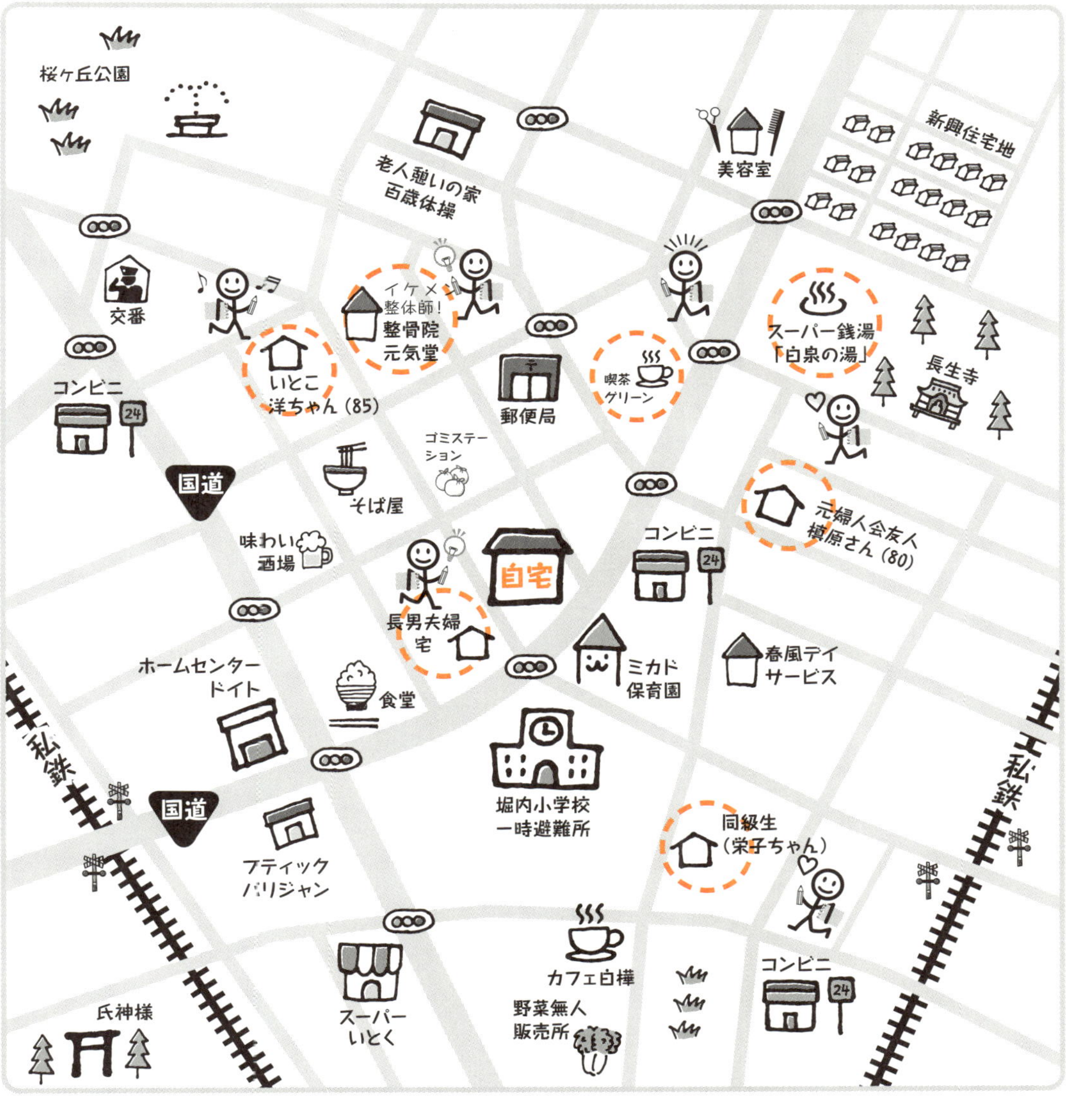

話題になった「多彩な顔ぶれ」「暮らしの支え手」をマッピングしていく

第6節

Step4：「使い勝手のいいマップ」の完成 ～距離・手段・時間・状況～

「地域支え合いマップ」は数字表記で使えるマップに！

仕上げの大切な作業は「**距離**・手段・時間・状況」の表記です。

マップを使い勝手よくするためにはこれらを具体的に表記することが大切です。

「距離・手段・時間・状況」表記の勘所

- **距離**：距離は基本的に「m、km」で表記します。距離は歩数で測れます。一般成人の歩幅は平均「65cm ～ 70cm」（**高齢者の歩幅**は平均「40cm ～ 45cm」）とされています。利用者宅から目印やなじみの場所までまち歩きしながら「歩数」（万歩計）を数え、「歩幅」をかけ算して距離を計算します。道路の幅・横断歩道の長さ、信号の時間も測りましょう。

歩数×歩幅＝距離

- **手段**：移動手段で移動時間が変わります。徒歩・杖歩行（片方、両方）・シルバーカー、シニアカー、車いす・電動車いす、自動車など、移動手段を確認し、**道順（動線）**を「**矢印**」で表記します。
- **時間**：歩行速度は移動時間に影響します。移動手段だけでなく体調や体力、下肢の筋力や上肢の筋力、疾患や薬の副作用、気候や気温・湿度によっても大きく変わります。

  ・「○○から△△まで、おおよそ何分くらいかかりますか？」
  ・「何時何分に出ると○○にはどれくらいに到着されますか？」

  などの問いかけで時間を算出します。利用者と一緒に移動してみるのもよいでしょう。また家族に同行を依頼するのもよいでしょう。さらに、出歩く目的が散歩、買い物、お出かけによって持ち物や服装が異なります。買物袋を手提げして歩く、買物品を乗せてシルバーカーを押すなどで時間も変わります。
- **状況（環境〔天候、季節〕）**：移動には天候や季節が影響します。雨の日、猛暑、降雪などの移動方法・時間を聴きとり記入します。
- **状況（坂、階段）**：家屋の周囲は平地だけではないので、**分譲地**などでは坂の「キツさ」（道路標識に勾配表記あれば転記）や階段の段数を記入します。

距離

人間は地図を見たり、過去の体験や記憶から距離を推測する。幼少期に遠かった距離は成人するととても近くに感じる。また、高齢期と中年期の「記憶の距離感」にはズレが生じる。「実測の数値」が重要。

高齢者の歩幅

高齢者の歩行能力低下はADLやIADL、社会参加の低下に影響する。歩行速度は筋力やバランス能力の低下と関連があり、脳梗塞などの脳血管障害やパーキンソン病、心臓血管障害、運動器疾患などの発症リスクも高まる。

分譲地と坂

不動産会社などが中山間地の広大な土地（田畑、山林含む）を購入し、整地した住宅地は坂や階段が多い。徒歩移動には不向きなこともある。

memo

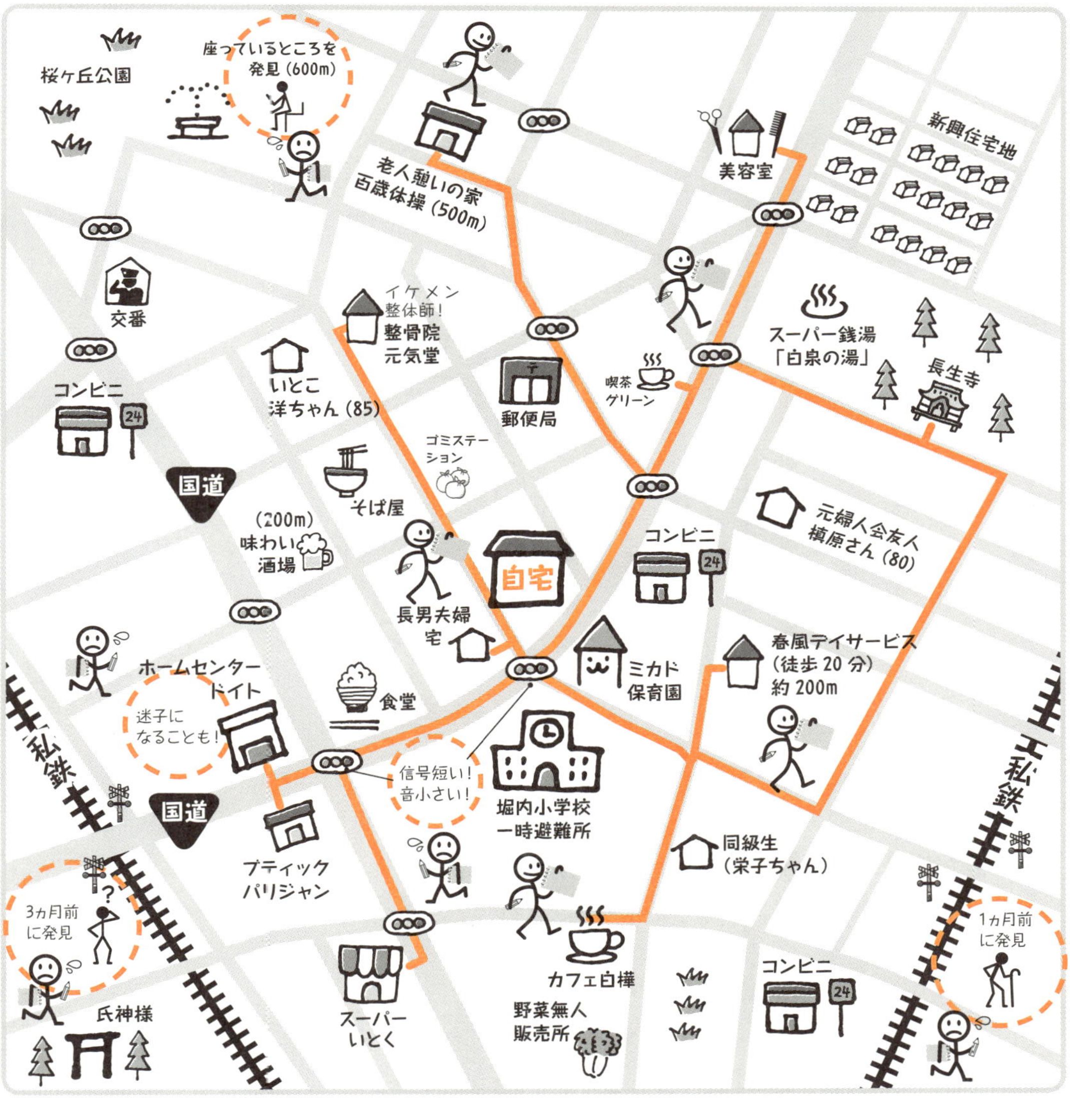

距離・手段・時間・状況を加えて、より使い勝手のいい「地域支え合い」マップに！

コラム

多感な高齢者たちの マイ「セルフケアプラン」

本書第５章の21番目の事例を読んで、みなさんはどういう印象をもたれましたか？「団塊世代あるある」プランと見抜いた読者はさすがです。

実はこれ、私、高室成幸のセルフプランなんです。現実の私は団塊世代より７歳ほど年下。もし、私が団塊世代の年齢ならば「こういうプランをつくってもらいたい」という願いをカタチにしました。

この先、「利用者像」に大いなる変化が生まれてくるでしょう。

介護保険が始まった10年間は明治・大正生まれの世代がボリュームゾーンでした。今は戦中生まれの昭和世代が中心です。戦後の団塊世代が80代になるのはまもなくです。

戦後の高度経済成長とともに豊かさを満喫し、戦前の価値観をちゃぶ台返ししてきたのが団塊世代です。何より自由と若さの特権を謳歌してきたビートルズ世代がいよいよ「年寄り世代」になったのです。

そんな世代に憧れた私が「兄の年齢で要介護になったら」とシミュレーションしてみたわけです。

地図も店も友人たちもほぼ超リアル。20代に演劇青年だったこともほぼ事実。30～40代からは、まあこんなふうな生き方をしていたことだろうと若干脚色しました。そして、要介護３となった団塊世代の私が東京の繁華街、新宿御苑近くで一人暮らしをしていたら…… ちょっと面倒くさい私の要介護ライフを応援してくれるケアプランはこれだ、と心をいっぱいふくらませてみました。

さてさて、みなさん。次はＪポップ好きの多感な高齢者たちが控えています。やがてAIにサポートしてもらいセルフケアプランをつくることも一般的になることでしょう。

いつまでも青春を謳歌したい、歌謡曲・グループサウンズ・フォークソング育ちの高齢者のマイセルフケアプランが巷にあふれることを夢見ています。

第5章

実践！　インフォーマル資源で利用者の「いきいき」を引き出すケアプラン21事例

ケアプラン書き方解説

実践！ケアプランの「インフォーマル資源」

■「暮らしの支え」と多様な「心の支援」をアウトプット

アセスメントとまち歩きであなたは利用者の「暮らし」全体と地域の「つながりと支え手」を把握しました。そして意欲・動機づけシートなどを通して利用者の現在と過去の CADL を知り、「これから」の暮らし（人生）への意向と本人の「やる気スイッチ」（心の支え）も把握しました。ここまでのプロセスは「**インプット**」です。

ではどのように「**アウトプット**」するか。ケアプランはチームケアの連携シートであり、利用者（家族）の「これから」を目指すロードマップです。ケアプラン第 2 表にどのようにインフォーマル資源を位置づけるか。本章で紹介する 21 事例から「勘所」をつかみましょう。

インプットとアウトプット

元はコンピューター用語。情報や知識、データを学ぶこと（入力：取り入れること）がインプット、それを実践で活用することがアウトプット（出力：話す、書くなどで表現する）という。

ロードマップ

プロジェクト全体の流れやフェーズごとのタスクと目標を見える化＝共有するためのシート。ケアプラン第 2 表では「課題」がゴールになる。

〈各事例の構成〉

- **1 頁目：**氏名・性別・年齢、要介護度、主な病疾患情報から介護スタイル、利用者（家族）が抱える困り事（ADL・IADL・CADL・健康管理）、事例の概要と生活歴・状態像・CADL、そしてケアプラン第 1 表にあたる本人・家族の生活への意向を整理します。
- **2 頁目：**担当ケアマネジャーが白地図からまち歩きして仕上げた「地域支え合いマップ」。インフォーマル資源から地域の道路環境や危険場所なども表記。「面としての支援」がシミュレーションできます。
- **3 頁目：**「意欲・動機づけシート」を使いアンケート式で利用者の CADL を聴き取り、本人のやる気スイッチに「あたり」をつけます。やらなくなった・やれなくなった阻害要因、やっているプラス要因、続けたい・やってみたい促進要因を整理し、必要な ADL や IADL、生活習慣の改善とサポート可能なインフォーマル資源を整理します。
- **4 頁目（要介護）：**ケアプラン第 2 表では、複数のニーズを「生活全般の解決すべき課題」として整理し、ステップごとに阻害要因の解決を複数の長期・短期目標で表記。求められる援助内容・サービス種別にインフォーマル資源を色別で示しました。地域支え合いマップのつながり資源や生活資源がどのように表記されているか、参考に実践しましょう。
- **4 頁目（要支援）：**介護予防プランでは、「総合的課題・目標と援助計画」を中心に表記。インフォーマル資源を色別に示しました。

〈利用者の「いきいき」を引き出すケアプランの書き方ポイント〉

脳血管系、内臓疾患系、認知症系など、現在だけでなく過去の疾患歴も表記。

介護スタイルを分類。

本人が困っている各領域（ADL、IADL、CADL、健康管理）をアセスメント。

事例 11

妻の死を乗り越え、趣味再開。100歳までの生き方を飲み仲間と模索中

要介護 3 肺気腫

●氏名：K.Kさん　●性別：男性　●年齢：86

●主な病疾患：肺気腫　糖尿病

●介護スタイル：☑独居　□老老介護　□同居介護　□近距離介護　□遠距離介護　□その他

●困りごと：

- ●ADL　☑食事　☑移動　□排泄　□入浴　□整容　□睡眠　☑その他（呼吸）
- ●IADL　☑料理　☑掃除　☑洗濯　□買物　□家の管理　□お金管理　□ご近所付き合い　□ペットの世話　☑その他（庭や畑の手入れ）
- ●CADL　☑楽しみ（史跡巡り）　☑趣味（俳句）　□学び　☑交流　□旅行　□運動
- ●健康管理　☑通院　□服薬　□栄養　□脱水　□衛生　☑その他（在宅酸素療法　インスリン）

アセスメント項目に入らない困り事を「その他」として表記。

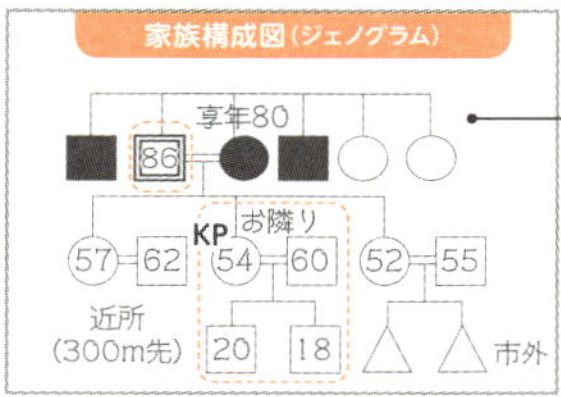

本人が育てた家族だけでなく育った家族（親戚等）も表記。年齢、住まい、孫・ひ孫まで表記されていると支え手が広がる。

事例の概要

数ヵ月前に1年ほど介護した妻（80）が他界。本人は3年前に肺気腫となり、在宅酸素療法での生活となっている。今では、庭の花の手入れや、畑の野菜を見に行くだけで息切れがして苦しい。60代から糖尿病を患い、塩分と糖分の制限を言われても、なかなかできずに訪問看護師や長女に注意されている。妻亡き後の2ヵ月は、気持ちが沈んでいた。句会の仲間の声かけもあって徐々に元気になり、妻が好きだった花の手入れを始めた。30年来続けている俳句を地元新聞に投稿したところ賞をもらえ、それがきっかけとなり、長女や句会の仲間と史跡巡りに出かけるまでに回復する。長女に手伝ってもらい、100歳に向けた過ごし方を本気で考え始めている。

要介護となった病疾患・障害とその後の経緯、家族関係、要介護度の変更などの全体像を表記。

生活歴、状態像、CADLなど

現役の頃は、仕事が終われば職場や地元の友人と飲み、シメは自宅に招いて酒盛りするのが常だった。妻と日本国内をほとんど旅して、海外はハワイや韓国などにも出かけていた。アウトドアでは渓流釣りや史跡巡りなども楽しんできた。大学は日本史を専攻し、先祖の家系図や墓などに興味をもった。ここ数年は妻と道の駅などで好きな果物などを買ってくるのが楽しみになっていた。

利用者（家族）の生活歴や現在の心身の状態、CADL（日々の楽しみややる気スイッチなど）を表記。

本人の生活への意向

- お母さん（妻）が亡くなって本音はさみしいです。しかし3人の娘たちに心配をかけないように一人で1日を過ごせるようにしたい。
- 肺気腫で糖尿病なので、食べるものに気をつけ、風邪をひかないようにして、週1回はパチンコをしたい。
- お母さんが好きだった花に水をあげ、野菜も育てたい。たまにはドライブにも出かけたいがそろそろ運転にも不安があり、免許返納も考えている。

158　第5章　実践！ インフォーマル資源で利用者の「いきいき」を引き出すケアプラン21事例

ケアプラン第1表の本人の生活への意向。過去・現在の困り事（主訴）だけでなく、「どのような生活がしたいのか」（望む生活、Wish）を未来形で表記。

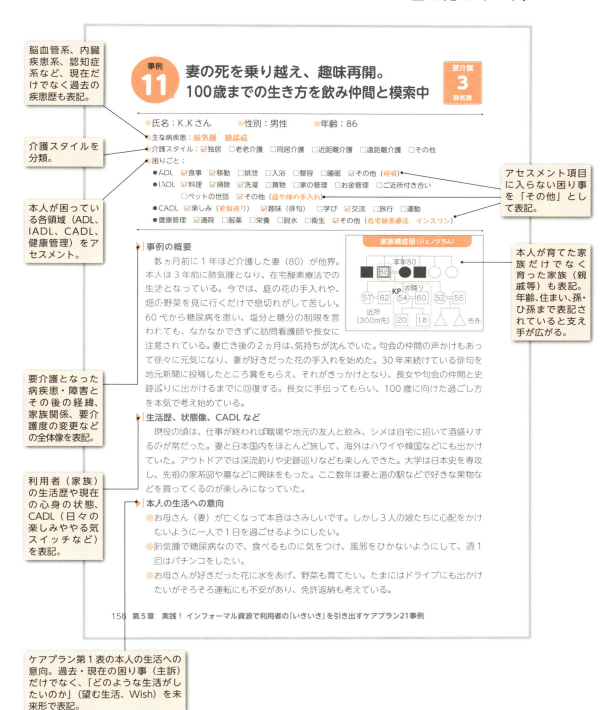

介護と仕事との両立の苦労、介護サービスへの要望だけでなく、「家族としてやれること」も大切な意向。

主たる介護者の住まい（利用者との距離）と年齢を表記。

家族の中の「位置」（続柄）を表記。

● 俳句会流派の仲間や娘たちと姫山城址などの史跡めぐりや俳句づくりを続けたい。

家族の意向

次女（お隣り・54歳）

● 母が亡くなった直後は、父が沈んでいるのでとても心配しました。今はかつての父が戻って元気が出てきたのでホッとしています。趣味も多く友人もたくさんなので安心しています。

● 隣に住んでいるので朝、元気でいるかを確認したり、煮物を届けることは続けようと思っています。姉や妹と協力して、父をみていこうと話しています。

地域支え合いマップ

● 片側2車線の県道沿いの一軒家。河東市役所付近の国道沿いには小学校や総合病院、コンビニ、ガソリンスタンドがある。

● 県道は車の行き来が多く自宅のお向かいに「ふれあい市民農園」がある。

神社や祠（ほこら）、地蔵さまは地域の目印。地域の歴史を知るアイコン。必ず書き込む。

ゴミ集積所は必ず表記。ゴミの分別回収がわかればベスト。

※個人名、建物名、店名、事業所名はすべて仮名です。

事例 11 | 159

お寺は地域で誰もがわかるコミュニティ・アイコン。お墓があるなら「誰の」を表記。

「気になる情報」をメモ書き。特にリスクになる情報は重要。

時間表記は「自宅からの移動時間」。距離がわかっても要介護状態では歩行も遅くなる。表記によりおおよその移動時間が予測できる。

本人にとって「なじみの店」は大切なインフォーマル資源。店名や仲のよい知人もわかれば表記。

空き家は放火・ゴミ捨てのリスクも高い。空き家の話題から地域のミニ歴史を知ることもできる。

半径1km以内の家族・親族はマップに表記する。この距離が支え手機能にはとても重要。

地域の特長や環境。支援のためにポイントとなる情報。

人口減少で減る公立小中学校。統合校なら通学エリアを、廃校なら元の学校名を表記。地元の歴史を知るきっかけになる。

主治医だけでなく、眼科・皮膚科・歯科など専門医とともに、なじみのマッサージや整骨院も表記。

遠くのスーパーに行けない場合、コンビニは地域の身近な商店であり暮らしの命綱。親しい店員がわかれば表記。

市役所・役場、図書館、市民センター、病院など公的な場所は必ず表記。

なじみの理髪店・美容院は地域の「たまり場」。店名まで表記を。

ガソリンスタンドの閉鎖は冬場の暖房リスクと直結。地元ドライバーの頼みの綱であり、高齢ドライバー情報も持っている。

スーパーは店名、移動手段、距離は必ず表記。頻度や買物サポーターがいれば、その表記も。

火事や災害時に頼りになるのが消防倉庫。地域の消防団の拠点であり近隣に団員が住んでいる。

地域で定期的に集まるスペースとして健康教室、趣味の会の会場を表記。

道路の「オレンジ線」は利用者動線。目的地への移動はたいてい決まっているもの。迷子や行方不明時には探す目安になる。

利用者や地域の高齢者にとって必要な道路の情報（坂、豪雨時の路面、凸凹状況）や山林の情報を記入。

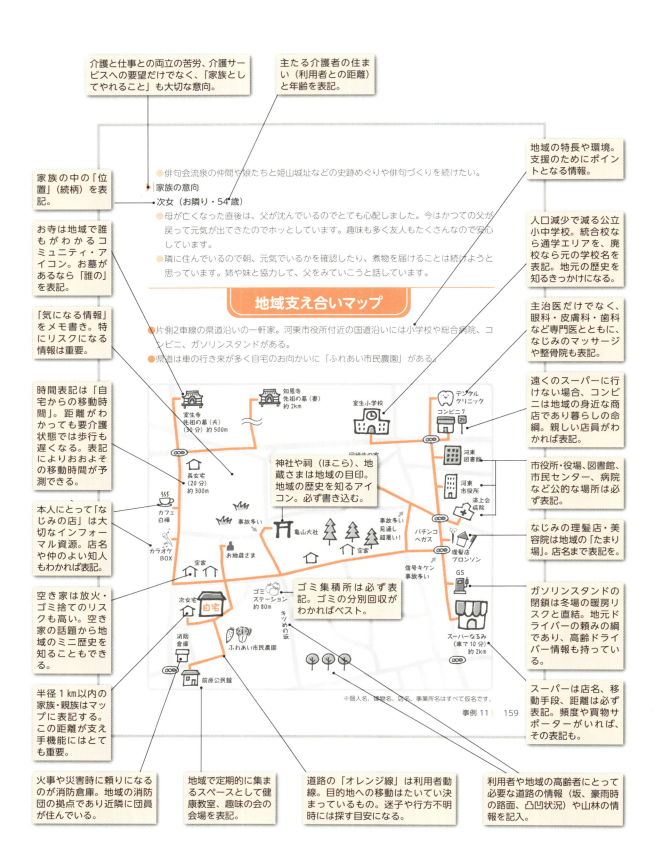

◎は「とても」、○は「ふつう」、△は「まあまあ」。×はネガティブなので書かなくてOK。思いあたる項目に楽しんで利用者（家族）に記入してもらう。

「していた、現在、したい」に着目。過去に◎○なら当時の様子を深掘り質問。現在が○ならやっている状況を聴き取り、未記入なら「やっていない理由」（阻害要因）を追加質問。「したい」に○◎なら、その思い・意欲（促進要因）を聴き取る。

具体的に書き込む。文章でなくメモ程度でOK。欄外に書いても。

「暮らし・役割」は意欲・動機づけには重要な要素。具体的に話題を広げる。

外食系は「お店の名前と好みのメニュー、誰」がわかれば記入。

「つながり」は日々を楽しく過ごす大切な要素。コミュニケーション手段も対面・電話以外にSNSも。

どの項目にも当てはまらないなら、その他に記入を。具体的なつながりも固有名詞で記入。

「楽しみ・趣味」は日常生活の「心の潤滑油」。趣味がない人も日々の「楽しみ」は必ず持っている。

楽しみや趣味は「1人か複数か」はつながりを聴き取るきっかけになる大切な質問。

Be Positive

私の「意欲・動機づけ」シート

作成日　●年　●月　●日　担当：G.A

ご利用者名	K.K さん	生年月日	▲年▲月▲日 86 歳	性別	男	要介護度	要介護 3

私の「生き方」（CADL）
※記入できるところから楽しんで進めてください。
※記入例：◎、○、△のみ

分類	項目	していた	現在 している	現在 続けたい	したい
暮らし・役割	① 飾り付け（種類：　） 妻の得意料理				
	② 料理づくり（何を：うどん、サンドイッチ　誰に：妻➡自分）	○	○	○	
	③ ショッピング（何を：食品　場所：道の駅）	○		○	◎
	④ 庭　花の手入れ　自家用車	○	◎		◎
	⑤ お出かけ（□散歩 □シルバーカー ☑タクシー他）	○	○	○	
	⑥ 孫・ひ孫の世話（名前：楓ちゃん）	○		○	
	⑦ ペット（種類：　名前：　）の世話				
	⑧ ボランティア（種類：区長など）	○			
	⑨ お墓参り（☑寺）・氏子の行事（□神社）	○	○	◎	○
	⑩ 地域活動（町内会など）	○			
	⑪ その他（　）				
つながり	① 友達と会話（□対面 ☑電話 □LINE 等）		○	○	
	② 友達と遊ぶ（種類：食事会　誰：同級生）	○			◎
	③ ランチ・ディナー（店名：ラーメン太郎　誰：妻）	○			
	④ 同窓会（□学校 ☑職場 □サークル）	○			
	⑤ 家族・親戚との団らん（名前：温泉旅行）	○	○	○	◎
	⑥ 異性との交流（□会話 □食事 □他）				
	⑦ 通信機器（□電話 ☑スマホ □タブレット）	○	○	◎	
	⑧ SNS（☑LINE □facebook □メール）		○	◎	
	⑨ その他（孫の送り迎え）　俳句会／流泉の仲間	○			
楽しみ・趣味	① 読書（ジャンル：　作家：　）				
	② 絵画（□描く □塗る □貼る □他）				
	③ 写真（□人物 □風景 □植物 □他）				
	④ 鑑賞（□映画 □観劇 □演奏会 □落語 □他）				
	⑤ 歌唱（□合唱 □独唱 ☑カラオケ）	○			○
	⑥ 音楽鑑賞（ジャンル：　）				
	⑦ コンサート（ジャンル：　）				
	⑧ 楽器演奏（種類：　□1人 □複数）				
	⑨ 遊び（種類：飲み会　□1人 ☑複数）	○	○		◎
	⑩ ストレッチ（□体操 □ヨガ □太極拳 □他）				
	⑪ 健康法（☑歩く □走る □泳ぐ □他）	○	○	○	
	⑫ スポーツ（種類：　）				
	⑬ 観戦（種類：夏の高校野球大会）	○	○	○	
	⑭ 舞踊（種類：　）　生きているうちにナマで観戦したい				

私の「生き方」（CADL）
※記入できるところから楽しんで進めてください。
※記入例：◎、○、△のみ

分類	項目	していた	現在 している	現在 続けたい	したい
楽しみ・趣味	⑮ 散歩・ピクニック（場所：　）　長良川でウナギ釣り				
	⑯ 釣り（☑川 □海 □渓流 □釣り堀）	○			○
	⑰ アウトドア（☑川 □海 □山 □他）	○			○
	⑱ ギャンブル（種類：パチンコラスベガス）	◎			○
	⑲ 投資（□株 □外貨 □金 □宝くじ）				
	⑳ お祭り（種類：　場所：　）				
	㉑ おしゃれ（種類：　TPO：　）				
	㉒ 市民農園（ナス、キュウリ、白菜、トマト）	○	○	◎	◎
	㉓ その他（俳句を新聞投稿）	○	○	◎	◎
学び・手習い	① 学び（　）				
	② 作法（□茶道 □華道 □着付け □他）				
	③ オンライン（種類：　）				
	④ 教養（30年間俳句会参加）	○	○	○	
	⑤ 脳トレ（種類：　）				
	⑥ 教える（種類：　）				
	⑦ その他（　）				
巡る	① 史跡巡り（場所：市内の姫山城址）	○	○	◎	◎
	② 名所巡り（場所：　建物：　）				
	③ 記念館巡り（□美術館 □博物館 □他）				
	④ 食べ歩き（種類：そば　場所：隣市の「そば蔦」）	○	○		◎
	⑤ 手段（□散歩 □杖 □シルバーカ　）　飲み仲間と石倉温泉				
	⑥ 温泉・健康ランド（場所：　）				◎
	⑦ 国内旅行（場所：ほぼ全国）	○			
	⑧ 海外旅行（場所：ハワイ、韓国）	○			
	⑨ その他（　）				
つくる	① 料理・手芸（種類：　）				
	② クラフト・工芸（種類：仏像彫刻）	○			
	③ プラモデル（種類：　）				
	④ その他（　）				
心の支え	① お参り（神社・お寺など）				
	② 宗教（種類：浄土真宗・親鸞）	◎	○	○	
	③ 修行・修練（種類：　）				
	④ その他（　）				
	⑤ その他（　）				

家族でバーベキュー

友だちにおすそわけ

※個人名、建物名、店名、事業所名はすべて仮名です。

160　第5章　実践！インフォーマル資源で利用者の「いきいき」を引き出すケアプラン21事例

ギャンブルには「競馬、競輪、競艇」から身近なところでパチンコ、年数回の宝くじまでいろいろ。運試しとモチベーションアップに楽しむ人もいる。

アウトドアや市民農園好きには「つながり好き」の人が多い。人間関係を聴き取るチャンスに。

「学び・手習い」は脳トレ効果もあり高齢者にブーム。知識・教養系、作法系などさまざま。元教員や元師匠は「教えること」が動機づけになる人も多い。

「したい」が◎なら、「いつ、誰と、どこへ」を尋ね、解決すべき阻害要因や改善方法を利用者と考える。

「巡る」（旅行含む）は日本人の定番レジャー。TV等でグルメ番組も多く、食べ歩きをかねた温泉巡りも人気。

「つくる」ことを生きがいにする人は多い。手料理から手芸・クラフトなどは要介護になっても夢中になれる。

観戦好きのファンは急増中。野球、サッカー、バレー、ゴルフ、テニスなど。テレビ中継から競技会場観戦までいろいろ。

追加質問・深掘り質問への「利用者の言葉」。話し言葉をケアプランに表記するとリアリティがぐっとアップ。

「心の支え」として信仰・宗教を大切にする人は多い。神社は無病息災を祈願する場所、寺は先祖供養する場所として表記したい。

※「意欲・動機づけシート」は、ケアタウン総合研究所のHPからダウンロードできる。　ケアタウン総合研究所　検索

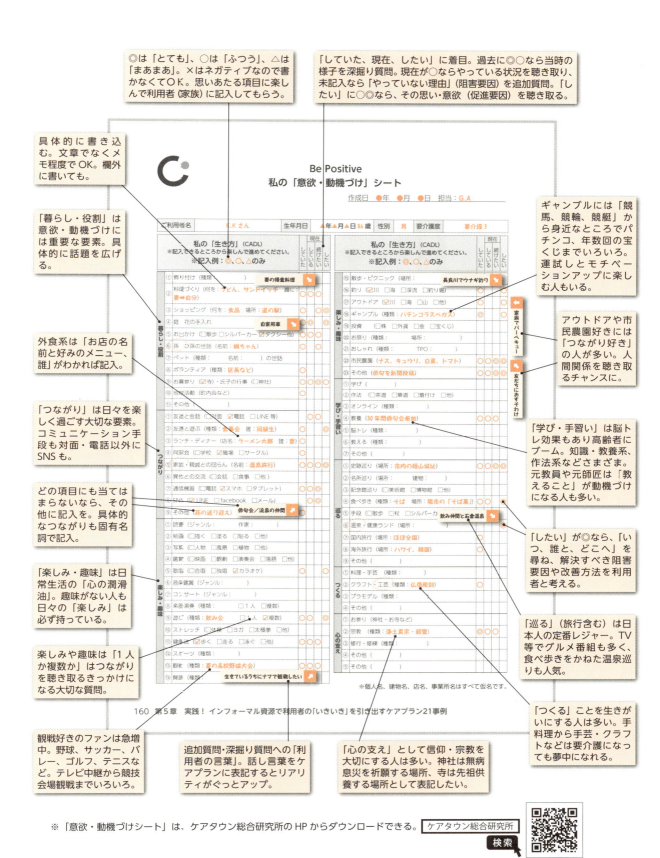

介護、医療、行政サポートだけでは実現できない課題と長期・短期目標。インフォーマル資源を位置づけることで支え手を増やし、本人のモチベーションアップを図る。

つながりや行先の名称を表記することでシミュレーションしやすくなる。

インフォーマル資源の「つながり」も可能なかぎり固有名詞で表記。

第2表

居宅サービス計画書（2）

利用者名　K.K　殿

※本書の第2表はインフォーマル資源を中心としたプラン構成になっています。

生活全般の解決すべき課題（ニーズ）	目標 長期目標	期間	短期目標	期間	援助内容 サービス内容	サービス種別※1	※2	頻度	期間
娘たちに心配かけずに体調を整え、今できていること（洗濯・簡単な調理・旗を出す、野菜づくり）を続ける	呼吸と動作が安定し、家事を危険なくできるようになる	6ヵ月	酸素量と血糖値が安定し、転倒に注意して2時間は外出できるようになる	3ヵ月	①おやつや果物を食べすぎない ②庭に出るとき酸素カートを忘れない	●本人	①②本人	毎日	6ヵ月
					①カロリーに注意した副菜など、バランスの良い食材の買い物 ②野菜づくりや外出時の酸素携帯の声かけ	●家族	①② 3人の娘さん	毎日	6ヵ月
			庭や市民農園でふらつかずに庭の木や花、野菜の水やりを継続する	1ヵ月	①呼吸状態に合わせた歩行の評価 ②呼吸リハビリの実施	●訪問看護	①②済上会病院訪問看護ステーション	週1回	6ヵ月
					①洗濯や簡単な調理の継続 ②庭の花や野菜畑の水やりをする	●本人	①②本人	毎日	6ヵ月
					①自宅内動線の確保 ②タオルなどの重い物の洗濯 ③野菜植えなどの手伝い	●家族	①②③長女・次女	週2回程度	6ヵ月
1年後に「100歳までの人生をどう過ごすか計画」を立て、娘たちに発表する	1年後にかわいい3人の娘たちに妻との人生をまとめた記録集を手渡す	6ヵ月	史跡巡りや俳句の記録集をつくる	3ヵ月	①俳句づくりや史跡巡りの情報収集 ②三女さんと出かけた記録をする ③俳句会流泉の仲間に話と写真をLINEで伝える	●本人 ●家族 ●インフォーマル資源	①②本人 ②三女 ③俳句会流泉の仲間	毎日 訪問時	6ヵ月
					①俳句の会の情報提供 ②史跡についての相談 ③外出時の送迎など	●家族 ●インフォーマル資源 ●インフォーマル資源	①三女・孫 ②河東市史跡資料センター ③俳句会流泉の仲間	週1回 適宜	6ヵ月
	飲み仲間と1泊2日の石倉温泉旅行に行って人生を語り合う	6ヵ月	飲みの仲間（5人）と集って温泉旅行の計画を立てる	2ヵ月	①飲み仲間（5人）と連絡を取り合う ②自宅で話し合いを開き計画を立てる ③旅行の資金づくりのため年金から貯金を始める	●インフォーマル資源 ●インフォーマル資源 ●インフォーマル資源	①飲み仲間（5人） ②JT農協の旅行代理店 ③河東郵便局	適宜 適宜 適宜	6ヵ月
築城400年の姫山城址で句会流泉会の仲間と春と秋に「ご長寿句会」を開く	SNSを使ってリモートで俳句の競作を毎週10首を目指す	6ヵ月	姫山城散策コース（約2km）を句会仲間とゆっくり散歩できるようになる	3ヵ月	①酸素ボンベカート（手引き式）で2時間外出できる体力をつける ②自宅で「有酸素おうちリハビリ」を毎日1回、無理のない程度で行う ③散策コースmapに休憩ポイントをマッピングし、句会の仲間と共有 ④緊急時対応の方法について看護師から指導を受ける	●通所リハビリ ●訪問看護 ●インフォーマル資源 ●家族	①②済上会デイケアセンター ①②④済上会病院訪問看護ステーション ③俳句会流泉の仲間 ④三女	週2回 週1回 適宜 適宜	6ヵ月

※1　サービス種別では本人、家族、保険給付対象内サービス、保険外サービス、インフォーマル資源を表記しています。
※2　各サービス内容に数字（例：①）をつけ、それを担う当該サービス提供を行う事業所、なじみの人・店にも同じ数字をつけています。
※　個人名、建物名、店名、事業所名はすべて仮名です。

事例11｜161

利用者がよく足を運ぶ場所も固有名詞で表記することで「地域支え合いマップ」と連動。

つながりの集いの固有名詞と構成メンバーの数も可能なら入れるとよい。

地域の社会資源や自費サービスの民間資源も固有名詞で表記。

インフォーマル資源の支え手たちがどのようにサポートするのか、ケアチームにわかるように表記（例：箇条書き）。

インフォーマル資源の支え手に「ムリなくやってもらえること」を表記。

サービス種別に「インフォーマル資源」と表記。

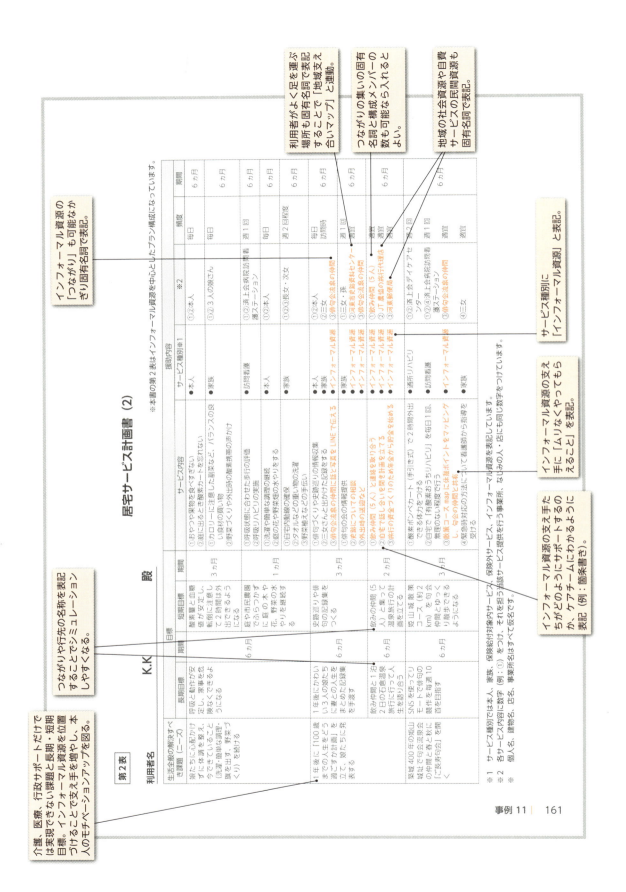

目標への取り組みを医療、介護保険、地域支援事業とともにインフォーマル資源が担う場合は明記。

「地域支え合いマップ」と連動するように、ご近所さんも可能なら名前表記を。

介護予防サービス・支援計画書

目標とする生活

1日	自転車を押してスーパーMAXへ行き、近所の友人や同級生（5人）との井戸端会議や買い物を楽しむ	1年	体調管理して膝の痛みと扁桃腺の腫れがなくなり、畑で貧血食の野菜作りに再び取り掛かれる

総合的課題	課題に対する目標と具体策の提案	具体策についての意向 本人・家族	目標	援助計画					
				目標についての支援のポイント	本人等のセルフケアや家族の支援、インフォーマルサービス（民間サービス）	介護保険サービス又は地域支援事業（総合事業のサービス）	サービス種別	事業所（利用先）	期間
転倒後の膝痛がクーラーの冷えで続いているが、自転車を歩行器代わりに移動ができるようになった。 貧血食は作りたいが、膝痛のため畑で屈伸ができず効果のある野菜を作れない。 そのためスーパーMAXで総菜を買うしかない	①膝の痛み、腫れを軽減させる ②扁桃腺の腫れ予防のため水分補給と栄養バランスのある食事を行い、お口の衛生を心がける	【本人】 ①滝川医院へ長年通院し、引き続き治療を続けたい ②無理をするとすぐに扁桃腺が腫れ発熱するので用心して生活したい	体調を維持し、膝の痛み・腫れを軽減し、近所の友人や同級生の力を借りて家事（買物、料理、掃除）を続ける	●健康管理をし、心身ともに体調を整える ●膝の負担になることは注意をして行う ●近隣の友人や同級生と小まめに連絡を取り合い助け合う	【本人】 ●受診予定日の確認、服薬管理、野菜等のおすそ分け、近所のスーパーへ買い物に行く 【インフォーマル資源】 ●同級生の助け合い ●お寺の当番（森尾さん、千葉さん） ●お地蔵さんの帽子・前掛けを地域の人と一緒に毎年新調する ●通院支援（千葉さん）	●外出支援・医師の指示の実施 ●下肢筋力低下防止、筋力アップ、疼痛の緩和 ●膝関節に負荷のない持久力アップ ●屋外移動の支援・介助等 ●歩行訓練（30分程度の立位保持を目指す訓練等）	●通院 ●介護予防通所リハビリ ●インフォーマル資源	●滝川医院 ●タキガワデイケアセンター ●近所の森尾さん、千葉さん ●同級生（5人）	12ヵ月
	再び畑でおすそ分けできる程に野菜を作り栄養士さん指導の貧血食等を調理できる	膝が痛くて今はしゃがめないが、またグループホーム希望の皆さんに手伝ってもらい畑で少しでもいいので野菜つくりができるようになりたい 食堂で調理をしていたので自分で育てた野菜で調理したいわ	グループホーム希望の皆さんに手伝ってもらい畑で貧血食になる野菜を育て、みんなで調理して食べることができるようになる	●畑作業の負担を減らすため、左下肢の浮腫・膝関節の疼痛を軽減する ●畑での野菜作りが再びできるように気力・体力のアップを目指す	【本人】 ●畑での野菜づくり再開までは買った食材等で貧血食作りを行う ●畑まで行ってできる範囲の畑の草取りやどの苗を植えるかを考える 【インフォーマル資源】 ●グループホーム希望の皆さんに草取りや苗の植え付け、水やりに協力してもらう	●医師の指示の実施 ●屋外歩行 ●畑での立ち座りができる運動等	●通院 ●介護予防通所リハビリ ●インフォーマル資源	●滝川医院 ●タキガワデイケアセンター ●栄養士の友人 ●近所の森尾さん、千葉さん ●グループホーム希望の皆さん	12ヵ月

健康状態について
☑主治医意見書、健診結果、観察結果等を踏まえた留意点

歩行能力はあるが、膝の痛みがあり継続的なリハビリが必要。介護予防サービスによる生活機能の維持改善は期待できる

【本来行うべき支援が実施できない場合】
妥当な支援の実施に向けた方針

コミュニティバスはあるが、バス停が遠い。自宅近くにバス停があると乗れる。バス停や道で拾ってくれるようなシステムにはならないか。現在はデイケアの送迎バスで受診は行えている。

総合的な方針：生活不活発病の改善予防のポイント

デイケアを利用し2年経過し、膝の腫れや痛みは軽減しました。今後も治療を継続し、在宅一人暮らしが出来るよう身体を整えていきましょう。畑で自分の食べる分やおすそ分けできる分の野菜がつくれるようがんばりましょう。

※1　本書の介護予防ケアプランは「アセスメント領域と現在の状況、本人・家族の意欲・意向、領域における課題（背景・原因）」は省略してあります。
※2　本書の介護予防ケアプランはインフォーマル資源を中心としたプラン構成になっています。

事例 19 | 193

計画書中の見出し項目に「～インフォーマルサービス（民間サービス）」とあるので、インフォーマル資源だけでなく自費の民間サービスもあれば明記する。サービス種別の欄には「インフォーマル資源」とし、事業所欄は「グループホーム希望」などと名前を表記。

利用者がインフォーマル資源の名前表記は控えたいという場合、「人数」だけでも表記する。

事例 **1**

趣味の料理や絵手紙を再開して友だちとなじみのレストランでのお茶会を目指す

要介護 **3** 腰椎すべり症

- 氏名：K.Tさん　　　　●性別：女性　　　　●年齢：72
- 主な病疾患：**左被殻出血　心臓弁膜症　糖尿病　腰椎すべり症　白内障**
- 介護スタイル：□独居　☑老老介護　□同居介護　□近距離介護　□遠距離介護　□その他
- 困りごと：
  - ADL　□食事　☑移動　□排泄　□入浴　□整容　□睡眠　□その他（　　　　）
  - IADL　☑料理　□掃除　□洗濯　☑買物　□家の管理　□お金管理　☑ご近所付き合い　□ペットの世話　☑その他（　　　　）
  - CADL　☑楽しみ（**料理**）　☑趣味（**絵手紙・書道**）　□学び　☑交流　□旅行　□運動
  - 健康管理　□通院　□服薬　□栄養　□脱水　□衛生　□その他（　　　　）

家族構成図（ジェノグラム）

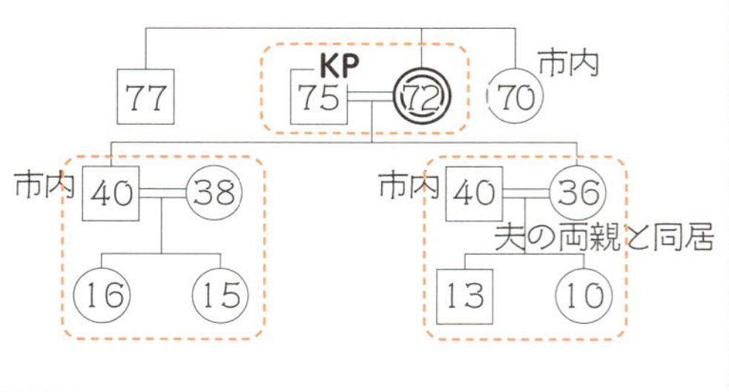

事例の概要

夫（75 歳）と二人暮らし。脳出血で入院。杖歩行が可能になり退院した。転倒がきっかけで主な家事は夫。身体機能の維持向上を目的に、半日型のリハビリを週 2 回利用しているが、体力がなく家事ができるようにならないことが悩みである。

生活歴、状態像、CADL など

3 人きょうだいの 2 番目、長女として生まれた。地元の高校卒業後、洋裁の専門学校へ。その後、事務職員として働いた。24 歳の時に見合い結婚。夫が経営する製材所の事務職員として働き、夫や家族を支えてきた。料理が好き。60 歳を過ぎた頃から、友人の勧めで趣味活動（絵手紙、書道、生け花、フォークダンス）を始めた。また、高校時代の友人たちとの月 1 回の食事会（平均 5 人）を楽しみにしていた。もともと明るい性格で何でもこなせる器用な人だったので、脳出血で倒れてから自信をなくし、「できない」というネガティブな発言が多くなる。

本人の生活への意向

- 体力がついて、右手に力が入るようになり震えがなくなったら、ジャガイモやかぼちゃなどを切ったり、皮をむいたりして、下ごしらえから味付け・盛り付けまで一通りの料理ができるようになりたい。
- 今の姿を高校の同級生に見られたくない。手の震えがなくなり、両方の足の動きもよくなって、1 年後には、もう一度絵手紙を始め、高校のお友だちとレストラン R&B に行けるようになりたい。

家族の意向

夫（同居 75 歳）

- 今まで介護はやったことがないので不安です。食事の支度や掃除は手伝いたい。

●妻はすぐに疲れてしまうのですが、買い物に行った時は、体力をつけるためにスーパーの駐車場でわざと遠くに車を停めてたくさん歩くようにしている。

長女（市内在住・36 歳）

●家に一人でいる時はリビングのソファや椅子に座っていることが多くて心配です。
●身体を整え、倒れる前のように父や友だちと出かける母に戻ってほしい。
●自分の勤務先は市内なので週２回は実家に寄って介護に協力したい。

地域支え合いマップ

●田んぼのなかに、住宅が点在している地域。200m離れたところに国道やバイパスがある。
●自宅周辺の道路は農道でガードレールがない。
●月に1回は美容室ロンロン（150m先）にカットに行っている。
●近隣に店はなく、一番近いスーパーも車で5kmほど離れている。コンビニは2kmくらい先にあるが、今は利用していない。
●道路左斜め向かいの家との交流あり。回覧板や、普段の声かけあり。

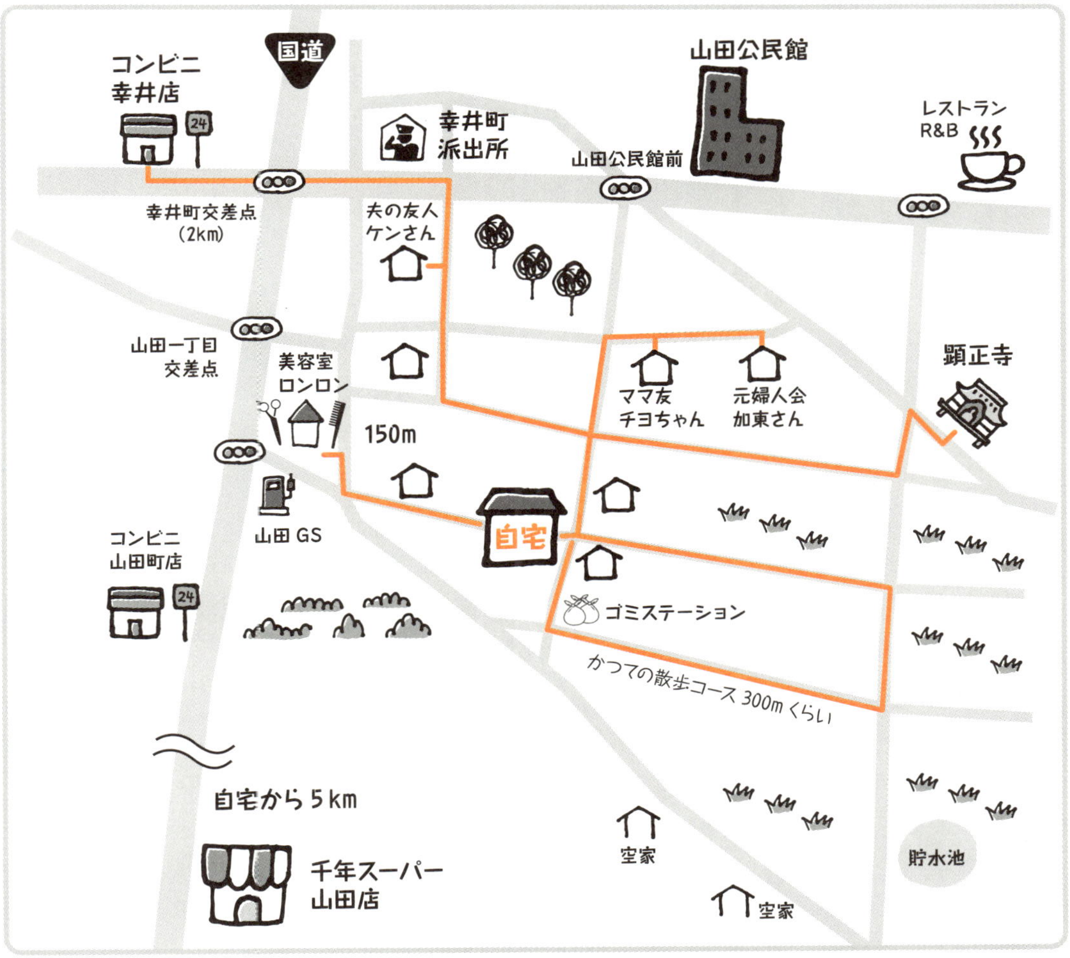

※個人名、建物名、店名、事業所名はすべて仮名です。

Be Positive
私の「意欲・動機づけ」シート

作成日　●年　●月　●日　担当：　R.K

ご利用者名	K.T さん	生年月日	▲年▲月▲日 72 歳	性別	女	要介護度	要介護 3

	私の「生き方」(CADL) ※記入できるところから楽しんで進めてください。 ※記入例：◎、○、△のみ	していた	現在 している	現在 続けたい	したい
暮らし・役割	① 飾り付け（種類：　　　　）				
暮らし・役割	② 料理づくり（何を：　　　誰に：夫　　）	○	○	◎	◎
暮らし・役割	③ ショッピング（何を：食材　場所：千年スーパー）	○	○	○	
暮らし・役割	④ 庭・花の手入れ　花をたくさん植えたい（イングリッシュガーデン）	○			◎
暮らし・役割	⑤ お出かけ（☑散歩　□シルバーカー□タクシー他）	○			
暮らし・役割	⑥ 孫・ひ孫の世話（長期休みには預かることあり）	○			○
暮らし・役割	⑦ ペット（種類：　　　名前：　　　）の世話				
暮らし・役割	⑧ ボランティア（種類：　　　）				
暮らし・役割	⑨ お墓参り（□寺）・氏子の行事（□神社）		○	○	
暮らし・役割	⑩ 地域活動（町内会など）（現在は夫）	○			
暮らし・役割	⑪ その他（　　　　　　）				
つながり	① 友達と会話（☑対面　☑電話　☑ LINE 等）	○	○	○	
つながり	② 友達と遊ぶ（種類：　　　誰：高校時代の友人）	○			
つながり	③ ランチ・ディナー（店名：　　誰：高校時代の友人）	○			◎
つながり	④ 同窓会（□学校　□職場　□サークル				
つながり	⑤ 家族・親戚との団らん（名前：　　　）	○		○	
つながり	⑥ 異性との交流（□会話　□食事　□他）				
つながり	⑦ 通信機器（☑電話　□スマホ　□タブレット）			○	
つながり	⑧ SNS（□ LINE　□ facebook　□メール）				
つながり	⑨ その他（　　　　　　）				
楽しみ・趣味	① 読書（ジャンル：　　　作家：　　　）				
楽しみ・趣味	② 絵画（☑描く　□塗る　□貼る　□他）	○			◎
楽しみ・趣味	③ 写真（□人物　□風景　[				
楽しみ・趣味	④ 鑑賞（□映画　□観劇　□演奏会　□落語　□他）				
楽しみ・趣味	⑤ 歌唱（□合唱　□独唱　□カラオケ）				
楽しみ・趣味	⑥ 音楽鑑賞（ジャンル：　　　）				
楽しみ・趣味	⑦ コンサート（ジャンル：　　　）				
楽しみ・趣味	⑧ 楽器演奏（種類：　　　□１人　□複数）				
楽しみ・趣味	⑨ 遊び（種類：　　　□１人　□複数）				
楽しみ・趣味	⑩ ストレッチ（□体操　□ヨガ　□太極拳　□他）				
楽しみ・趣味	⑪ 健康法（□歩く　□走る　□泳ぐ　□他）				
楽しみ・趣味	⑫ スポーツ（種類：　　　）				
楽しみ・趣味	⑬ 観戦（種類：　　　）				
楽しみ・趣味	⑭ 舞踊（種類：　　　）				

「筋はいいのよ！（笑）」

顕正寺の檀家

お店は R & B！

「文化祭にまた出品したい！」

	私の「生き方」(CADL) ※記入できるところから楽しんで進めてください。 ※記入例：◎、○、△のみ	していた	現在 している	現在 続けたい	したい
楽しみ・趣味	⑮ 散歩・ピクニック（場所：　　　）				
楽しみ・趣味	⑯ 釣り（□川　□海　□渓流　□釣り堀）				
楽しみ・趣味	⑰ アウトドア（□川　□海　□山　□他）				
楽しみ・趣味	⑱ ギャンブル（種類：　　　）				
楽しみ・趣味	⑲ 投資　（□株　□外貨　□金　□宝くじ）				
楽しみ・趣味	⑳ お祭り（種類：　　　場所：　　　）				
楽しみ・趣味	㉑ おしゃれ（				
楽しみ・趣味	㉒ 家庭菜園・ガーデニング・市民農園	○		○	◎
楽しみ・趣味	㉓ その他（　　　）				
学び・手習い	① 学び（　　　）				
学び・手習い	② 作法　（☑茶道　☑華道　□着付け　□他）				○
学び・手習い	③ オンライン（種				
学び・手習い	④ 教養　（種類：　　　）				
学び・手習い	⑤ 脳トレ（種類：　　　）				
学び・手習い	⑥ 教える（種類：　　　）				
学び・手習い	⑦ その他（絵手紙）	○			○
巡る	① 史跡巡り（場所：　　　）				
巡る	② 名所巡り　（場所：　　　建物：　　　）				
巡る	③ 記念館巡り　（□美術館　□博物館　□他）				
巡る	④ 食べ歩き（種類：　　　場所：　　　）				
巡る	⑤ 手段（□散歩　□杖　□シルバーカー　□車いす）				
巡る	⑥ 温泉・健康ランド（場所：老神温泉）	◎			
巡る	⑦ 国内旅行（場所：　　　）				
巡る	⑧ 海外旅行（場所：　　　）				
巡る	⑨ その他（　　　）				
つくる	① 料理・手芸　（種類：おかず）	○		○	◎
つくる	② クラフト・工芸（				
つくる	③ プラモデル（種類：　　　）				
つくる	④ その他（　　　）				
心の支え	① お参り（神社・お寺など）	○	○	○	
心の支え	② 宗教　（種類：　　　）				
心の支え	③ 修行・修練（種類：　　　）				
心の支え	④ その他（　　　）				
心の支え	⑤ その他（　　　）				

「夫が凝り性なのでやってみたいのよね！」

「生けた花を絵手紙にするのもいいわね」

「夫にはもっともっと教えたいわ！（笑）」

※個人名、建物名、店名、事業所名はすべて仮名です。

第２表

居宅サービス計画書（2）

利用者名　　K.T　　様

※本書の第２表はインフォーマル資源を中心としたプラン構成になっています。

生活全般の解決すべき課題（ニーズ）	目標 長期目標	目標 期間	目標 短期目標	目標 期間	援助内容 サービス内容	援助内容 サービス種別※1	援助内容 ※2	援助内容 頻度	援助内容 期間
弁当づくりのため、ひと通りの料理がつくれるようになる	一日三食、夫婦二人分の食事がつくれる	8ヵ月	内服を継続して1時間は体調をよくする	3ヵ月	①定期受診 ②服薬確認 ③体調確認 ④受診の付き添い ⑤病状の相談 ⑥事業者間の情報共有 ⑦緊急時の連絡先の確認	●主治医 ●本人 ●家族 ●地域密着型通所介護	①③⑤都町病院 ①②③⑤⑦本人 ①②③④⑤⑥⑦夫、長女 ③⑥⑦都町デイサービス	1回/2か月、必要時 毎日必要時 毎日必要時	3ヵ月
			自宅の台所で調理を、立った姿勢で30分間できる	5ヵ月	①手足の筋力体力向上運動 ②調理動作・評価 ③調理動作時の声かけ ④使いやすい調理道具のトレーニング ⑤調理の支援 ⑥夫と千年スーパー山田店に買い物	●地域密着型通所介護 ●本人 ●家族（夫）	①②④都町デイサービス ③⑤⑥夫 ①⑥本人	週2回 必要時 必要時	5ヵ月
滑方市文化祭に絵手紙を10点出展する	絵手紙教室に参加して週に5枚は描く	8ヵ月	毎週1枚を目標に絵手紙を再開する	5ヵ月	①書きやすい方法を考える ②文字や絵を描く機会をつくる ③**自宅への訪問を続ける**	●地域密着型通所介護 ●**インフォーマル資源**	①②都町デイサービス ③**友人加東さん**	週2回 月1～2回	5ヵ月
高校の友だちとレストランR＆Bでランチを楽しめるようになりたい	レストランR＆Bで夫とランチを楽しめるようになる	8ヵ月	レストランR＆Bまで歩けるように50mを1分で歩けるようになる	5ヵ月	①歩行訓練と身体機能の評価 ②自宅での運動の指導と評価 ③むくみ予防に効果のある体操の指導と評価 ④デイ指導の体操、ラジオ体操、テレビ体操を続ける ⑤**一本杖の使用**	●地域密着型通所介護 ●本人 ●福祉用具貸与 ●**インフォーマル資源**	①②③④都町デイサービス ④本人 ⑤福祉用具TAIYO ⑤**レストランR＆B（スタッフ）**	週2回 毎日 必要時 随時	5ヵ月
			箸やスプーンをうまく使えるようになり、食べこぼしせずに食べられるようになる	5ヵ月	①指先を上手に使うためのトレーニング、一人もできる方法の提案 ②洗濯ばさみトレーニング、グーパー運動）の実施 ③**レストランR＆Bで月1回は一緒に食事会**	●地域密着型通所介護 ●家族 ●**インフォーマル資源**	①②都町デイサービス ②本人 ③夫 ③**高校の友人たち**	毎日 毎日 月1回 月1回	5ヵ月
			食事中にむせなく食べられるようになる	5ヵ月	①ゆっくりよく噛んで食べる ②食べている様子の見守り ③口腔機能訓練 ④嚥下訓練、評価	●地域密着型通所介護 ●本人 ●家族	②③④都町デイサービス ①本人 ②夫	週2回 毎日 毎日	5ヵ月

※1　サービス種別では本人、家族、保険給付対象内サービス、保険外サービス、インフォーマル資源を表記しています。
※2　各サービス内容に数字（例：①）をつけ、それを担う当該サービス提供を行う事業所、なじみの人・店にも同じ数字をつけています。
※　個人名、建物名、店名、事業所名はすべて仮名です。

事例2

これが俺の役目です！小学校通学路の旗振り役を90代でもがんばる

要介護2
認知症

●氏名：M.Bさん　●性別：男性　●年齢：92

●主な病疾患：アルツハイマー型認知症　癒着性イレウス　房室ブロック　高血圧症

●介護スタイル：☑独居　☐老老介護　☐同居介護　☑近距離介護　☐遠距離介護　☐その他

●困りごと：

- ●ADL　☑食事　☑移動　☐排泄　☑入浴　☐整容　☐睡眠　☐その他（　　　　）
- ●IADL　☑料理　☑掃除　☐洗濯　☑買物　☐家の管理　☐お金管理　☑ご近所付き合い　☐ペットの世話　☑その他（回覧板）
- ●CADL　☑楽しみ（小学校の旗振り、晩酌）　☐趣味（　　　　）　☐学び　☐交流　☐旅行　☐運動
- ●健康管理　☐通院　☑服薬　☐栄養　☐脱水　☐衛生　☐その他（　　　　）

事例の概要

家族構成図（ジェノグラム）

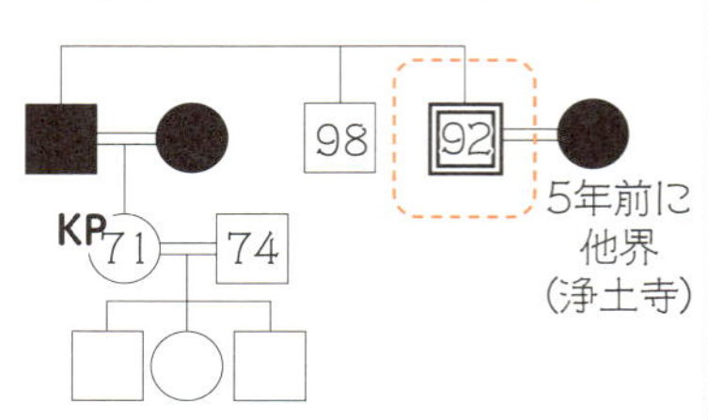

妻亡き後に独居生活を続け、85歳でアルツハイマー型認知症を発症する。60歳から朝夕に近所の交差点で行っている小学校の通学路の旗振りは、30年の実績が認められ、学校から表彰状をもらい、「これが俺の役目」と誇りに思っている。本人の生きがいになっているこの旗振り活動を、家族・地域・介護サービス事業所が連携しながら支援し実現している。

生活歴、状態像、CADLなど

3人きょうだいの末っ子。16～17歳当時海軍予科練習生として出征した。当時の苦労話をするのが好きで語りだすと止まらない。終戦後、22歳の時に地元の繊維会社に就職。26歳で結婚。子どもには恵まれなかったが、夫婦円満に過ごした。転職することなく勤め上げ、最終役職は専務だった。定年後は妻と気ままな老後生活を送っていたが、妻が80歳の時にパーキンソン病を患う。自宅で懸命な介護をするも5年前に死別。性格は曲がったことが嫌い。

本人の生活への意向

- 近所の子どもたちの顔を見ると元気が出るので、小学校通学路の旗振りや子どもたちの見守りを続けていきたい。
- 毎日テレビ体操をがんばり、片道1kmを歩ける体力を維持していきたい。
- 身の回りのこと（例：晩酌のお酒を買いに行く・トイレへ行く）は人に頼らずやっていく。

家族の意向

姪：咲子さん（近居・71歳）

- しょっぱいものや麺類を控え、配食弁当や私が用意する食事を食べてほしい。
- もの忘れが進行しないように、ご近所の声かけや同世代の人たちと外出して話をする機会をつくってほしい。

●基本的にはおじの望む通りにしてあげたい。

地域支え合いマップ

●100戸程度の集落。地域のつながりは比較的残っている。
●なじみの店は創業50年の山脇酒店といまも毎月通っている理髪店「弾」。
●菩提寺は善光寺で檀家代表も務めていた。
●ゴミステーションへのゴミ出しは手の力が弱って、ひと苦労している。
●近所で迷子になっている時は住民さんが声をかけて自宅に連れて行ってくれる。

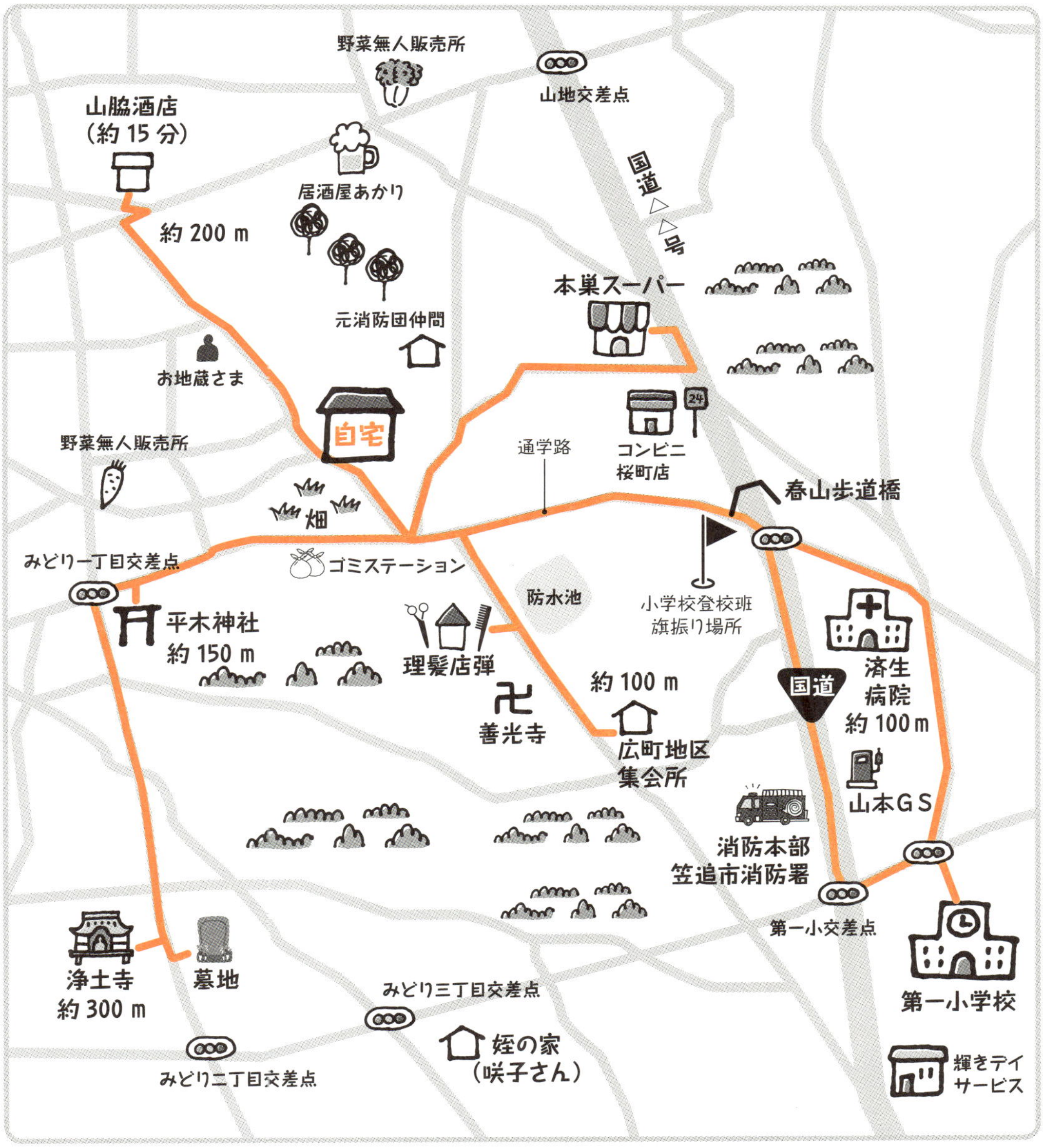

※個人名、建物名、店名、事業所名はすべて仮名です。

Be Positive
私の「意欲・動機づけ」シート

作成日 ●年 ●月 ●日 担当：T.K

ご利用者名	M.B さん	生年月日	▲年▲月▲日 92 歳	性別	男	要介護度	要介護 2

	私の「生き方」(CADL) ※記入できるところから楽しんで進めてください。 ※記入例：◎、○、△のみ	していた	現在 している	現在 続けたい	したい
暮らし・役割	① 飾り付け（種類： ）				
	② 料理づくり（ 元は大酒豪とのこと。なじみは山脇酒店				
	③ ショッピング（何を：食材・酒類 場所：酒屋）	○	○	○	
	④ 庭・花の手入れ				
	⑤ お出かけ（☑散歩 □シルバーカー□タクシー他）		○	○	
	⑥ 孫・ひ孫の世話（ 前の犬の名前は柴犬のポン太とのこと とってもうれしそう！				
	⑦ ペット（種類：犬・20 年以上も前に飼っていた）の世話	○			◎
	⑧ ボランティア（種類：高齢 妻の月命日に参っている				
	⑨ お墓参り（☑寺）・氏子の行事（□神社）		○	○	
	⑩ 地域活動（第一小学校登校班の旗振り）		○	◎	
	⑪ その他（ 「30 年間続けているよ」				
つながり	① 友達と会話（□対面 □電話 □ LINE 等）				
	② 友達と遊ぶ（種類： 姪にごちそうしたいとのこと				
	③ ランチ・ディナー（店名：鰻屋「ちとせ」誰：姪）				◎
	④ 同窓会（□学校 □職場 姪には感謝している				
	⑤ 家族・親戚との団らん（名前：姪）		○	◎	
	⑥ 異性との交流（□会話 □食事 □他 ）				
	⑦ 通信機器（☑電話 □スマホ □タブレット）		○	○	
	⑧ SNS（□ LINE □ faceb 耳の聞こえ、低下している				
	⑨ その他（ ）				
楽しみ・趣味	① 読書（ジャンル： 作家： ）				
	② 絵画（□描く □塗る □貼る □他）				
	③ 写真（□人物 □風景 □植物 □他）				
	④ 鑑賞（□映画 □観劇 □演奏会 □落語 □他）				
	⑤ 歌唱（□合唱 □独唱 □カラオケ）				
	⑥ 音楽鑑賞（ジャンル： ）				
	⑦ コンサート（ジャンル： ）				
	⑧ 楽器演奏（種類： □ 1 人 □複数）				
	⑨ 遊び（種類： 笠追市元気体操を朝 10 分間				
	⑩ ストレッチ（☑体操 □ヨガ □太極拳 □他）		○	○	
	⑪ 健康法（☑歩く 約 2 km）		○	○	
	⑫ スポーツ（種類：ゴルフ・グランドゴルフ 中川河川敷）	○			○
	⑬ 観戦（種類：野球観戦 ロッテ球団のファン）				◎
	⑭ 舞踊（種類： ） 死ぬ前に球場に行きたい				

	私の「生き方」(CADL) ※記入できるところから楽しんで進めてください。 ※記入例：◎、○、△のみ	していた	現在 している	現在 続けたい	したい
楽しみ・趣味	⑮ 散歩・ピクニッ 堤防でよくボラを釣っていた				
	⑯ 釣り（□川 ☑海 □渓流 □釣り堀）	○			
	⑰ アウトドア（□川 給料日には必ずやっていた 最高 5 万円の勝ち！				
	⑱ ギャンブル（種類：パチンコ）	○			
	⑲ 投資 （□株 □外貨 □金 □宝くじ）				
	⑳ お祭り（種類： 場所： ）				
	㉑ おしゃれ（種類： ナスとキュウリ、カボチャ、芋をつくっているよ				
	㉒ 家庭菜園・ガーデニング・市民農園		○	○	
	㉓ その他（焼酎コップ 1 杯）		○	◎	
学び・手習い	① 学び（ ） 大好きなのは芋焼酎のお湯割				
	② 作法 （□茶道 □華道 □着付け □他）				○
	③ オンライン（種類： ）				
	④ 教養 （種類： ）				
	⑤ 脳トレ（種類： ）				
	⑥ 教える（種類： ）				
	⑦ その他（ ）				
巡る	① 史跡巡り（場所： 地方に出張した時の楽しみの 1 つだった。松本城が好き				
	② 名所巡り （場所：全国 建物：城巡り）	◎			
	③ 記念館巡り （□美術館 □博物館 □他）				
	④ 食べ歩き（種類： 場所： ）				
	⑤ 手段（□散歩 □杖 □シルバーカー □車いす）				
	⑥ 温泉・健康ランド（場所： ）				
	⑦ 国内旅行（場所：東海、信濃多い）	○			
	⑧ 海外旅行（場所：東南アジア、アメリカ）	○			
	⑨ その他（ ）				
つくる	① 料理・手芸 （種類： ）				
	② クラフト・工芸（種類： ）				
	③ プラモデル（種類： ）				
	④ その他（ ） もう 5 年続いている				
心の支え	① お参り（神社・お寺など）妻の月命日の墓参り		○	◎	
	② 宗教 （種類： ）				
	③ 修行・修練（種類： ）				
	④ その他（ ）				
	⑤ その他（ ）				

※個人名、建物名、店名、事業所名はすべて仮名です。

第２表

居宅サービス計画書（2）

利用者名　M.B　様

※本書の第２表はインフォーマル資源を中心としたプラン構成になっています。

生活全般の解決すべき課題（ニーズ）	目標				援助内容				
	長期目標	期間	短期目標	期間	サービス内容	サービス種別※1	※2	頻度	期間
来年も第一小学校の旗振り（緑のおじさん）を続け子どもたちの成長を見守りたい	１年間、第一小学校の旗振りを続けることができる	12ヵ月	第一小学校登校班と一緒に片道1kmの春山歩道橋まで歩いて登校班の見守りを続けられている	６ヵ月	①第一小学校登校班の旗振り ②歩行状態の確認 ③歩行訓練（屋外含む） ④本人の身体状態に合わせた生活環境の整備と動線の確保 ⑤TV体操を実施 ⑥レクリエーション参加 ⑦屋内の掃除を（一緒に）行う	●本人 ●訪問介護 ●通所介護	①③⑤⑥本人 ②④⑦河名訪問介護 ②③⑤⑥輝きデイサービス	毎日 １回／週 １回／週	６ヵ月
			週５回子どもたちと元気に挨拶を交わす	６ヵ月	①**子どもたちや地域の人たちと挨拶を交わす** ②**大きめの声で声かけを行う** ③話題提供	●本人 ●**インフォーマル資源**	①本人 ①②**小学校児童** ①②③**近隣住民**	毎日 １回／週 毎日	６ヵ月
			カップ麺を控え、姪の咲子さんが用意した食事や配食弁当を食べる	６ヵ月	①姪がつくったバランスのよい食事を摂る ②食事摂取量の確認 ③配食サービス利用 ④冷蔵庫内の賞味期限確認 ⑤水分摂取量確認、声かけ	●本人 ●家族 ●自治体サービス ●訪問介護 ●通所介護	①本人 ①②④⑤姪 ③山本配食サービス ②④⑤河名訪問介護 ②⑤輝きデイサービス	毎日 訪問時 ３回／週 １回／週 １回／週	６ヵ月
	一人暮らしを続けられる体調を継続する	12ヵ月	主治医処方の内服を継続し、体調を崩すことなく生活する	６ヵ月	①体調確認 ②定期受診 ③処方通りの内服、確認 ④受診付き添い ⑤緊急連絡先の確認 ⑥緊急通報システム ⑦情報共有 ⑧医療連携	●本人 ●家族 ●医療看護 ●訪問介護 ●自治体サービス ●通所介護	①②本人 ①②③④⑦姪 ②③⑧済生病院 ①③⑤⑦河名訪問介護 ⑥緊急通報システム ①⑤⑦輝きデイサービス	毎日 内服確認／声かけ／受診時 受診時 １回／週 毎日 １回／週	６ヵ月
	清潔な身なりとおしゃれをして地域のカフェに出かけられる	12ヵ月	隔日で入浴し、週３回は清潔な衣類へと着替えを行うことができる	６ヵ月	①浴室内の見守り ②洗身洗髪を行う（手の届かない場所は介助） ③入浴動作の確認 ④皮膚状態の観察	●本人 ●通所介護	②本人 ①②③④輝きデイサービス	入浴時 １回／週	６ヵ月

※１　サービス種別では本人、家族、保険給付対象内サービス、保険外サービス、インフォーマル資源を表記しています。
※２　各サービス内容に数字（例：①）をつけ、それを担う当該サービス提供を行う事業所、なじみの人・店にも同じ数字をつけています。
※　　個人名、建物名、店名、事業所名はすべて仮名です。

事例 **3**

山あいの地域で一人暮らしだけど、囲碁仲間と支え合い暮らしたい

要介護 **2** 骨折・腰痛

●氏名：W.Tさん　●性別：男性　●年齢：89

●主な病疾患：**第3腰椎椎体骨折　大動脈弁狭窄症　小児麻痺　脊椎カリエス**

●介護スタイル：☑独居　□老老介護　□同居介護　☑近距離介護　□遠距離介護　□その他

●困りごと：

- ADL　□食事　☑移動　□排泄　☑入浴　□整容　□睡眠　□その他（　　　　）
- IADL　□料理　□掃除　□洗濯　☑買物　□家の管理　□お金管理　☑ご近所付き合い　☑ペットの世話　☑その他（**回覧板**）
- CADL　☑楽しみ（**愛犬の散歩**）　☑趣味（**囲碁**）　□学び　□交流　□旅行　□運動
- 健康管理　☑通院　□服薬　□栄養　□脱水　□衛生　☑その他（**腰痛**）

事例の概要

家族構成図（ジェノグラム）

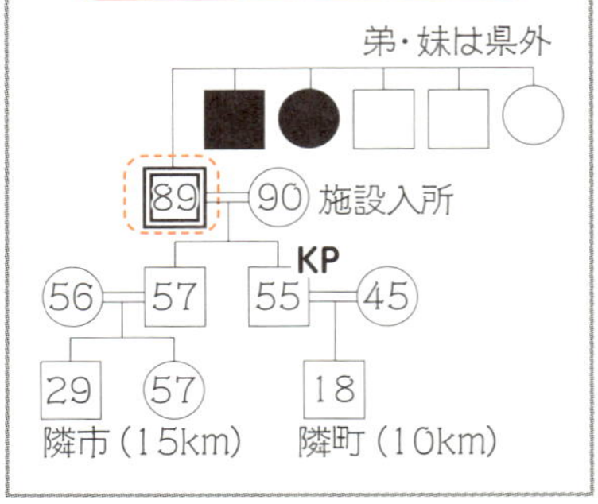

●3年前に妻（90歳）が認知症の進行と身体機能の低下により施設入所となり、一人暮らしになる。話し相手がなく寂しく感じている日々を過ごしている。腰椎椎体骨折による腰痛で車の運転席に長く座ることができないため病院受診や買い物に行けなくなり、次男夫婦（次男55歳）に頼っている。日課の愛犬の散歩も自分の役割として再開したい。3年前に集っていた囲碁仲間と碁を打ったり、新しい話し相手ができることを望んでいる。

生活歴、状態像、CADLなど

6人きょうだいの長男として生まれる。3歳の時に小児麻痺にかかり、左上肢に麻痺が残っている。妻と2人で果樹栽培や米づくりをし、農閑期には洋服を扱う行商に出て生計を立てていた。弱音を吐かず、何事も自分で考えて行動する性格。片手で器用に洗濯や調理などの家事や妻の介護などをこなし、すべてにおいて自分のやり方で工夫をして生活してきた。

骨折による腰痛と脊椎カリエスの術後の強いしびれ感のため、長時間同じ姿勢で過ごすことができない。

今は地域ボランティアさんと囲碁を打ったり会話を楽しんだりしている。

本人の生活への意向

●妻が特養に入所し、一人暮らしになり話し相手がいなくて寂しい。3年前のように囲碁を打ったり、新しい話し相手ができるようになるといい。

●痛みがとれ腰のコルセットが外れたら、次男の運転で買い物を自由に楽しみたい。

●日課だった愛犬ロン（15歳）との散歩を再開したい。

●次男の運転で、月に一度施設にいる妻に会いに行きたい。

家族の意向

次男（別居・55 歳）

- 父はもともと左手がうまく動かないのに、自分なりに工夫をして生活している。こちらは余計な手出しをせずに本人の納得いくやり方で生活していってほしい。
- 買い物やおかずを届けるくらいは手伝い、一人暮らしを見守っていきたい。
- 転んだ時に手がつけないため、転ばないように気をつけてほしい。

地域支え合いマップ

- 市街地から山のほうへ20kmほど、上っていく地域。緩やかな坂道が多いが、自宅近くには急勾配の箇所もある。
- 車の往来は少なく周辺に信号もない。田畑、果樹園に囲まれている。
- コロナ前は自宅近くの集会所で囲碁仲間と集っていたが休止となる。堀上地域交流センターには囲碁を打つ場所がある。
- 次男の車で10分程度のところにあるJAコープ蔵町店でサポートを受け買い物をする。

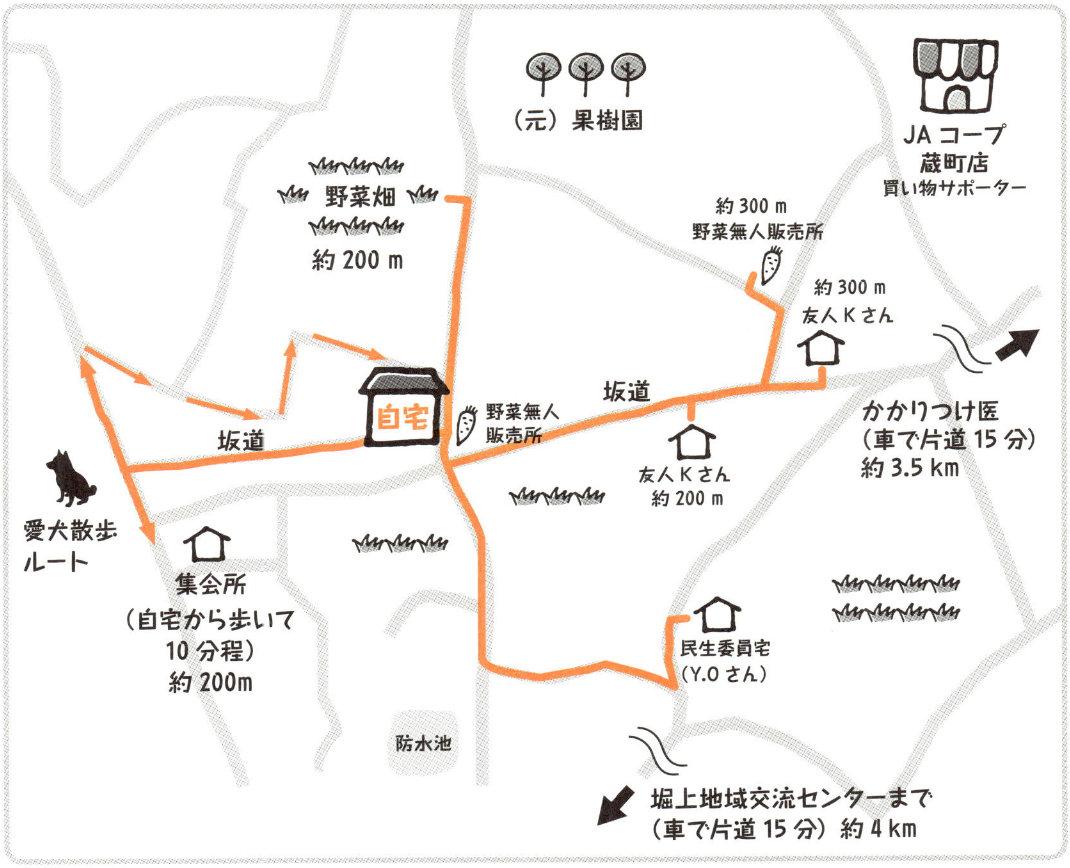

※個人名、建物名、店名、事業所名はすべて仮名です。

Be Positive

私の「意欲・動機づけ」シート

作成日　●年　●月　●日　担当：K.Y

ご利用者名	W.T さん	生年月日	▲年▲月▲日 89 歳	性別	男	要介護度	要介護 2

私の「生き方」(CADL)
※記入できるところから楽しんで進めてください。
※記入例：◎、○、△のみ

			していた	現在 している	現在 続けたい	したい
暮らし・役割	①	飾り付け（種類：　　　）〔鮎の塩焼きは名人級〕				
	②	料理づくり（何を：おひたし、焼き魚　誰に：自分）	○			○
	③	ショッピング（何を：食品　場所：　）	○	△		◎
	④	庭・花の手入れ〔JA コープ蔵町店大好き〕				
	⑤	お出かけ（車の運転）	○			◎
	⑥	孫・ひ孫の世話（　　　）〔5 年前に免許返納する〕				
	⑦	ペット（種類：老犬　名前：ロン）の世話	○			◎
	⑧	ボランティア（種類：高齢者介護関〔ロンと散歩したい〕				
	⑨	お墓参り（□寺）・氏子の行事（□神社）	○			
	⑩	地域活動（町内会など）				
	⑪	その他（〔幼なじみのヤッサンと再会したい〕				
つながり	①	友達と会話（☑対面　□電話　□ LINE 等）	○			◎
	②	友達と遊ぶ（種類：　　誰：　　）				
	③	ランチ・ディナー（店名：〔80 過ぎまでだな〕				
	④	同窓会（☑学校　□職場　□サークル）	○			
	⑤	家族・親戚との団らん（盆、正月）	○			△
	⑥	異性との交流（□会話　□食事　☑他）				
	⑦	通信機器（☑電話（携帯）　□スマホ　□タブレット）		○	○	
	⑧	SNS（□ LINE　□ facebook　□メール）				
	⑨	その他（　　　）				
楽しみ・趣味	①	読書（ジャンル：　　作家：　　）				
	②	絵画（□描く　□塗る　□貼る　□他）				
	③	写真（□人物　□風景　□植物　□他）				
	④	鑑賞（□映画　□観劇　□演奏会　□落語　□他）				
	⑤	歌唱（□合唱　□独唱　□カラオケ）				
	⑥	音楽鑑賞（ジャンル：　　）				
	⑦	コンサート（ジャンル：　　）				
	⑧	楽器演奏（種類：　　□ 1 人　□複数）				
	⑨	遊び（種類：囲碁　□ 1 人　☑複数）	○	○	◎	◎
	⑩	ストレッチ（□体操　□ヨガ　〔囲碁仲間たちとやりたい〕				
	⑪	健康法（□歩く　□走る　□泳ぐ　□他）				
	⑫	スポーツ（種類：　　）				
	⑬	観戦（種類：　　）				
	⑭	舞踊（種類：　　）				

私の「生き方」(CADL)
※記入できるところから楽しんで進めてください。
※記入例：◎、○、△のみ

			していた	現在 している	現在 続けたい	したい
楽しみ・趣味	⑮	散歩・ピクニック（場所：自宅周辺を次男夫婦と）		○	○	
	⑯	釣り（□川　□海　☑渓流　□釣り堀）	○			
	⑰	アウトドア（□川　□海　□〔もっぱら鮎釣り〕				
	⑱	ギャンブル（種類：〔運試しで 5 万円当てたよ〕				
	⑲	投資（□株　□外貨　□金　☑宝くじ）	○			
	⑳	お祭り（種類：　　場所：　　）	◎			
	㉑	おしゃれ（種類：　　TPO：　　）				
	㉒	家庭菜園（種類：大根、ねぎ、ナス、きゅうり）		○	○	
	㉓	その他（〔息子たちや近所に配るのが生きがい〕				
学び・手習い	①	学び（　　）				
	②	作法（□茶道　□華道　□着付け　□他）				
	③	オンライン（種類：　　）				
	④	教養（種類：　　）				
	⑤	脳トレ（種類：　　）				
	⑥	教える（種類：　　）				
	⑦	その他（　　）				
巡る	①	史跡巡り（場所：　　）				
	②	名所巡り（場所：　　建物：　　）				
	③	記念館巡り（□美術館　□博物館　□他）				
	④	食べ歩き（種類：　　場所：　　）				
	⑤	手段（□散歩　□杖　□シルバーカー　□車いす）	○	○	○	
	⑥	温泉・健康ランド（場所：　　）				
	⑦	国内旅行（場所：農協の旅行：箱根）	○			
	⑧	海外旅行（場所：〔「楽しかった！」〕				
	⑨	その他（　）				
つくる	①	料理・手芸（種類：　　）				
	②	クラフト・工芸（種類：　　）				
	③	プラモデル（種類：〔自慢〕				
	④	その他（正月の門松）	○			
心の支え	①	お参り（神社・お寺など）				
	②	宗教（種類：　　）				
	③	修行・修練（種類：尺八）	○			○
	④	その他（　　）〔40 ～ 50 代にやった〕				
	⑤	その他（　　）				

※個人名、建物名、店名、事業所名はすべて仮名です。

第2表

居宅サービス計画書（2）

利用者名　W.T　様

※本書の第２表はインフォーマル資源を中心としたプラン構成になっています。

生活全般の解決すべき課題（ニーズ）	目標 長期目標	期間	短期目標	期間	援助内容 サービス内容	サービス種別※1	※2	頻度	期間
囲碁仲間と週１で碁を打ち、新しい話し相手になる友人をつくりたい	来年春頃に、蔵町地区の囲碁大会に参加できる	６ヵ月	月２回、堀上地域交流センターで、囲碁を打つ集まりに出かけて、１時間の碁が打てるようになる	３ヵ月	①**囲碁を打つ場を提供、囲碁仲間を紹介**	●**インフォーマル資源**	①**堀上地域交流センター（囲碁仲間）**	月２回（第２・４水曜）	３ヵ月
					②堀上地域交流センターまでの送迎	●家族	②次男	月２回（第２・４水曜）	３ヵ月
			週１回、自宅で碁を打ちながら、蔵町地区のボランティアさんと話ができる	３ヵ月	①**蔵町地区のボランティアと囲碁を打ち話をする**	●**インフォーマル資源**	①**蔵町地区協議体ボランティア**	週１回	３ヵ月
１日２回朝タロン（老犬）の散歩に行けるようになりたい	自宅周辺で朝タロンの散歩（約15分）ができる	６ヵ月	自宅周辺の散歩コースを20 m休まずに歩ける	３ヵ月	①次男夫婦と一緒に、屋外歩行の練習のため散歩に行く	●本人 ●家族	①本人 ②次男夫婦	週３回	３ヵ月
次男の車でJAコープ蔵町店へ行って食材を買い、食事づくりができるようになりたい	骨折以前のように食事づくりが一人でできる	６ヵ月	母屋と離れの行き来（20 m）がふらつかずに一人で歩ける	３ヵ月	①居間や廊下から台所への移動動線の確認 ②段差昇降時の手すり設置	●住宅改修（自費）	①②次男・知人（工務店）	即時	３ヵ月
					①シルバーカー	●福祉用具貸与	①福祉レンタル朝日	随時	３ヵ月
					①**定期的な訪問** ②転倒などの緊急時には次男が対応	●**インフォーマル資源** ●家族	①**民生委員Ｙさん** ②次男	月１回利用 緊急時	３ヵ月
			自分で炊飯し、おかずを二品つくることができる	３ヵ月	①炊飯 ②盛り付け、配膳 ③おかずの差し入れ ④買い物、送迎・付き添い ⑤本人と一緒に献立を考える	●本人 ●家族	①②本人 ③④⑤次男妻	毎日 週4,5日	３ヵ月
	JAコープ蔵町店で１人で買い物ができる（車で10分）	６ヵ月	身なりを整え、お出かけの準備ができる	３ヵ月	①いすに座って着替える ②コルセット着用の手伝い	●本人 ●家族	①本人 ②次男	外出時	３ヵ月
			JAコープ蔵町店でサポートを受け、買い物カートで買い物ができる	３ヵ月	①買い物カートを使いこなす ②**商品を選んでカートに入れる** ③**セルフレジでバーコードを読ませて精算する**	●本人 ●**インフォーマル資源**	①本人 ②③**JAコープ蔵町店買い物サポーター**	週１回	３ヵ月
隣町の特養幸苑に入所している妻と坂上のぶどう狩りに行く	年末までに次男夫婦と一緒に隣町の特養幸苑に妻に会いに行く	６ヵ月	テレビ電話で、妻の顔を見ながら話をする	３ヵ月	①隣町特養幸苑の妻とのオンライン面会 ②妻の写真を撮って次男にメールで送ってもらう ③妻の写真を撮って次男に施設に届けてもらう	●短期入所生活介護 ●家族 ●次男	①②ショートステイ若菜 ①②妻 ③次男	月１回	３ヵ月

※１　サービス種別では本人、家族、保険給付対象内サービス、保険外サービス、インフォーマル資源を表記しています。
※２　各サービス内容に数字（例：①）をつけ、それを担う当該サービス提供を行う事業所、なじみの人・店にも同じ数字をつけています。
※　個人名、建物名、店名、事業所名はすべて仮名です。

事例 4

ゲートボール仲間と買い物サポーターに支えられ一人暮らしを楽しむ

要介護 1
両変形性膝関節症

●氏名：D.Tさん　●性別：女性　●年齢：87

●主な病疾患：**心筋梗塞　両変形性膝関節症**

●介護スタイル：☑独居　□老老介護　□同居介護　□近距離介護　□遠距離介護　□その他

●困りごと：

- ●ADL　□食事　□移動　□排泄　☑入浴　□整容　□睡眠　□その他（　　　）
- ●IADL　☑料理　☑掃除　□洗濯　☑買物　□家の管理　□お金管理　□ご近所付き合い　□ペットの世話　☑その他（**回覧板**）
- ●CADL　☑楽しみ（**韓国ドラマ**）　☑趣味（**ゲートボール**）　□学び　□交流　□旅行　□運動
- ●健康管理　□通院　□服薬　□栄養　□脱水　□衛生　□その他（　　　）

家族構成図（ジェノグラム）

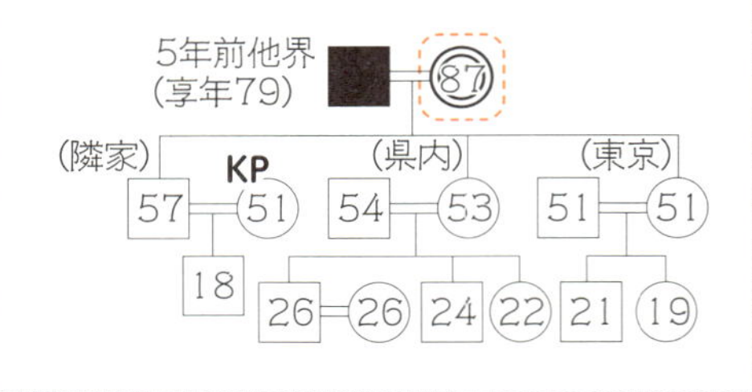

事例の概要

85歳の時に心筋梗塞で3週間の入院。一人暮らしを再開したが、両変形性膝関節症の影響で入浴や掃除、調理の下準備などの家事が大変となる。介護保険を申請して要介護1となる。訪問介護と福祉用具を導入し、生活は落ち着いている。

61歳から地元町内会の有志と25年続けているゲートボールは生きがいであり、練習後のお茶の時間が活力。車で3分の練習場（300m先）には自ら運転をして通っている。

日課は好きな韓国ドラマを観ることと、家計簿や日記をつけること。自分で日課を決め、自由な毎日を楽しんでいる。

生活歴、状態像、CADLなど

7人きょうだいの四女。元保育士。28歳で恋愛結婚し、子どもは一男二女。79歳で他界した認知症の夫を献身的に介護した経験あり。家計簿や日記は毎日つけている。心筋梗塞と両変形性膝関節症の影響で動作は緩慢で床や地面に落ちたものを拾うことに時間がかかる。息切れが多い。好奇心が旺盛な性格。モットーは「私の人生はラッキーの連続」。趣味はゲートボール。サークル仲間や近所の人との交流を支えにしている。

本人の生活への意向

- これからも長年の生きがいとなっているゲートボールやスーパーJJでの買い物、受診などは自ら車を運転して続けていきたい。
- 家族には迷惑をかけたくない気持ちが強いが、自宅での入浴や掃除、調理の下準備などは手伝ってもらいながら、一人暮らしを満喫したい。

家族の意向

長男の妻（近居・51歳）

- 義母の生きがいであるゲートボールはいつまでも続けていってほしい。

- 入浴や家事などで動作が大変なことは手伝っていく。義母らしく自由気ままな一人暮らしを続け、手伝いが必要な時はいつでも関わるつもりでいる。

地域支え合いマップ

- 高齢の友人宅が周辺に10軒ほどあり、ゆるい坂道になっている。
- ゲートボール場まで車で3分程度。
- 住宅密集地で道端が狭いが、自宅前は通学路となっている。

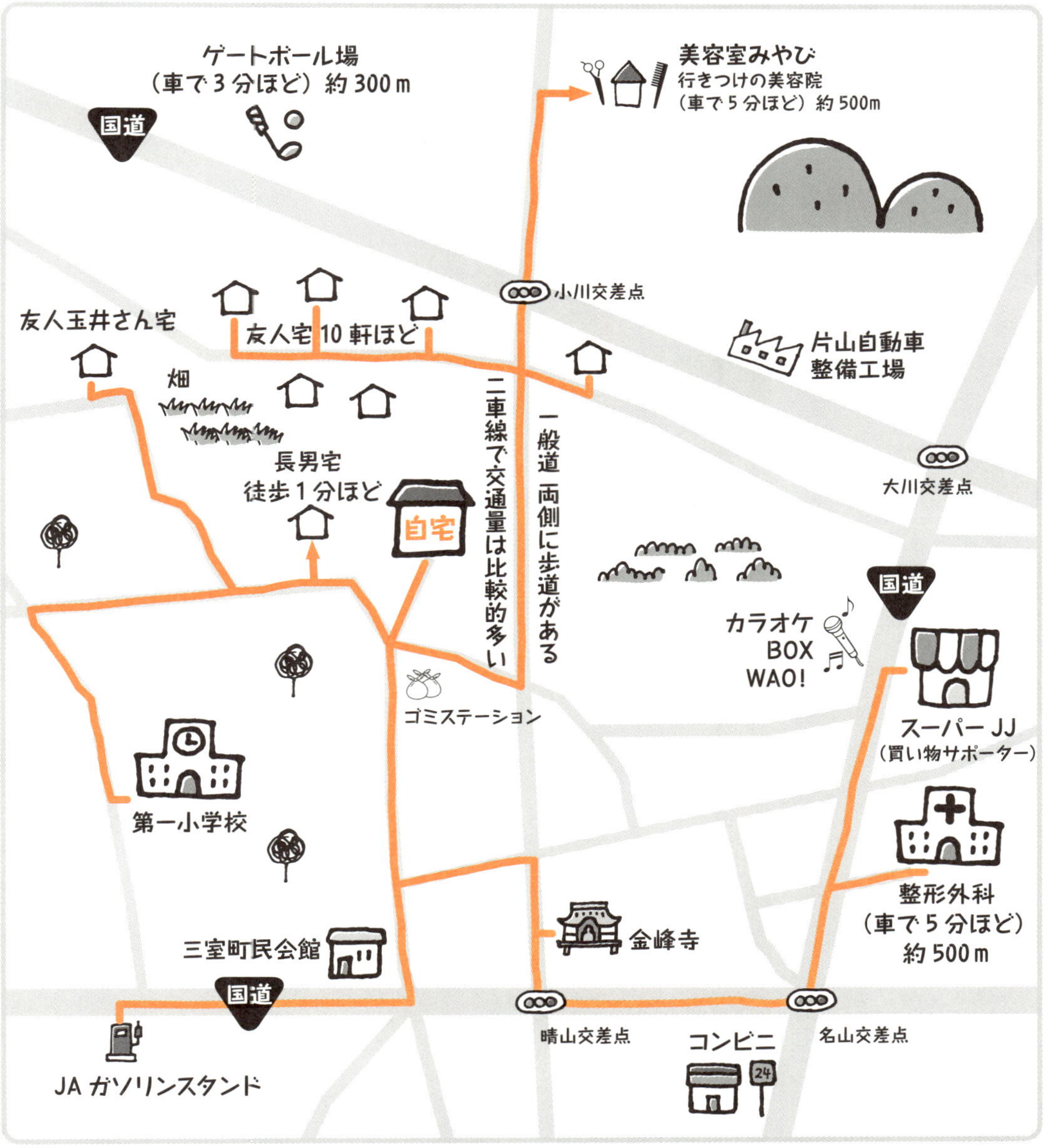

※個人名、建物名、店名、事業所名はすべて仮名です。

Be Positive
私の「意欲・動機づけ」シート

作成日　●年　●月　●日　担当：S.T

ご利用者名	D.T さん	生年月日	▲年▲月▲日 87 歳	性別	女	要介護度	要介護 1

分類	私の「生き方」(CADL) ※記入できるところから楽しんで進めてください。 ※記入例：◎、○、△のみ	していた	現在 している	現在 続けたい	したい
暮らし・役割	① 飾り付け（種類：　）　おすそ分け				
暮らし・役割	② 料理づくり（何を：煮物　誰に：家族、T.K）		◎	◎	
暮らし・役割	③ ショッピング（何を：日用品 場所：スーパーJJ）	○	○	○	○
暮らし・役割	④ 庭・花の手入れ				
暮らし・役割	⑤ お出かけ（☑散歩　□シルバーカー□タクシー他）		○	○	
暮らし・役割	⑥ 孫・ひ孫の世話（　）				
暮らし・役割	⑦ ペット（種類：　名前：　）の世話				
暮らし・役割	⑧ ボランティア（種類：　）　夫の墓は金峰寺				
暮らし・役割	⑨ お墓参り（☑寺）・氏子の行事（□神社）	○			○
暮らし・役割	⑩ 地域活動（町内会など）	○			○
暮らし・役割	⑪ その他（　ゲートボール仲間とのお茶会				
つながり	① 友達と会話（☑対面　□電話　□ LINE 等）	◎	◎	◎	
つながり	② 友達と遊ぶ（種類：ゲートボール　誰：仲間）		◎	◎	
つながり	③ ランチ・ディナー（店名：　誰：　）				
つながり	④ 同窓会（□学校　□職場　□　「とても助かってます」				
つながり	⑤ 家族・親戚との団らん（名前：長男家族など）		◎	◎	
つながり	⑥ 異性との交流（□会話　□食事　□他）				
つながり	⑦ 通信機器（☑電話　□スマホ　□タブレット）	○	○	○	○
つながり	⑧ SNS（□ LINE　□ facebook　□メール）				
つながり	⑨ その他（　）				
楽しみ・趣味	① 読書（ジャンル：　作家：松本清張）	○			
楽しみ・趣味	② 絵画（□描く　□塗る　□貼る　□他）				
楽しみ・趣味	③ 写真（□人物　□風景　□植物　□他）				
楽しみ・趣味	④ 鑑賞（□映画　□観劇　「カラオケ WAO! にみんなで行きたい。美空ひばりが好き」				
楽しみ・趣味	⑤ 歌唱（□合唱　□独唱　☑カラオケ）	○			○
楽しみ・趣味	⑥ 音楽鑑賞（ジャンル：　）				
楽しみ・趣味	⑦ コンサート（ジャンル：　）				
楽しみ・趣味	⑧ 楽器演奏（種類：　□１人　□複数）				
楽しみ・趣味	⑨ 遊び（種類：　□１人　□複数）				
楽しみ・趣味	⑩ ストレッチ（□体操　□ヨガ　□太極拳　□他）				
楽しみ・趣味	⑪ 健康法（□歩く　□走る　□泳ぐ　□他）				
楽しみ・趣味	⑫ スポーツ（種類：ゲートボール）		◎	◎	
楽しみ・趣味	⑬ 観戦（種類：　）				
楽しみ・趣味	⑭ 舞踊（種類：　）				

分類	私の「生き方」(CADL) ※記入できるところから楽しんで進めてください。 ※記入例：◎、○、△のみ	していた	現在 している	現在 続けたい	したい
楽しみ・趣味	⑮ 散歩・ピクニック（場所：自宅周辺を息子夫婦と）		○	○	
楽しみ・趣味	⑯ 釣り（□川　□海　□渓流　□釣り堀）				
楽しみ・趣味	⑰ アウトドア（□川　□海　□山　□他）				
楽しみ・趣味	⑱ ギャンブル（種類：　）				
楽しみ・趣味	⑲ 投資（□株　□外貨　□金　□宝くじ）				
楽しみ・趣味	⑳ お祭り（種類：　場所　好きな色はパープル				
楽しみ・趣味	㉑ おしゃれ（種類：　TPO：　）		○	○	
楽しみ・趣味	㉒ 家庭菜園・ガーデニング・市民農園		○	○	
楽しみ・趣味	㉓ その他（　）				
学び・手習い	① 学び（○○教室、40 代）	○			
学び・手習い	② 作法（□茶道　□華道　□着付け　□他）				
学び・手習い	③ オンライン（種類：　）				
学び・手習い	④ 教養（種類：　）				
学び・手習い	⑤ 脳トレ（種類：　）				
学び・手習い	⑥ 教える（種類：　）				
学び・手習い	⑦ その他（　）				
巡る	① 史跡巡り（場所：　）				
巡る	② 名所巡り（場所：　建物：　）				
巡る	③ 記念館巡り（□美術館　□博物館　□他）				
巡る	④ 食べ歩き（種類：そば　場所：○○市）	○			
巡る	⑤ 手段（□散歩　□杖　□シル　「いつも話題にしています」				
巡る	⑥ 温泉・健康ランド（場所：近所の友人と○○温泉）				◎
巡る	⑦ 国内旅行（場所：　）				
巡る	⑧ 海外旅行（場所：韓国など）	○			
巡る	⑨ その他（　）				
つくる	① 料理・手芸（種類：　）				
つくる	② クラフト・工芸（種類：　）				
つくる	③ プラモデル（種類：　）				
つくる	④ その他（　）				
心の支え	① お参り（神社・お寺など）		○		
心の支え	② 宗教（種類：　）				
心の支え	③ 修行・修練（種類：　「1 日があっという間に過ぎるのよ！」				
心の支え	④ その他（韓国ドラマ（専門チャンネル））		◎	◎	◎
心の支え	⑤ その他（　）				

※個人名、建物名、店名、事業所名はすべて仮名です。

第2表

居宅サービス計画書（2）

利用者名　**D.T**　**様**

※本書の第２表はインフォーマル資源を中心としたプラン構成になっています。

生活全般の解決すべき課題（ニーズ）	目標 長期目標	期間	短期目標	期間	援助内容 サービス内容	サービス種別※1	※2	頻度	期間
運転規則を守った車の運転ができて、スーパーJJでの買い物とゲートボールが続けられるように元気でいたい	次の免許更新（令和６年）まで無事故無違反で車の運転ができ、週３回のゲートボールが続けられる	６ヵ月	毎日、足踏み運動用具（モーションナビ）でかかとの上げ下ろし運動を行い、脚力をつける	３ヵ月	①足踏み運動用具で、TV鑑賞時のCM時間に運動する ②**練習日にゲートボール場（15m×20m）を仲間と一緒に３周歩く**	●本人 ●**インフォーマル資源**	①本人 ②**ゲートボール仲間たち**	毎日 週３回	６ヵ月
					①定期診察を受ける ②状態の観察（動作時の息切れなど）	●主治医 ●訪問介護	①佐藤クリニック ②藍ヘルパーステーション	月１回 週３回	６ヵ月
			月１回は自分の運転する車でマリちゃん（長男妻）と一緒にスーパーJJに買い物へ行く	３ヵ月	①いつもの道順で交通規則を守り運転を行う ②**心臓の状態を伝え、車の運転の注意点などの助言を受ける** ③市の高齢者運転サポートトレーニングを月１回受ける	●本人 ●**インフォーマル資源** ●行政	①本人 ②**榊自動車学校** ③**榊自動車学校**	月１回 月１回（30分） 月１回（30分）	６ヵ月
					①助手席に乗り、本人の運転状態に応じて「声かけ」のサポートを行う ②**車のキズやへこみがないかを整備をかねて確認してもらう** ③**スーパーJJ内での歩行や買い物サポートをしてもらう** ④本人の視力や聴力を運転操作が危険運転につながるか評価し、必要に応じて主治医に情報提供する	●家族 ●**インフォーマル資源** ●**インフォーマル資源** ●主治医	①長男の妻 ②**片山自動車整備工場** ③**スーパーJJ買い物サポーター** ④佐藤クリニック	月１回 月１回（10分） 週１回 随時	６ヵ月
自分の好みに味付けした煮ものをマリちゃん（長男妻）や近所の玉井さんたちにお裾分けする	週１回はマリちゃん（長男妻）や近所の玉井さんへ煮物のお裾分けができる	６ヵ月	自分の好みの味付けで季節の野菜の煮物づくりを行う	３ヵ月	①調理の下準備（カボチャやニンジンなどの固い野菜を切る）	●訪問介護	①藍ヘルパーステーション	週１回	６ヵ月
					①自分の好みの味付けで煮物をつくる ②隣りに住むマリちゃん（長男妻）と近所の玉井さんたちへ煮物のお裾分けをする	●本人 ●家族 ●**インフォーマル資源**	①本人 ②長男の妻 ②**近所の玉井さんたち**	週１回 随時 随時	６ヵ月

※１　サービス種別では本人、家族、保険給付対象内サービス、保険外サービス、インフォーマル資源を表記しています。
※２　各サービス内容に数字（例：①）をつけ、それを担う当該サービス提供を行う事業所、なじみの人・店にも同じ数字をつけています。
※　個人名、建物名、店名、事業所名はすべて仮名です。

事例 5

元婦人会のお友だちと交流を再開。猫たちのお世話が私の生きがい

要介護 1 糖尿病

- 氏名：E.Wさん　　●性別：女性　　●年齢：88
- 主な病疾患：**糖尿病　廃用症候群　うつ病　不眠症**
- 介護スタイル：☑独居　□老老介護　□同居介護　☑近距離介護　□遠距離介護　□その他
- 困りごと：
  - ADL　□食事　☑移動　□排泄　□入浴　□整容　☑睡眠　□その他（　　　　）
  - IADL　□料理　☑掃除　☑洗濯　□買物　□家の管理　□お金管理　□ご近所付き合い　☑ペットの世話　☑その他（**回覧板**）
  - CADL　☑楽しみ（**友人との交流**）　☑趣味（**花の手入れ**）　□学び　□交流　□旅行　□運動
  - 健康管理　☑通院　☑服薬　□栄養　□脱水　□衛生　□その他（　　　　）

家族構成図（ジェノグラム）

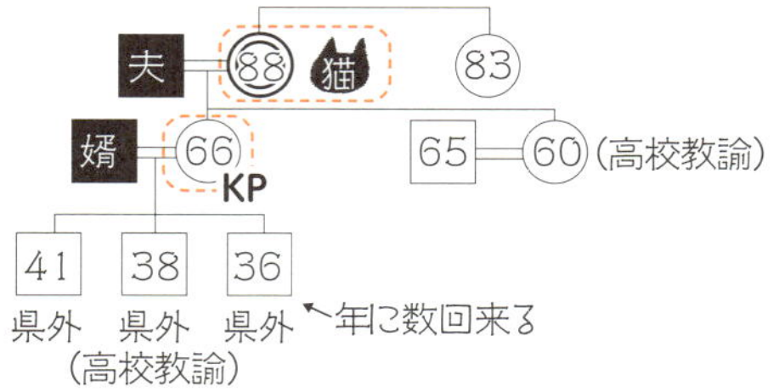

事例の概要

一人暮らし。夫が 3 年前に逝去後、近くに住む長女の婿も病気で逝去した。そのため E.W さん、長女ともにうつ病を発症した。外出もできず自宅で過ごすばかりとなり、身体機能は低下し転倒を繰り返すようになった。同じうつ病の娘から介護を受けることに精神的な負担を感じていた。やがて妹や近所の元婦人会で親しくした友人たちの力を借り、少しずつ落ち込むことも減っていった。地域猫ボランティアをしながら、娘や友人の相談に乗れるくらいに回復し、今は近所の友人たちに喜んでもらいたいと庭に季節の花を植えて日々を楽しんでいる。

生活歴、状態像、CADL など

現住所で生まれ育つ。高校卒業後、地元農協に就職。25 歳で見合い結婚。娘 2 人に恵まれる。夫と梨や桃の果樹農家として働き、多忙で趣味をもつ時間もなかった。8 年前に夫が脳梗塞で倒れ、介護するも 3 年前に他界。半年間は落ち込んでいたが、5 歳下の妹（83 歳）とのおしゃべりや近所の友人との交流が唯一の楽しみとなる。ボランティアでやっている地域猫の世話も気に入っている。本人は「負けず嫌いで他人に頼りたくない性格」と話す。

本人の生活への意向

- 90 歳までは自分のこと（調理や入浴・日常生活全般の動作）を自分でできるぐらいに元気でいたい。
- 一人暮らしの長女は給食センターの仕事で忙しいので負担はかけたくない。友人の八木さんたちも遊びに来てくれる。
- 自宅横の桃畑の草取りや庭の手入れを欠かさず、誰が来ても恥ずかしくないようにしておきたい。
- 飼い猫や地域猫の世話は私の生きがいなので、続けていきたい。

家族の意向

長女（別居・66歳）

- 洗濯物を干す時と、荷物をまたぐ時にふらついて転ぶことが増えている。
- 朝晩は母の掃除の様子や体調確認、週末の食事づくりなどを今まで通り続けていく。
- 転倒に注意して今の状態が続き、母の望む生活を送ってほしい。

地域支え合いマップ

- 国道が近く交通量が多いので病院や美容室へは長女が車で送迎。
- 家の周りは住宅地で道路が狭く交通量は少なめ。
- 近所の住民と地域猫の世話をしている。
- 緊急避難場所を兼ねる徒歩5分の公会堂のサロンや百歳体操に参加。

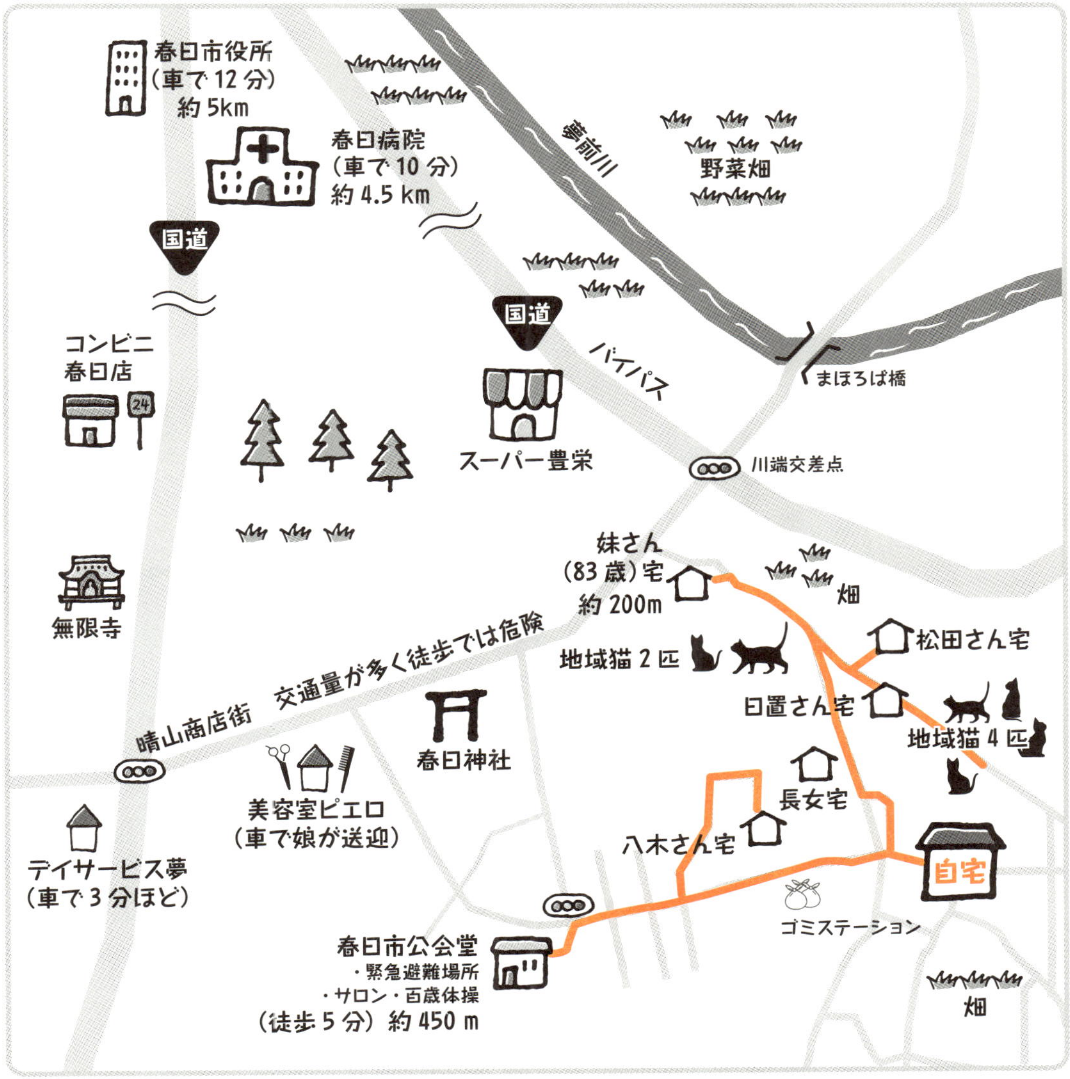

※個人名、建物名、店名、事業所名はすべて仮名です。

Be Positive
私の「意欲・動機づけ」シート

作成日　●年　●月　●日　担当：K.M

ご利用者名	E.W さん	生年月日	▲年▲月▲日 88 歳	性別	女	要介護度	要介護 1

	私の「生き方」（CADL） ※記入できるところから楽しんで進めてください。 ※記入例：◎、○、△のみ	していた	現在 している	現在 続けたい	したい
暮らし・役割	①飾り付け（種類：　　　）				
	②料理づくり（何を:郷土料理　誰に:自分とご近所）		○	○	
	③ショッピング（何を:お菓子　場所:スーパー豊栄）		○	○	
	④庭・花の手入れ　日課で楽しみ		○	○	
	⑤お出かけ（☑散歩　□シルバーカー□タクシー他）		○	○	
	⑥孫・ひ孫の世話　ものすごく！	○			
	⑦ペット（種類：猫　名前：シロちゃん）の世話		○	◎	
	⑧ボランティア（種類：地域猫ボランティア）		○	◎	
	⑨お墓参り（□寺）・氏子の行事（□神社）		○		
	⑩地域活動（町内会など）		○	○	
	⑪その他（猫の世話　朝昼夕）7 匹！！		○	◎	
つながり	①友達と会話（☑対面　□電話　□ LINE 等）		○	○	
	②友達と遊ぶ（種類：お茶会　誰：友人 3 人）		○	○	
	③ランチ・ディナー（店名：　　誰：　　）				
	④同窓会（□学校　□職場　□サークル）				
	⑤家族・親戚との団らん（名前：長女、妹）		○	○	
	⑥異性との交流（□会話　□食事　□他）				
	⑦通信機器（☑電話　□スマホ　□タブレット）		○		
	⑧SNS（□ LINE　□ facebook　□メール）				
	⑨その他（　　　）				
楽しみ・趣味	①読書（ジャンル：　　作家：）				
	②絵画（□描く　□塗る　□貼る　□他）				
	③写真（□人物　□風景　□植物　□他）				
	④鑑賞（□映画　□観劇　□演奏会　□落語　□他）				
	⑤歌唱（□合唱　□独唱　□カラオケ）				
	⑥音楽鑑賞（ジャンル：　　　）				
	⑦コンサート（ジャンル：　　　）				
	⑧楽器演奏（種類：　　□ 1 人　□複数）				
	⑨遊び（種類：　　□ 1 人　□複数）				
	⑩ストレッチ（☑体操　□ヨガ　□太極拳　□他）		○	○	
	⑪健康法（☑歩く（友人・妹と一緒に歩く））		○	○	
	⑫スポーツ（種類：百歳体操）	○			○
	⑬観戦（種類：　　　）				
	⑭舞踊（種類：　　　）				

	私の「生き方」（CADL） ※記入できるところから楽しんで進めてください。 ※記入例：◎、○、△のみ	していた	現在 している	現在 続けたい	したい
楽しみ・趣味	⑮散歩・ピクニック（場所：　　　）				
	⑯釣り（□川　□海　□渓流　□釣り堀）				
	⑰アウトドア（□川　□海　□山　□他）				
	⑱ギャンブル（種類：　　　）				
	⑲投資　（□株　□外貨　□金　□宝くじ）				
	⑳お祭り（種類：　　場所：　　）				
	㉑おしゃれ（種類：ストール　TPO：買い物）		○		
	㉒家庭菜園（季節の野菜を作り娘におすそ分け）		○	○	
	㉓その他（　　　）				
学び・手習い	①学び（　　　）				
	②作法　（□茶道　□華道　□着付け　□他）				
	③オンライン（種類：　　　）				
	④教養　（種類：　　　）				
	⑤脳トレ（種類：　　　）				
	⑥教える（種類：　　　）				
	⑦その他（　　　）				
巡る	①史跡巡り（場所：　　　）				
	②名所巡り　（場所：　　建物：　　）				
	③記念館巡り　（□美術館　□博物館　□他）				
	④食べ歩き（種類：そば　場所：○○市）	○			
	⑤手段（□散歩　□杖　□シルバーカー　□車いす）				
	⑥温泉・健康ランド（場所：　来年、近所の友だちと！！				
	⑦国内旅行（場所：石倉温泉）	○			◎
	⑧海外旅行（場所：　　　）				
	⑨その他（　　　）				
つくる	①料理・手芸　（種類：裁縫が好き）		○	△	
	②クラフト・工芸（種類：洋服をつくる）		○	○	
	③プラモデル（種類：　　　）				
	④その他（　　　）				
心の支え	①お参り（神社・お寺など）				
	②宗教　（種類：　　　）				
	③修行・修練（種類：　　　）				
	④その他（　　　）				
	⑤その他（　　　）				

※個人名、建物名、店名、事業所名はすべて仮名です。

第2表

居宅サービス計画書（2）

利用者名　**E.W**　**様**

※本書の第2表はインフォーマル資源を中心としたプラン構成になっています。

生活全般の解決すべき課題（ニーズ）	目標				援助内容				
	長期目標	期間	短期目標	期間	サービス内容	サービス種別※1	※2	頻度	期間
転ばずに庭や畑へ出て、草取りや季節の花を植えて近所のお友だちを迎えたい	これからも耕うん機を操作して自宅横の畑の草取りが続けられる	6ヵ月	掃き出し窓で靴を履き、庭や畑まで転ばずに移動できる	2ヵ月	①身体機能の評価 ②段差、片足立ちの動作練習、環境への助言 ③自宅でできるリハビリメニュー指導・実施状況確認	●訪問看護	①②③みどり訪問看護ステーション	週1日	6ヵ月
					①手すりの設置 ②身体機能に合わせた福祉用具紹介	●福祉用具貸与	①②福祉レンタル	毎日	6ヵ月
					①妹（83歳）と畑まで散歩する ②**散歩中の見守り**	●家族 ●**インフォーマル資源**	①妹（83歳） ②**町内会の住民**	随時	6ヵ月
飼い猫のシロちゃんや地域猫たちの世話を続けながらこの家で暮らしたい	自宅でシロちゃんと90歳のお祝いができる	6ヵ月	自宅内の移動（起き上がり・立ち上がり）が転ばずに一人で行える	3ヵ月	①起き上がり・立ち上がりの手すりの設置 ②**危険個所の情報共有**	●福祉用具貸与 ●家族 ●**インフォーマル資源**	①福祉レンタル ②妹 ②**町内会の住民**	随時	6ヵ月
					①いすからの立ち上がり練習 ②環境への助言	●訪問看護	①②みどり訪問看護ステーション	週1回	6ヵ月
					①一緒に掃除を行う ②掃除を行う場所を一緒に決める ③掃除機掛けの手伝い ④高い場所、お風呂とトイレ掃除の手伝い ⑤カバンや衣服を定位置に戻す声かけ	●訪問介護	①②③④⑤ヘルパーステーション絆	週1回	6ヵ月
			ふらつきに注意し、居間・台所とシロちゃんのトイレの掃除ができる		①夜はピックアップ歩行器を使用する ②シロちゃんがずらした室内マットをその都度直す ③シロちゃんの歩行通路にある荷物を片付ける	●本人	①②③本人	毎日	6ヵ月
近所のお友だち3人と楽しい日々を一緒に続ける	春日市公会堂での百歳体操の後、近所のお友だち3人と自宅でお茶会をする	6ヵ月	主治医の指示通りに服薬できる	1ヵ月	①体調確認 ②服薬確認 ③必要時主治医と連携 ④服薬方法の相談（緩下剤）	●訪問看護	①②③④みどり訪問看護ステーション	週1日	6ヵ月
			450m先にある春日市公会堂まで近所のお友だち3人と歩いて移動ができる	3ヵ月	①体力維持のための運動 ②屋外歩行訓練	●通所介護	①②デイサービスいこい	週1回	6ヵ月
					①一緒に緊急避難場所の公会堂まで歩く	●本人 ●家族	①本人 ①妹・娘	随時	6ヵ月
					①**道路であった際に声かけする** ②**お互いに百歳体操やサロンへの参加を呼びかける**	●**インフォーマル資源**	**近所の友人**	随時	6ヵ月

※1　サービス種別では本人、家族、保険給付対象内サービス、保険外サービス、インフォーマル資源を表記しています。
※2　各サービス内容に数字（例：①）をつけ、それを担う当該サービス提供を行う事業所、なじみの人・店にも同じ数字をつけています。
※　個人名、建物名、店名、事業所名はすべて仮名です。

事例 6

インフォーマル資源はガソリンスタンドの従業員とフラワーショップと50年来の友人

要介護 2 脳出血

●氏名：K.Fさん　●性別：女性　●年齢：79

●主な病疾患：**脳出血　失語、右同名半盲**

●介護スタイル：☐独居　☐老老介護　☑同居介護　☐近距離介護　☐遠距離介護　☐その他

●困りごと：

- ADL　☐食事　☐移動　☐排泄　☑入浴　☐整容　☐睡眠　☐その他（　　　）
- IADL　☐料理　☑掃除　☑洗濯　☐買物　☐家の管理　☐お金管理　☐ご近所付き合い　☐ペットの世話　☑その他（　　　）
- CADL　☑楽しみ（**花の世話**）　☐趣味（　　　）　☐学び　☑交流　☐旅行　☐運動
- 健康管理　☑通院　☑服薬　☐栄養　☐脱水　☐衛生　☐その他（　　　）

事例の概要

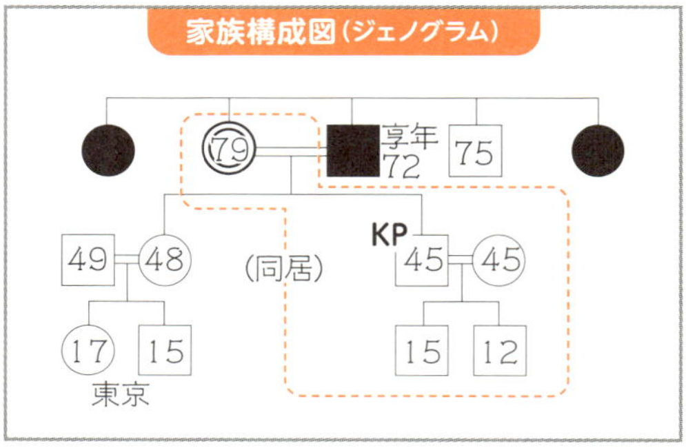

78歳で脳出血を発症、入院。それに伴う後遺症（失語、右同名半盲）があり、退院後は長男家族と同居になる。長男夫婦は、夫と本人が創業したガソリンスタンドを受け継ぐ。脳出血により言葉や目が不自由になり、退院当初は落ち込む。長男家族や従業員の言葉かけで少しずつ前向きなり、長男夫婦や従業員の役に立ちたいという明確な目標がある。

生活歴、状態像、CADLなど

4人きょうだいの2番目で笠宮町生まれ。学生時代はバスケや陸上（短距離）をした。24歳の時に笠宮町で米穀店の夫と恋愛結婚。32歳の時に米屋を閉め、ガソリンスタンドを創業、その後方行市に店舗を移転。72歳の時、夫が他界。長男夫婦が後を継いでからも、入院前日まで灯油配達の仕事をしていた。右同名半盲、失語あり。真面目で人を大切にする性格。従業員や長男の友人などが今でも親しく声をかけてくれる。

本人の生活への意向

- 脳出血で倒れるまでは、40年来ガソリンスタンドで働いてきました。後を継いでがんばっている長男や従業員の皆さんに感謝しています。年明けには、事務所で電話番ぐらいはできるようになりたいです。
- 以前笠宮町に住んでいた頃は庭にパンジーなど植えていました。ここの家にはたいした庭がないので鉢に花を植えて家の前やガソリンスタンドにたくさん飾り、「道の駅」での販売も目指したい。
- 50年来の友人である仲良しの宮田さんとお茶会やお食事会をしたい。

家族の意向

長男（同居・45歳）

●部屋やガソリンスタンドに花を飾るなど、これからも自分のやりたいことを見つけて、がんばっている自分自身を感じながら過ごしてほしい。
●母が電話番できるように電話を取りやすい位置にしたり、スタンド内に花を飾る場所をつくったりしたい。

地域支え合いマップ

●片側2車線の県道沿いの一軒家。
●自宅近くには長男経営のガソリンスタンドやかかりつけ総合病院、コンビニ、小学校がある。
●県道は車の行き来が多い。自宅周辺は果樹（桃、スモモ）畑が多い。

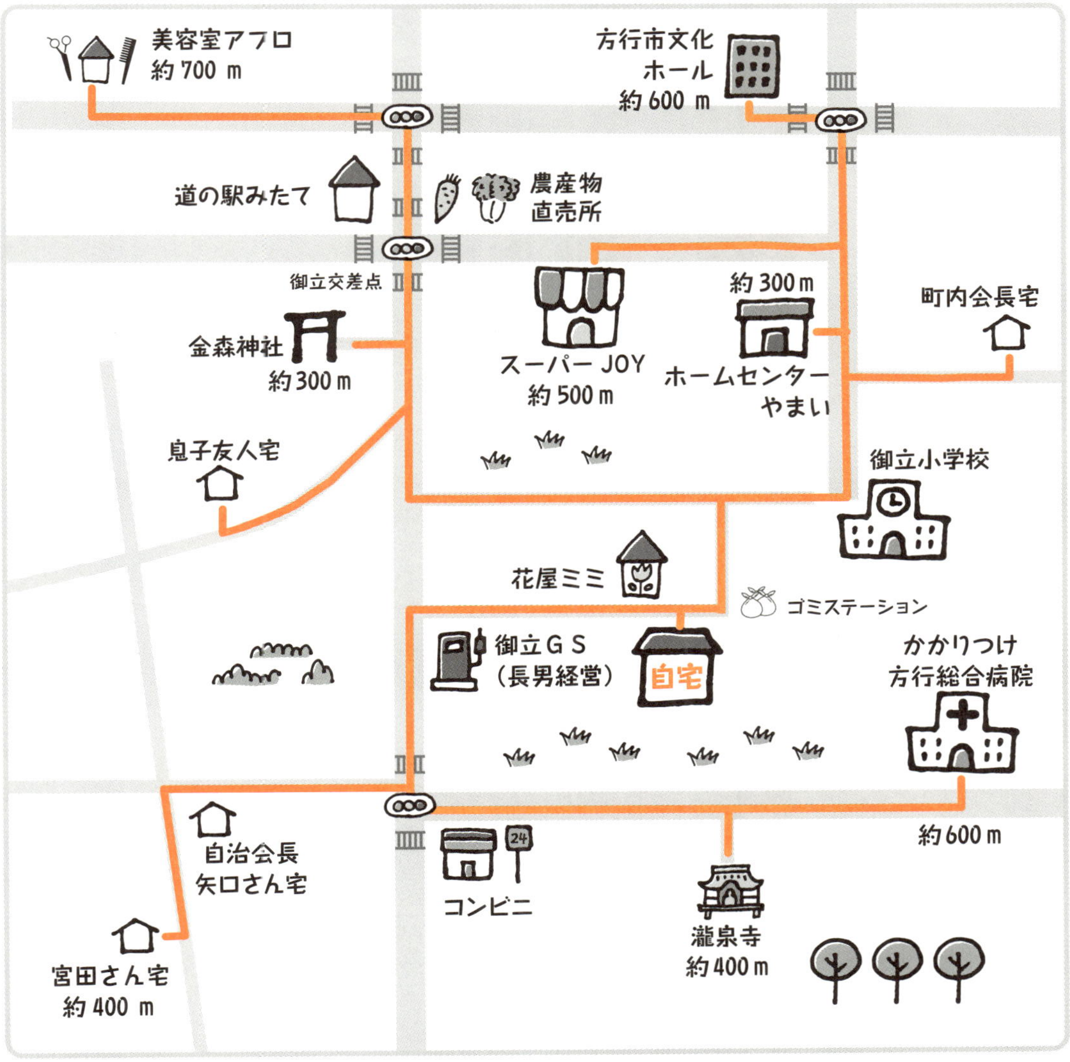

※個人名、建物名、店名、事業所名はすべて仮名です。

Be Positive
私の「意欲・動機づけ」シート

作成日　●年　●月　●日　担当：M.K

ご利用者名	K.F さん	生年月日	▲年▲月▲日 79 歳	性別	女	要介護度	要介護 2

私の「生き方」(CADL) ※記入できるところから楽しんで進めてください。 ※記入例：◎、○、△のみ				現在		
			していた	している	続けたい	したい
暮らし・役割	①	飾り付け（種類：　　　　　）				
	②	料理づくり（何を：ハンバーグ、煮物　誰に：夫、長男家）	◎			
	③	ショッピング（何を：洋服　場所：スーパー JOY）	○			
	④	庭・花の手入れ（パンジー、ガーベラ）	◎			◎
	⑤	お出かけ（☑散歩　□シルバーカー□タクシー他）	○			
	⑥	孫・ひ孫の世話（　　　　　）				
	⑦	ペット（種類：　　　名前：　　　）の世話				
	⑧	ボランティア（種類：　　　　　）				
	⑨	お墓参り（☑寺）・氏子の行事（□神社）	○	○	○	
	⑩	地域活動（町内会など）（婦人部、愛育会）	○			
	⑪	その他（　　　　　）				
つながり	①	友達と会話（□対面　☑電話　□ LINE 等）	◎	○	○	
	②	友達と遊ぶ（種類：　　　　誰：宮田さん）	◎			◎
	③	ランチ・ディナー（店名：デニーズ　誰：宮田さん）				◎
	④	同窓会（□学校　□職場　□サークル）				
	⑤	家族・親戚との団らん（名前：長男・長女家族、姪夫婦）	○	○	◎	
	⑥	異性との交流（□会話　□食事　□他）				
	⑦	通信機器（☑電話　□スマホ　□タブレット）	○			○
	⑧	SNS（□ LINE　□ facebook　□メール）				
	⑨	その他（　　　　　）				
楽しみ・趣味	①	読書（ジャンル：　　　　作家：）				
	②	絵画（□描く　□塗る　□貼る　□他）				
	③	写真（□人物　□風景　実は大衆演劇好き				
	④	鑑賞（□映画　☑観劇　□演奏会　□落語　□他）	◎			○
	⑤	歌唱（□合唱　□独唱　□カラオケ）				
	⑥	音楽鑑賞（ジャンル：　　　　　）				
	⑦	コンサート（ジャンル：　　　　　）				
	⑧	楽器演奏（種類：　　　　□１人　□複数）				
	⑨	遊び（種類：　　　　□１人　□複数）				
	⑩	ストレッチ（☑体操　□ヨガ　□太極拳　□他）		○	○	
	⑪	健康法（□歩く　□走る　□泳ぐ　□他）		○	○	
	⑫	スポーツ（種類：ママさんバレー、バスケット、短距離走）	◎			
	⑬	観戦（種類：：テレビでスポーツ全般）	○	○	○	

私の「生き方」(CADL) ※記入できるところから楽しんで進めてください。 ※記入例：◎、○、△のみ				現在		
			していた	している	続けたい	したい
楽しみ・趣味	⑭	舞踊（種類：　　　　　）				
	⑮	散歩・ピクニック（場所：　　　　　）				
	⑯	釣り（□川　□海　□渓流　□釣り堀）				
	⑰	アウトドア（□川　□海　□山　□他）				
	⑱	ギャンブル（種類：　　　　　）				
	⑲	投資（□株　□外貨　□金　□宝くじ）				
	⑳	お祭り（種類：盆踊り　場所：御立小学校）	○			
	㉑	おしゃれ（種類：化粧、アクセサリー　TPO：観劇）	○			○
	㉒	家庭菜園（ナス、トマト）	○			
	㉓	その他（　　　　　）				
学び・手習い	①	学び（　　　　　）				
	②	作法（□茶道　□華道　□着付け　□他）				
	③	オンライン（種類：　　　　　）				
	④	教養（種類：　　　　　）				
	⑤	脳トレ（種類：　　　　　）				
	⑥	教える（種類：　　　　　）				
	⑦	その他（　　　　　）				
巡る	①	史跡巡り（場所：　　　　　）				
	②	名所巡り（場所：　　　　建物：　　　　）				
	③	記念館巡り（□美術館　□博物館　□他）				
	④	食べ歩き（種類：　　　　場所：　　　　）				
	⑤	手段（□散歩　□杖　□シルバーカー　□車いす）				
	⑥	温泉・健康ランド（場所：　由布院に行ってみたいわ				
	⑦	国内旅行（場所：日本三景、北海道、九州）	○			△
	⑧	海外旅行（場所：　　　　　）				
	⑨	その他（　　　　　）				
つくる	①	料理・手芸（種類：　　　　　）				
	②	クラフト・工芸（種類：　　　　　）				
	③	プラモデル（種類：　　　　　）				
	④	その他（　　　　　）　瀧泉寺				
心の支え	①	お参り（お寺）	○	○		
	②	宗教（種類：　　　　　）				
	③	修行・修練（種類：　　　　　）				
	④	その他（　　　　　）				
	⑤	その他（　　　　　）				

※個人名、建物名、店名、事業所名はすべて仮名です。

第2表

居宅サービス計画書（2）

利用者名　　K.F　　様

※本書の第2表はインフォーマル資源を中心としたプラン構成になっています。

生活全般の解決すべき課題（ニーズ）	目標				援助内容				
	長期目標	期間	短期目標	期間	サービス内容	サービス種別※1	※2	頻度	期間
長男が二代目のガソリンスタンドに毎日行って、事務所で電話番ができるようになる	ガソリンスタンドの事務所でお客さんとの電話の受け答えが5分以上できるようになる	6ヵ月	毎日長女やお友だちと電話で3分以上話をする	3ヵ月	①**長女、孫、友人と電話で話しながらメモをとる練習**	●本人 ●家族 ●**インフォーマル資源**	①本人 ①長女・孫 ①**友人（宮田さん）**	毎日	3ヵ月
					②毎日電話をしてその日の出来事や様子を伝える	●本人・家族	②長女 ②孫	毎日	3ヵ月
					③**3日に1回、電話で話をする**	●**インフォーマル資源**	③**友人（宮田さん）**	3日に1回	3ヵ月
					④利用者とのおしゃべりをサポート ⑤脳トレのプリントで文字を書くトレーニング	●通所介護	④⑤御立デイサービスセンター	週2回	3ヵ月
					⑥**事務所での見守りと話し相手**	●**インフォーマル資源**	⑥**スタンド職員**	適宜	3ヵ月
			週4回、服を選んでお化粧をしてガソリンスタンドへ行き、1時間の留守番ができる	3ヵ月	①服を選んでお化粧をする ②四点杖を使用してゆっくり歩く	●本人 ●福祉用具貸与	①本人 ②福祉レンタルセンター	適宜	3ヵ月
パンジーやガーベラなどを育て、部屋やガソリンスタンドに飾り、「道の駅」での販売を目指す	育てた季節の花を、自室やガソリンスタンドのお客様の目を引くところに飾る	6ヵ月	1日2回、花の水やりと、太陽に当てる世話をする	3ヵ月	①花を選んで苗を植える ②鉢植えのパンジーに水やり ③成長をメモする	●本人	①②③本人	随時	3ヵ月
					①自宅出入口（サッシ窓）にプランターを用意する ②**花の種や苗を買いにく** ③**ガソリンスタンドにプランターを置く場所を確保する**	●家族 ●**インフォーマル資源** ●**インフォーマル資源**	①長男 ②**フラワーショップミミ** ③**スタンド職員**	適宜 適宜 適宜	3ヵ月

※1　サービス種別では本人、家族、保険給付対象内サービス、保険外サービス、インフォーマル資源を表記しています。
※2　各サービス内容に数字（例：①）をつけ、それを担う当該サービス提供を行う事業所、なじみの人・店にも同じ数字をつけています。
※　個人名、建物名、店名、事業所名はすべて仮名です。

事例 **7**

「お茶飲み会」で友だちが集い、孫たちに編み物や家庭の味を伝えることが生きがい

要介護 **3**
脊柱管狭窄症

● 氏名：G.Wさん　　● 性別：女性　　● 年齢：89

● 主な病疾患：**変形性膝関節症　脊柱管狭窄症**

● 介護スタイル：☐独居　☐老老介護　☑同居介護　☐近距離介護　☐遠距離介護　☐その他

● 困りごと：

- ADL　☐食事　☑移動　☐排泄　☐入浴　☐整容　☐睡眠　☐その他（　　　　）
- IADL　☑料理　☐掃除　☐洗濯　☑買物　☐家の管理　☐お金管理　☐ご近所付き合い　☐ペットの世話　☑その他（　　　　）
- CADL　☑楽しみ（**お茶会**）　☑趣味（**手芸編み物**）　☐学び　☑交流　☐旅行　☐運動
- 健康管理　☑通院　☐服薬　☐栄養　☐脱水　☐衛生　☐その他（　　　　）

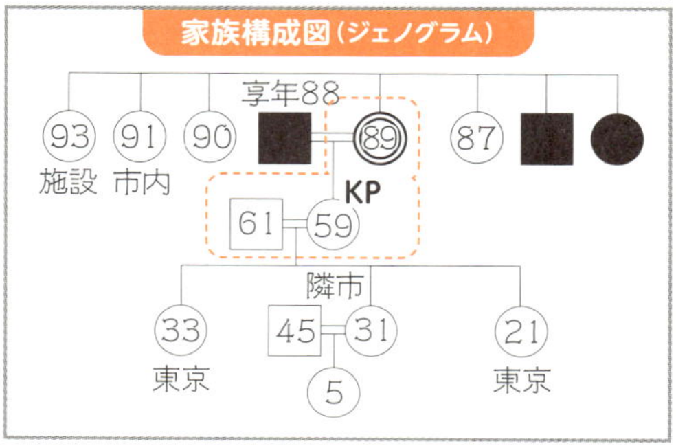

事例の概要

一人娘の夫婦と同居し、週末には隣市に住む孫とひ孫が遊びに来るのを楽しみにしている。自分の洗濯物、庭の草取りだけでなく、得意の「梅漬け」、折り紙や手芸は続けてきたが、２年前にニット工場の内職を辞め、編み物をやらなくなった。さらに今年になって変形性膝関節症からくる膝の痛みで夫の墓参りも行かなくなる。60 年来の友人で八百屋を営む松浦さん宅の「お茶飲み会」に行く人が少なくなった頃、今度は金山さんが自宅に遊びに来るようになり、やがて第４金曜日が松浦さん、金山さん、宮田さんとの「お茶飲み会」として定着する。孫の同僚から「アクリルタワシ」を頼まれたので試しにつくったところ、とても喜ばれたので好きな編み物をまた始めようと考えている。

生活歴、状態像、CADL など

27 歳で見合い結婚し 29 歳で長女を出産。30 歳で編み物講師の資格を取得、自宅で教室を始める。洗濯・草取りは自分で行い、食事の支度は娘がしている。シルバーカーで 20 m歩いては休みながら移動している。社交的で世話好きな性格で地元では人気者。楽しみは、ひ孫との折り紙。手芸の小物づくりが好き。

本人の生活への意向

- 膝が痛くて歩くのが大変だけど、リハビリ運動を続けて、95 歳までは月１回くらいは自宅にやってきた友だちとのお茶飲み会、自分の洗濯、庭の草取り、お墓参りを続けたい。
- アクリルタワシが喜ばれたから、クリスマスにはたくさんつくってお茶飲み会の友だちにプレゼントしたい。
- 私がつくる梅漬けや白菜漬け、ほうとうは家の味だから、今のうちに孫の彩名やひ孫の雪美たちに教えて味を受け継いでほしい。

家族の意向

長女（同居・59歳）

- 膝の痛みの治療は続けているが、父のお墓や松浦さん宅まで歩いて行くのが大変そうなので、これからもお墓参りは私たちが一緒に行きたいと思っています。
- 家は段差が多いから転ばないように気をつけてほしいといつも言っています。
- 松浦さんや宮田さん、金山さんが家に来てくれるお茶会は母にとって励みであり楽しみにしているので続けてもらえると助かります。
- アクリルタワシの毛糸や材料の買い物は手伝うので好きな編み物は続けてほしい。
- 梅漬けや白菜漬け、ほうとうの味付けを私や娘に教えてもらい、家の味を引き継ぎたい。

地域支え合いマップ

- シルバーカーを使ってほぼ20mごとに休みながら移動はできるが、坂もあり不安。
- ゴミ袋をシルバーカーに乗せると路面にデコボコがあり不安定。転倒の危険大。
- 狭い道路は見通しが悪く、シルバーカーが車に巻き込まれそうになったことも。
- 災害時、山本小学校への避難移動に介助が必要と地元消防団に伝えておく必要がある。
- 報恩寺と鷹峰神社はお気に入りだが砂利道なので転倒の危険があり要注意。
- 台風や豪雨時、近くの農業用水路が毎年氾濫している。複数の避難ルートを要検討。

※個人名、建物名、店名、事業所名はすべて仮名です。

Be Positive
私の「意欲・動機づけ」シート

作成日　●年　●月　●日　担当：K.S

ご利用者名	G.W さん	生年月日	▲年▲月▲日 89 歳	性別	女	要介護度	要介護 3

		私の「生き方」(CADL) ※記入できるところから楽しんで進めてください。 ※記入例：◎、○、△のみ		現在		
			していた	している	続けたい	したい
暮らし・役割	①	飾り付け（種類：　　　　）				
	②	料理づくり（何を：白菜漬、梅漬、ほうとう　誰に：長女家族、孫夫妻）		○	◎	
	③	ショッピング（何を：衣服、手芸材料　場所：ショッピングモール）		○	◎	
	④	庭・花の手入れ（草取り）		○	○	
	⑤	お出かけ（□散歩 ☑シルバーカー □タクシー他）		○	○	
	⑥	孫・ひ孫の世話（ひ孫5歳）	○	○	○	
	⑦	ペット（種類：　　名前：　雪美ちゃん ↗				
	⑧	ボランティア（種類：おやつ作り、高齢者に配布）	○			
	⑨	お墓参り（☑寺）・氏子の行事（□神社）		○	○	
	⑩	地域活動（町内会など）　報恩寺 ↗				
	⑪	その他（　　　）				
つながり	①	友達と会話（☑対面 自宅　□電話　□LINE 等）		○	◎	
	②	友達と遊ぶ（種類　近所の3人（松浦・金山・宮田） ↗				
	③	ランチ・ディナー（店名：　　　誰：　　　）				
	④	同窓会（□学校　□職場　□サークル）				
	⑤	家族・親戚との団らん（名前：姉妹）		○	○	
	⑥	異性との交流（□会話　□食事　□他）				
	⑦	通信機器（□電話 □スマホ □タブレット）				
	⑧	SNS（□LINE　□facebook　□メール）				
	⑨	その他（　　　　　　）				
楽しみ・趣味	①	読書（ジャンル：　　　作家：）				
	②	絵画（□描く　□塗る　□貼る　□他）				
	③	写真（□人物　□風景　□植物　□他）				
	④	鑑賞（□映画　□観劇　□演奏会　□落語　□他）				
	⑤	歌唱（☑合唱　□独唱　□カラオケ）	○			
	⑥	音楽鑑賞（ジャンル：　婦人会で合唱 ↗				
	⑦	コンサート（ジャンル：　　　　）				
	⑧	楽器演奏（種類：　　　□1人　□複数）				
	⑨	遊び（種類：　　　□1人　□複数）				
	⑩	ストレッチ（☑体操　100歳体操）		○	◎	
	⑪	健康法（□歩く　□走　ベッドでできる100歳体操 ↗				
	⑫	スポーツ（種類：　　　）				
	⑬	観戦（種類：　　　）				
	⑭	舞踊（種類：75歳まで日本舞踊）	○			

		私の「生き方」(CADL) ※記入できるところから楽しんで進めてください。 ※記入例：◎、○、△のみ		現在		
			していた	している	続けたい	したい
楽しみ・趣味	⑮	散歩・ピクニック（場所：　　　）				
	⑯	釣り（□川　□海　□渓流　□釣り堀）				
	⑰	アウトドア（□川　□海　□山　□他）				
	⑱	ギャンブル（種類：　　　　）				
	⑲	投資　（□株　□外貨　□金　□宝くじ）				
	⑳	お祭り（種類：　　　場所：　　　）				
	㉑	おしゃれ（種類：美容院／月1回パーマ、カラー）	○	○	◎	
	㉒	家庭菜園・ガーデニング　孫の結婚式に正装で ↗				
	㉓	その他（　　　）				
学び・手習い	①	学び（　　　）				
	②	作法　（☑茶道　☑華道　☑着付け　□他）	○			
	③	オンライン（種類：　　　）				
	④	教養　（種類：　　　）　私、得意なの！ ↘				
	⑤	脳トレ（種類：パズル、クロスワード）		○	○	
	⑥	教える（種類：編み物教室）	○			
	⑦	その他（　　　）				
巡る	①	史跡巡り（場所：県内、50～70代婦人会・老人会）	○			
	②	名所巡り（場所：名古屋城、北海道、九州など）	○			
	③	記念館巡り（☑美術館　☑博物館　□他）	○			
	④	食べ歩き（種類：和食　場所：長女夫妻と静岡など）		○	○	
	⑤	手段（□散歩　□杖　□シルバーカー　☑車いす）		○	○	
	⑥	温泉・健康ランド（場所：姉妹と近郊で）	○			◎
	⑦	国内旅行（場所：婦人会や編み物仲間と全国各地）	○			◎
	⑧	海外旅行（場所：　　　）				
	⑨	その他（　　　）				
つくる	①	料理・手芸（種類：木目込人形、つるしびな、タペストリー）	○	○	◎	
	②	クラフト・工芸　アクリルタワシ、タオルペアづくりも ↗				
	③	プラモデル（種類：　　　）				
	④	その他（　　　）				
心の支え	①	お参り（神社・お寺など）報恩寺		○	◎	
	②	宗教　（種類：　　　）				
	③	修行・修練（種類：　　　）				
	④	その他（　　　）				
	⑤	その他（　　　）				

※個人名、建物名、店名、事業所名はすべて仮名です。

第2表

居宅サービス計画書（2）

利用者名　G.W　様

※本書の第２表はインフォーマル資源を中心としたプラン構成になっています。

生活全般の解決すべき課題（ニーズ）	目標 長期目標	期間	短期目標	期間	援助内容 サービス内容	サービス種別※1	※2	頻度	期間
95歳までは、月1回は家に友だちを招いてお茶飲み会をしたり、自分の洗濯物や庭の草取り、おじいさんのお墓参りを続けたい	95歳まで、月1回はシルバーカーで歩いておじいさんのお墓参りに行けるようになる	12ヵ月	家から200mの報恩寺まで家族といっしょに行っておじいさんのお墓参りができる	6ヵ月	①家族とお墓参りに行く ②『ふれあい（100歳体操）』参加 ③歩行時の介助と見守り ④痛みの緩和と管理／治療 ⑤庭用、自宅内用に歩行器貸与	●本人 ●家族 ●主治医 ●福祉用具貸与	①②本人 ②③長女夫婦 ④リトウ医院（整形外科） ⑤○○レンタル	月1回～ 月1回～ 受診時 利用	6ヵ月
					①歩行状態の評価 ②歩行訓練の実施（屋内外） ③屋内外の歩行見守り ④散歩などの外出訓練の提供	●通所介護 ●地域密着型通所介護	①②③④輝きデイ ③④デイサービスあけぼの	週2回 週2回	6ヵ月
					①『ふれあいデイ』のお誘い ②上馬公民館までの送迎	●インフォーマル資源 ●インフォーマル資源	①社協ボランティア ②送迎ボランティア	毎月第二月曜日	6ヵ月
	毎月第四金曜日は自宅でお茶飲み会をして友人と会話を楽しめる	12ヵ月	ノドを詰まらせず会話やお茶飲みができる	6ヵ月	①食事やお茶飲み時の見守り ②お茶や茶菓子の買い物 ③お茶飲みに来る	●本人 ●家族 ●インフォーマル資源	①②本人・長女 ③松浦さん、宮田さん、金山さん	適宜 毎月第四金曜日	6ヵ月
喜ばれたアクリルタワシをつくって周りの人にプレゼントしたり、家庭の味（梅漬け・白菜漬け・『ほうとう』）を孫の彩名やひ孫の雪美たちに伝えていきたい	得意の手芸、編み物で家族や友人、地域の方々にプレゼントしたり、家庭の味を孫たちに伝える	12ヵ月	クリスマスまでにアクリルタワシ200個を編んで友人や仲間にプレゼントする	6ヵ月	①手芸や編み物を教える ②手芸材料の買い物 ③買い物に一緒に行く ④プレゼント配布先の調整（『ふれあい』の仲間、高齢者施設など）	●本人 ●家族 ●家族 ●インフォーマル資源	①②③本人 ③④長女夫婦 ③④孫 彩名さんと ひ孫 雪美ちゃん ④民生委員・ボランティア 加東さん、宮越さん	適宜 適宜 月1、2回	6ヵ月
					①脳トレ、トランプ、季節のカレンダー、飾り物や小物作り ②手先・指先の巧緻訓練 ③お手玉など訓練に使用する小物作りの相談	●地域密着型通所介護 ●通所介護	①③デイサービスあけぼの ②③輝きデイ	週2回	6ヵ月
			家庭の味を地域の松浦さんや宮田さん、彩名ちゃんや雪美ちゃんと一緒につくりながら伝える	6ヵ月	①梅漬け、白菜漬け、『ほうとう』の材料を八百屋の松浦さん宅、杉山精肉店に家族と買い物に行く ②買い物と調理の手伝い	●本人 ●家族 ●インフォーマル資源	①本人 ②彩名さん、雪美ちゃん ①八百屋の松浦さん宅、杉山精肉店、宮田さん	適宜	6ヵ月

※1　サービス種別では本人、家族、保険給付対象内サービス、保険外サービス、インフォーマル資源を表記しています。
※2　各サービス内容に数字（例：①）をつけ、それを担う当該サービス提供を行う事業所、なじみの人・店にも同じ数字をつけています。
※　個人名、建物名、店名、事業所名はすべて仮名です。

事例 8

レビー小体型認知症でも地域の支えで要介護２の妻と老々介護

要介護 2 レビー小体型認知症

●氏名：H.Wさん　●性別：男性　●年齢：73

●主な病疾患：**レビー小体型認知症**

●介護スタイル：☐独居　☑老老介護　☐同居介護　☐近距離介護　☑遠距離介護　☐その他

●困りごと：

- ●ADL　☐食事　☑移動　☐排泄　☐入浴　☐整容　☐睡眠　☐その他（　　　　）
- ●IADL　☑料理　☐掃除　☐洗濯　☐買物　☐家の管理　☐お金管理　☑ご近所付き合い　☑ペットの世話　☑その他（**ゴミ出し**）
- ●CADL　☐楽しみ（　　）　☐趣味（　　）　☐学び　☐交流　☐旅行　☐運動
- ●健康管理　☑通院　☐服薬　☐栄養　☐脱水　☐衛生　☐その他（　　　　）

事例の概要

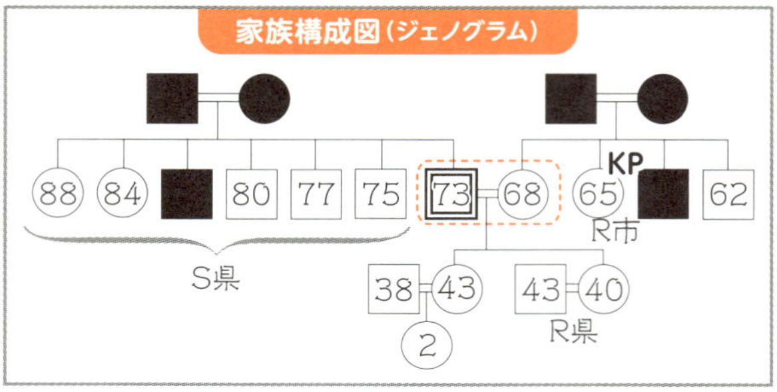

出身は秋田県Ｙ市。７人きょうだいの五男坊で末子。県内の有名進学高校を卒業後、東京の明治大学に進学。卒業後に大手自動車部品製造会社に就職。28歳で結婚し、２人の娘に恵まれる。課長まで勤め上げ65歳で定年。退職後は市民農園で野菜づくりを楽しんできた。65歳の時にレビー小体型認知症を発症。内服治療の効果で幻視はなくなり、妻の介護で生活を送っている。妻も、要介護２（3年前に脳梗塞。左麻痺あり、車椅子生活）。２人の娘は県外に嫁いでいる。親戚は18km（車で30分）先に暮らす義妹のみ。介護サービスを利用しながらインフォーマル資源の町内会長、民生委員、ボランティアに支えられ、自宅で妻と共に愛犬の散歩やゴミ出しなど日常生活を続けている。

生活歴、状態像、CADLなど

妻と愛犬と近くの公園に散歩に出かけるのが日課。性格は朗らか、真面目で几帳面。７人きょうだいの末子でかわいがられて育った。独立心は強い。何ごとにも前向きで本音で話すので、会社勤務時は部下から慕われていた。妻の介護も尿量のデータをまとめ主治医に報告するほど熱心である。弱音を吐くのが苦手で、担当ケアマネからは心配されるほどである。趣味の麻雀はとことん付き合うタイプ。

本人の生活への意向

- 嫁いだ娘たちに心配かけず、かみさんと愛犬と一緒にこの家で生活していきたい。
- かみさんは左半身麻痺があり車椅子生活なので、かみさんができない家事（風呂掃除、食器の片付け）やゴミ出しは自分がやってかみさんを助けたい。
- 娘たちには、きれいな庭を見せたいので近所の近沢さんに草取りを手伝ってもらうつもり。

●また妻と温泉に入ってゆっくりしたい。

家族の意向

妻（同居・68 歳：要介護 2）

●几帳面で亭主関白な夫もこの頃忘れることが増え、話してもわからないことが多く、本人も私もストレスを感じている。会話のやりとりをなんとかしたい。

●娘たちは遠くなので地域の皆さんに手伝ってもらってとても助かっている。

●この先 10 年は今の状態で 2 人で助け合って生活していきたい。

地域支え合いマップ

●新興住宅の集落、周囲は田や果樹園。

●妻と愛犬との散歩に1km先の鶴舞公園、いつも顔を合わせる散歩仲間がいる。

●組長がゴミ出し支援（100m先）、ボランティアの真下さん（500m）が草取り支援、民生委員の安村さん（150m先）。

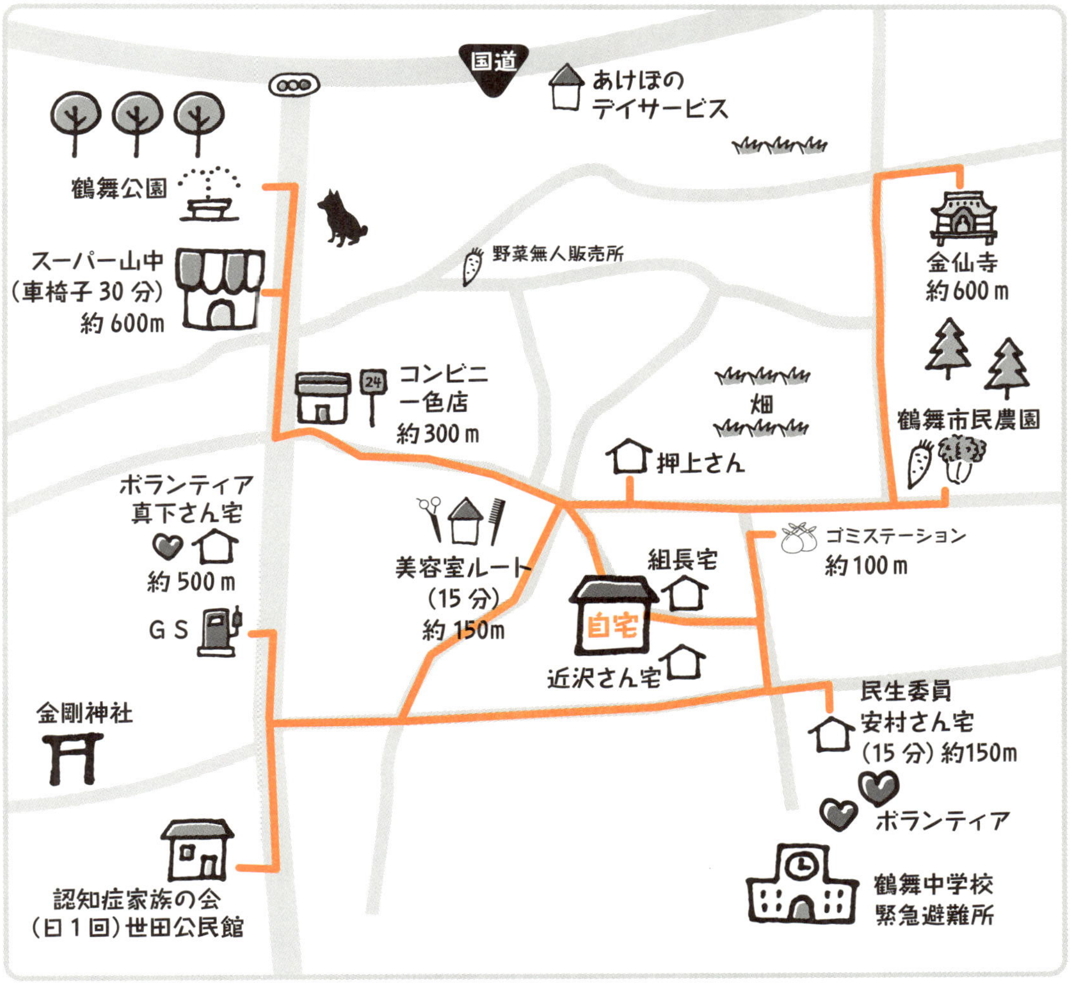

※個人名、建物名、店名、事業所名はすべて仮名です。

Be Positive
私の「意欲・動機づけ」シート

作成日　●年　●月　●日　担当：K.K

ご利用者名	H.W さん	生年月日	▲年▲月▲日 73 歳	性別	男	要介護度	要介護 2

私の「生き方」(CADL)
※記入できるところから楽しんで進めてください。
※記入例：◎、○、△のみ

分類	項目	していた	現在 している	続けたい	したい
暮らし・役割	① 飾り付け（種類：　　　）				
	② 料理づくり（何を：　　誰に：　　）				
	③ ショッピング（何を：食材　場所：スーパー山中）	○	○	○	
	④ 庭・花の手入れ	○			
	⑤ お出かけ（☑散歩　□シルバーカー□タクシー他）	○	○	○	
	⑥ 孫・ひ孫の世話（名前：紗樹ちゃん）　→最高にかわいい！	○			◎
	⑦ ペット（種類：柴犬　名前：チャタロウ）の世話	○	○	○	○
	⑧ ボランティア（ ↙金仙寺 ）				
	⑨ お墓参り（☑寺）・氏子の行事（□神社）	○	○	○	
	⑩ 地域活動（町内会など）	○			
	⑪ その他（　　　）				
つながり	① 友達と会話（☑対面　□電話　□ LINE 等）	○			
	② 友達と遊ぶ（種類：麻雀　誰：元職場の同僚 K）	○			○
	③ ランチ・ディナー（店名：ジョナサン　誰：妻）	○	○	○	
	④ 同窓会（□学校　□職場　□サークル）				
	⑤ 家族・親戚との団らん（名前：　　）	○			
	⑥ 異性との交流（□会話　□食事　□他）				
	⑦ 通信機器（□電話　□スマホ　□タブレット）				
	⑧ SNS（☑ LINE　□ facebook　□メール）		○	○	
	⑨ その他（　　娘とやっている↗				
楽しみ・趣味	① 読書（ジャンル：　　作家：）	○			
	② 絵画（□描く　□塗る　□貼る　□他）				
	③ 写真（□人物　□風景　□植物　□他）				
	④ 鑑賞（□映画　□観劇　□演奏会　☑落語　□他）	○			
	⑤ 歌唱（□合唱　□独唱　☑カラオケ）	○			
	⑥ 音楽鑑賞（ジャンル：クラシック（ベートーヴェン））	○			○
	⑦ コンサート（ジャンル：中島みゆき）				○
	⑧ 楽器演奏（種類：　　□１人　□複数）				
	⑨ 遊び（種類：スキー、麻雀　□１人　☑複数）	○			○
	⑩ ストレッチ（☑体操　□ヨガ　□太極拳　□他）	○		○	
	⑪ 健康法（☑歩く　☑走る　□泳ぐ　□他）	○		○	
	⑫ スポーツ（種類：野球（守備ショート））	○			◎
	⑬ 観戦（種類：野球（巨人戦）東京ドーム）	○		○	◎
	⑭ 舞踊（種類：　　）　「巨人戦、観たいね！」↗				

私の「生き方」(CADL)
※記入できるところから楽しんで進めてください。
※記入例：◎、○、△のみ

分類	項目	していた	現在 している	続けたい	したい
楽しみ・趣味	⑮ 散歩・ピクニック（場所：鶴舞公園）	○			
	⑯ 釣り（☑川　☑海　□渓流　□釣り堀）　←海釣りにも行きたい	○			◎
	⑰ アウトドア（□川　□海　□山　□他）	○			
	⑱ ギャンブル（種類：　　）	○			
	⑲ 投資（□株　□外貨　□金　□宝くじ）				
	⑳ お祭り（種類：神輿　場所：金剛神社）	○			
	㉑ おしゃれ（種類：　　TPO：　　）				
	㉒ 家庭菜園（鶴舞市民農園）	○	○	○	
	㉓ その他（　　）				
学び・手習い	① 学び（　　）				
	② 作法（□茶道　□華道　□着付け　□他）				
	③ オンライン（種類：　　）				
	④ 教養（種類：　　）	○			
	⑤ 脳トレ（種類：　　）	○		○	
	⑥ 教える（種類：　　）	○			
	⑦ その他（　　）				
巡る	① 史跡巡り（場所：　　）				
	② 名所巡り（場所：　　）				
	③ 記念館巡り（□美術館　□博物館　□他）				
	④ 食べ歩き（種類：　　場所：　　）	○			
	⑤ 手段（□散歩　□杖　□シルバ　かつては毎週行っていた↘				
	⑥ 温泉・健康ランド（場所：日の出の湯）	○			◎
	⑦ 国内旅行（場所：大阪道頓堀）➡来年５月　←「妻と共通の趣味なんだよ」				◎
	⑧ 海外旅行（場所：アメリカ）	○			
	⑨ その他（　　）				
つくる	① 料理・手芸（種類：　　）				
	② クラフト・工芸（種類：　　）	○			
	③ プラモデル（種類：　　）	○			
	④ その他（　　）				
心の支え	① お参り（神社・お寺など）	○	○	○	
	② 宗教（種類：　　）　金仙寺↗				
	③ 修行・修練（種類：　　）				
	④ その他（　　）				
	⑤ その他（　　）				

※個人名、建物名、店名、事業所名はすべて仮名です。

第2表

居宅サービス計画書（2）

利用者名　H.W　様

※本書の第２表はインフォーマル資源を中心としたプラン構成になっています。

生活全般の解決すべき課題（ニーズ）	目標				援助内容				
	長期目標	期間	短期目標	期間	サービス内容	サービス種別※1	※2	頻度	期間
娘たちに心配かけないようにかみさん（妻）を助けながら愛犬チャタロウとあと10年は一緒に家でがんばって生活していきたい	10年後もかみさんと愛犬チャタロウと在宅生活が続けられるように健康な生活習慣を身につける	6ヵ月	専門医の受診や内服を指示通りに行い、体調観察を続け、周囲の人に「忘れることの不安」を伝えることができる	3ヵ月	①定期診察・家族指導・問診 ②受診同行・相談 ・内服管理・援助・確認 ・介護タクシーの手配 ③体調観察・傾聴 ・同年代の方との交流の提供 ・脳活性化プログラムの提供（麻雀・囲碁・将棋）	●主治医 ●家族 ●地域密着型通所介護	①清田総合病院 ②妻・次女 ③あけぼのデイサービス	月１回 月１回／毎日 週５回	3ヵ月
			家事（風呂掃除・洗濯干し・食器洗い・灯油補充・草取りなど）の役割を続け車椅子の妻を助けることができる	3ヵ月	①日常生活動作訓練の実施 ・身体機能維持・筋力低下予防 ・腰痛予防訓練（草取り） ・妻の歩行時の援助方法指導 ②必要な家事の声掛け誘導 ③**一緒に草取りをする** **・雑草の処理**	●地域密着型通所介護 ●家族 ●**インフォーマル資源**	①あけぼのデイサービス ②妻 ③**草取りボランティア真下さん**	週５回 必要時 必要時	3ヵ月
	定期的なゴミ出しを習慣にして、家の中を清潔な環境にする	6ヵ月	ゴミ出しを愛犬チャタロウの散歩を兼ねて続ける	3ヵ月	①ゴミを収集場所に出す ・毎日愛犬の散歩に行く ②**ゴミ出しの声かけと見守り** ③**愛犬チャタロウの散歩時の声かけと見守り**	●本人 ●家族 ●**インフォーマル資源**	①本人 ②妻 ②③**ご近所の組長さん、近沢さん**	必要時 必要時 必要時	3ヵ月
新しい趣味と出会い、地元・世田地区のなかに新しい人間関係を広げる	新しい趣味サークルに２つ参加できるようになる	6ヵ月	麻雀をチョンボすることなく点数計算までできるようになる	3ヵ月	①定期的な外出機会の提供 ・同年代の方との会話の提供 ・話題の提供・仲介	●地域密着型通所介護	①あけぼのデイサービス ①**認知症家族の会**	週５回 適宜	3ヵ月
		6ヵ月	グラウンド・ゴルフを梓沢河川敷でみんなと楽しめるようになる	3ヵ月	①**趣味活動の機会の提供** **（麻雀・囲碁・将棋・グラウンド・ゴルフ）**	●**インフォーマル資源**	①**世田公民館の各種趣味サークル**	適宜	3ヵ月

※１　サービス種別では本人、家族、保険給付対象内サービス、保険外サービス、インフォーマル資源を表記しています。
※２　各サービス内容に数字（例：①）をつけ、それを担う当該サービス提供を行う事業所、なじみの人・店にも同じ数字をつけています。
※　個人名、建物名、店名、事業所名はすべて仮名です。

事例 9

若年性認知症でもママ友となじみのお店の支えで「自分らしい」暮らしを目指す

要介護 2
若年性アルツハイマー型認知症

●氏名：I.R さん　●性別：女性　●年齢：59

●主な病疾患：若年性アルツハイマー型認知症　高血圧症

●介護スタイル：☐独居 ☐老老介護 ☐同居介護 ☐近距離介護 ☐遠距離介護 ☑その他（若年性認知症介護）

●困りごと：

- ADL ☑食事 ☑移動 ☐排泄 ☐入浴 ☑整容 ☐睡眠 ☑その他（迷子になる）
- IADL ☑料理 ☑掃除 ☑洗濯 ☑買物 ☑家の管理 ☑お金管理 ☑ご近所付き合い ☐ペットの世話 ☑その他（　　　　）
- CADL ☑楽しみ（音楽） ☑趣味（オカリナ・カラオケ） ☐学び ☐交流 ☐旅行 ☐運動
- 健康管理 ☑通院 ☐服薬 ☐栄養 ☐脱水 ☐衛生 ☑その他（夫の健康）

家族構成図（ジェノグラム）

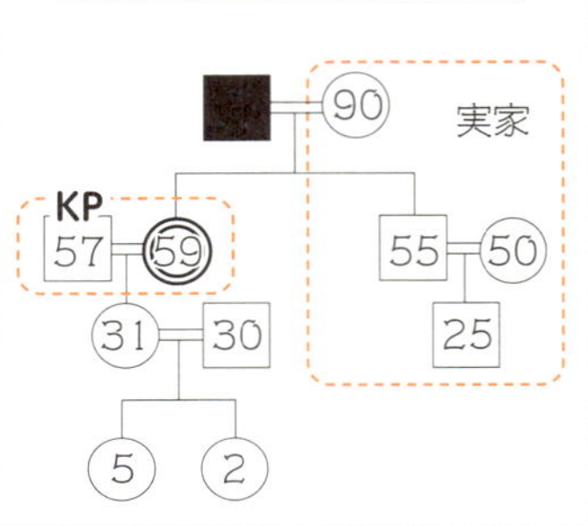

事例の概要

一人娘が大学進学で家を出た 45 歳の頃よりもの忘れがひどくなり、48 歳の時、精神科を受診。「若年性アルツハイマー型認知症」と診断された。53 歳頃より道に迷うことが多くなり、徐々に失行・不穏が増加。58 歳の時に介護保険を申請。主治医は入院を勧めるが、夫（57 歳）は通院治療を希望。夫は仕事を継続。一人になると日中に徘徊するのでケアマネが地元の支え手で支え合いネットワークをつくる。買い物に出かけて道に迷う時間帯（主に夕方）には、近所のママ友やなじみのお店やコンビニが協力して、声かけや道案内をしてくれている。

生活歴、状態像、CADL など

箱崎市の民宿を経営する両親のもとに生まれ弟がいる。小中高は民宿をよく手伝った。高校卒業後、地元の製造業の企業に就職し 25 歳で 2 歳年下の夫と社内結婚。29 歳で娘を出産後は、専業主婦となる。明るい性格で働き者。若い頃は華道を習い、洋裁も得意だった。オカリナはプロ級の腕前だった。現在、ADL の動作（身体の動き）は自立しているが、失認･失行により声かけや軽介助が必要。入浴時には介護拒否もある。

本人の生活への意向

（発語による意向の確認が難しくなり、表情や動作、生活状況から推測する）

- 中島みゆきの曲を聴いたり歌ったり、夫と一緒にいると笑顔が多く、不穏になることが少ない。➡「好きな曲を聴き、夫と一緒に楽しく過ごしたい」
- 一人でなじみの店に買いに行くが、自宅に戻れない。➡「一人で買い物をしたい」

家族の意向

夫（同居・57 歳）

- 生活のために自分は仕事を続けなければならないので日中は妻が心配です。
- 高齢者の認知症者が多いデイサービスの利用を嫌がり、できるだけ若い人がいるデイサービスの曜日の利用を希望します。

- 認知症がひどくなっても施設に入所はさせずに自宅で介護したいです。一人娘の優依（31）夫婦も応援してくれています。
- 迷惑をかけるので隣近所を散歩するのは控えてほしいのですが、日中は歩いているようです。行きつけの河田商店とママ友のみなさん以外には妻のことはあまり知られたくないのが本音です。支え合いネットワークには感謝しています。

地域支え合いマップ

- 市役所周辺の中心市街地域。商店街組合もまとまりがある。
- 支え手・見守り手としてママ友鍵山さん、パン屋の佐藤さん、コンビニ7の啓太くん。
- なんでもそろっている河田商店はミニスーパーで、店長は支え手の1人。元商店会会長。
- 50m先のゆるい上り坂のゴミステーションにプラスチックごみを週1回（木曜日）出しに行っている。

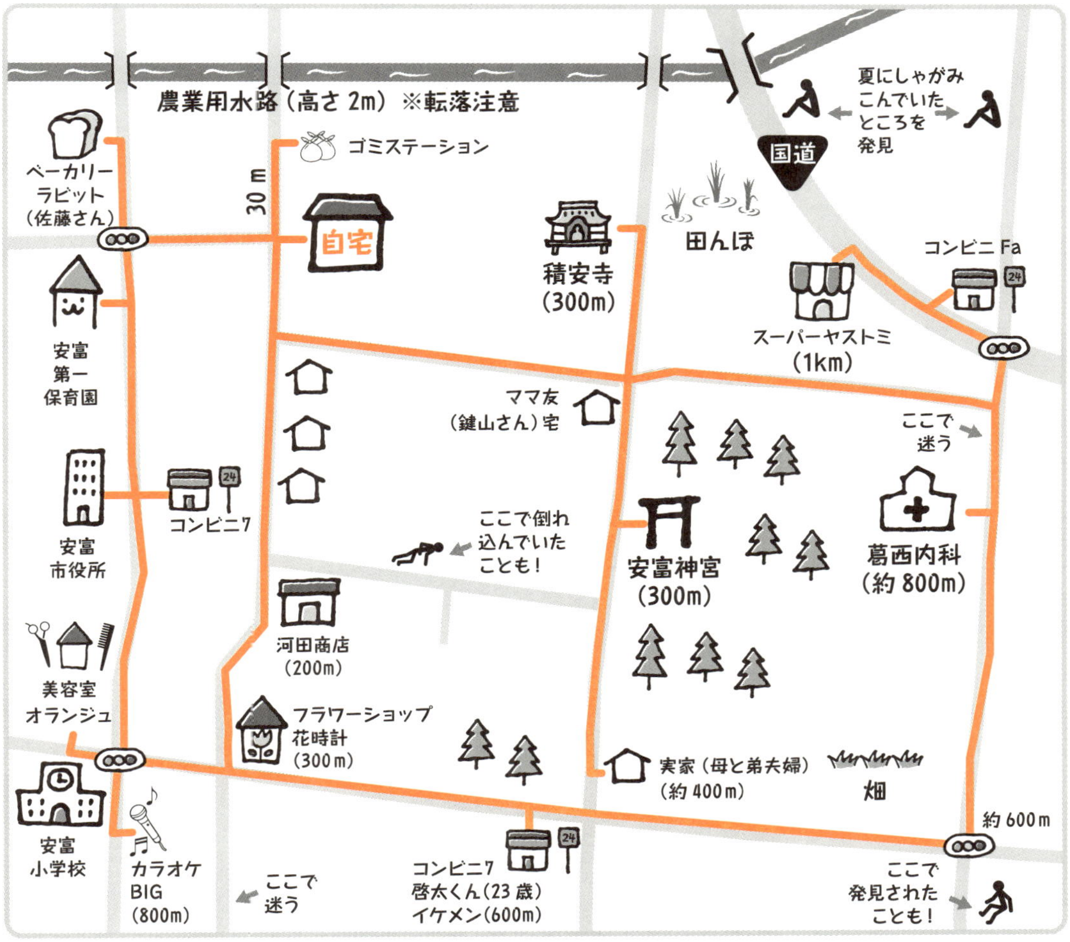

※個人名、建物名、店名、事業所名はすべて仮名です。

Be Positive
私の「意欲・動機づけ」シート

作成日 ●年 ●月 ●日 担当：Y.M

ご利用者名	I.R さん	生年月日	▲年▲月▲日 59 歳	性別	女	要介護度	要介護 2

	私の「生き方」(CADL) ※記入できるところから楽しんで進めてください。 ※記入例：◎、○、△のみ	していた	現在 している	現在 続けたい	したい
暮らし・役割	① 飾り付け（種類： ）	○			
	② 料理づくり（何を： 誰に： ）	○			
	③ ショッピング（何を：食品 場所：河田商店）	○	△		○
	④ 庭・花の手入れ	○			
	⑤ お出かけ（□散歩 □シルバーカー□タクシー他）				
	⑥ 孫・ひ孫の世話（名前：孫 雪美ちゃん）		○	◎	
	⑦ ペット（種類： 名前： ）の世話				
	⑧ ボランティア（種類： ）				
	⑨ お墓参り（□寺）・氏子の行事（□神社）				
	⑩ 地域活動（町内会など）PTA（小学校）	○			
	⑪ その他（主婦として家を守る）	○			
つながり	① 友達と会話（☑対面 ☑電話 □LINE 等）	○			
	② 友達と遊ぶ（種類： 誰： ）				
	③ ランチ・ディナー（店名： 誰： ）				
	④ 同窓会（□学校 □職場 □サークル）				
	⑤ 家族・親戚との団らん（名前：孫の彩名ちゃん）		○	◎	
	⑥ 異性との交流（□会話 □食事 □他）				
	⑦ 通信機器（☑電話 □スマホ □タブレット）	○			
	⑧ SNS（□LINE □facebook □メール）				
	⑨ その他（ ）				
楽しみ・趣味	① 読書（ジャンル： 作家： ）				
	② 絵画（□描く □塗る □貼る □他）				
	③ 写真（□人物 □風景 □植物 □他）				
	④ 鑑賞（□				
	⑤ 歌唱（□合唱 □独唱 ☑カラオケ）	○			◎
	⑥ 音楽鑑賞（ジャンル：J-POP：中島みゆき、小田和正）		○		△
	⑦ コンサート（ジャンル：J-POP：中島みゆき）	○			◎
	⑧ 楽器演奏（種類：オカリナ ☑1人 □複数）	○			◎
	⑨ 遊び（種類： □1人				
	⑩ ストレッチ（□体操 □ヨガ □太極拳 □他）				
	⑪ 健康法（□歩く □走る □泳ぐ □他）				
	⑫ スポーツ（種類： ）				
	⑬ 観戦（種類： ）				
	⑭ 舞踊（種類： ）				

カラオケ BIG の会員。得意は中島みゆきの「糸」

プロ級の腕前で 40 代は教室もやってました。(by 夫)

中島みゆきのコンサートに3回くらい行った

	私の「生き方」(CADL) ※記入できるところから楽しんで進めてください。 ※記入例：◎、○、△のみ	していた	現在 している	現在 続けたい	したい
楽しみ・趣味	⑮ 散歩・ピクニック（場所： ）				
	⑯ 釣り（□川 □海 □渓流 □釣り堀）				
	⑰ アウトドア（☑川 □海 □山 □他）	○			△
	⑱ ギャンブル（種				
	⑲ 投資 （□株 □外貨 □金 □宝くじ）				
	⑳ お祭り（種類： 場所： ）				
	㉑ おしゃれ（種類：スカーフ TPO：パープル好き）	○	△		
	㉒ 家庭菜園・ガーデニング・市民農園				
	㉓ その他（ ）				
学び・手習い	① 学び（ ）				
	② 作法 （□茶道 ☑華道 □着付け □他）	◎	△		△
	③ オンライン（種				
	④ 教養 （種類： ）				
	⑤ 脳トレ（種類： ）				
	⑥ 教える（種類： ）				
	⑦ その他（ ）				
巡る	① 史跡巡り（場所： ）				
	② 名所巡り（場所				
	③ 記念館巡り（☑美術館 □博物館 □他）	◎			○
	④ 食べ歩き（種類： 場所： ）				
	⑤ 手段（□散歩 □杖 □シルバーカー □車いす）				
	⑥ 温泉・健康ランド（場所：隣町の憩いの湯）	◎			△
	⑦ 国内旅行（場所：富士山や箱根をドライブ		○		◎
	⑧ 海外旅行（場所： ）				
	⑨ その他（ ）				
つくる	① 料理・手芸 （種類：洋裁）	○			
	② クラフト・工芸（種類： ）				
	③ プラモデル（種類： ）				
	④ その他（ ）				
心の支え	① お参り（神社・お寺など）				
	② 宗教 （種類： ）				
	③ 修行・修練（種類： ）				
	④ その他（親戚の民宿の手伝い）	○			
	⑤ その他（夫と一緒に過ごしたい）		○	◎	

子どもたちと川でバーベキュー

問いかけるとニッコリ

なじみの花屋さんは「花時計」

夫「またやってみたい？」ニッコリうなずく

ちひろ美術館は夫婦で大ファン

夫「手伝ってくれる人がいたら行きたい」

赤のボルボがお気に入り

夫「ずっとお家にいようね」うれしそうにうなずく

※個人名、建物名、店名、事業所名はすべて仮名です。

第2表

居宅サービス計画書（2）

利用者名　　I.R　　様

※本書の第２表はインフォーマル資源を中心としたプラン構成になっています。

生活全般の解決すべき課題（ニーズ）	目標				援助内容				
	長期目標	期間	短期目標	期間	サービス内容	サービス種別※1	※2	頻度	期間
これからも一緒に夫の「やまぴん」とゆったりと楽しい時間を大好きな自宅で過ごす	夫が仕事で不在でも「自分らしい」時間を過ごせるようになる	12ヵ月	定期的に受診し、体調や不安について主治医に相談する	6ヵ月	[定期受診] ①内服薬を調整 ②不安定時の指示と助言 [主治医との連携] ①関係者から聞き取りを含め、状態変化を主治医に報告 ②緊急時は主治医に電話連絡	●医療看護サービス ●家族 ●居宅介護支援	①②葛西内科 ①夫・娘 ②居宅介護支援事業所	1回／2週 必要時 必要時	6ヵ月 6ヵ月
		12ヵ月	散歩中はネックスピーカーで好きなJ-POP音楽やオカリナの曲を聴いたり、「花時計」で華道やフラワーアレンジメントの話題でおしゃべりできる	6ヵ月	[心地よい顔なじみの関係づくり] ①**ネックスピーカーで好きなJ-POPやオカリナの曲を流す操作ができる** ②**華道、フラワーデザインの話題で交流する**	●**インフォーマル資源** ●**インフォーマル資源**	①**安富電気店** ①夫・娘 ②**フラワーショップ「花時計」**	4日／週 適宜	6ヵ月
道に迷う不安があっても娘やママ友の鍵山さんに助けてもらって散歩したりベーカリーラビットや河田商店で買い物を楽しむ	スマホのナビを使いこなして一人で河田商店まで行って帰ってこられる	6ヵ月	娘やママ友の鍵山さんに付き添ってもらい200m先のなじみの河田商店まで歩いていける	6ヵ月	[お買い物・お出かけ支援] ①**デイサービス帰宅後から夫が戻る2時間の中で、娘やママ友が声かけして買い物に付き添う** ②**お出かけの時はスマホのナビを使い慣れる** ③見守りSOSネットワークに登録する	●家族 ●**インフォーマル資源** ●自治体サービス ●家族	①娘 ①**ママ友（鍵山さん）** ①**河田商店** ②**夫・娘** ③安富市長寿社会課 ③夫・娘	毎日	3ヵ月
1年後、東京ドームで開催される中島みゆきのツアーコンサートに夫（やまぴん）と一緒に行く	東京で1泊2日、楽しく過ごすための体力をつける	12ヵ月	週末に夫と2人で1～2時間ドライブして、梨元市のライブハウス「時代」に行く	6ヵ月	[エンタテイメント支援] ①**心が落ち着き安心できるよう、平日の夜や土日は好む過ごし方（ドライブや音楽を聴く）をする** ②**ライブハウス「時代」では中島みゆきの「糸」を生演奏で歌う**	●家族 ●**インフォーマル資源**	①夫 ②**ライブハウス「時代」のオーナー**	1回／週 1回／週	6ヵ月
オカリナ奏者として安富市内のデイやグループホームで夫（やまぴん）と移動コンサートを行う	夫（やまぴん）の協力でオカリナの指導者として「オカリナ教室七つ星」をまほろばデイで始める	12ヵ月	オカリナで中島みゆきの「糸」、小田和正「たしかなこと」を演奏できるようになる	6ヵ月	[特技支援] ①気分のよい時にオカリナの基礎練習（指づかい・息づかい・舌づかい）をする ②楽譜とカラオケで毎週少しづつ取り組む	●本人 ●家族 ●地域密着型通所介護	①本人・夫 ②まほろばデイ	適宜 4日／週	6ヵ月
			両手指先の巧緻性（指づかい）と肺活量を向上させる	6ヵ月	[指先機能・呼吸機能の改善] ①「グーパー体操」やあや取りをゲーム感覚でやる ②大きな声で歌いながら散歩する	●地域密着型通所介護	①②まほろばデイ	4日／週	6ヵ月

※1　サービス種別では本人、家族、保険給付対象内サービス、保険外サービス、インフォーマル資源を表記しています。
※2　各サービス内容に数字（例：①）をつけ、それを担う当該サービス提供を行う事業所、なじみの人・店にも同じ数字をつけています。
※　個人名、建物名、店名、事業所名はすべて仮名です。

事例 **10**

認知症の母と障害のある娘たちの「できること」を地域で少しずつ支える

要介護 **2** 軽度認知症

●氏名：W.Fさん　　●性別：女性　　●年齢：73

●主な病疾患：**軽度認知症　腰部脊柱管狭窄症**

●介護スタイル：□独居　□老老介護　☑同居介護　□近距離介護　□遠距離介護　□その他

●困りごと：

- ●ADL　□食事　☑移動　□排泄　☑入浴　☑整容　□睡眠　□その他
- ●IADL　☑料理　☑掃除　☑洗濯　☑買物　□家の管理　☑お金管理　□ご近所付き合い　□ペットの世話　☑その他
- ●CADL　☑楽しみ（**カラオケ**）　□趣味（　　　　）　□学び　□交流　□旅行　□運動
- ●健康管理　☑通院　☑服薬　□栄養　□脱水　□衛生　□その他（　　　　）

▶ 事例の概要

家族構成図（ジェノグラム）

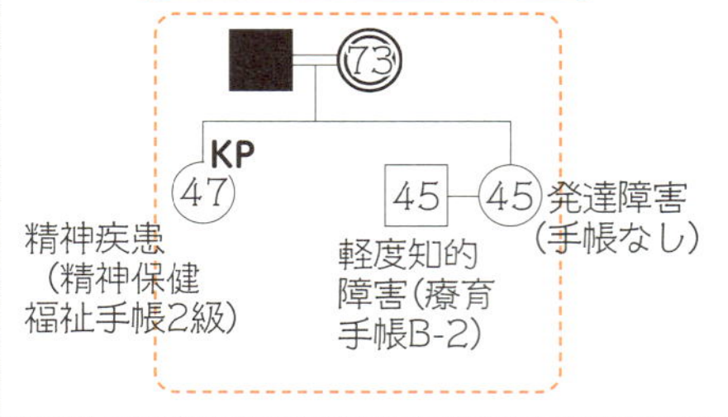

長女・次女夫婦と４人暮らし。キーパーソンは長女（精神保健福祉手帳所持・就労なし・障害年金・医療訪問看護による支援あり）。同居する次女は発達障害（手帳なし・接客業アルバイト）。次女の夫は軽度知的障害（療育手帳所持・障害サービス生活相談員・建設業就労あり）。W.F さんは軽度認知症（A2：Ⅱ a）・腰部脊柱管狭窄症の持病あり（厚生年金受給・デイサービス利用）。調理は長女と次女の夫が行い、W.F さんと長女の受診は次女の運転で行く。掃除は W.F さんと長女で分担。４人で生活全般を支え合っている。W.F さんは育てた草花の種を取り、困った時に助けてくれる隣の浅田さんや支えてくれる人たちにお礼としてプレゼントしている。

▶ 生活歴、状態像、CADL など

隣の熊田市の農家の生まれ（８人きょうだいの末子）。地元の中学卒業後、地元の繊維工場に就職。青年団活動で知り会った夫と 24 歳で恋愛結婚し２人の子どもに恵まれた。発達障害（ADHD）の次女を高校卒業するまで夫とともに見守りながら育てた。67 歳の時に夫が肺ガンで他界。３年前の夏頃からもの忘れが始まり、日常生活は見守りが必要である。性格は明るく、人なつっこい。草花を育てるのが好き。軽度認知症が進み、精神疾患の長女との会話がかみ合わずおたがいストレスを感じている。

▶ 本人の生活への意向

- 最近は忘れっぽく、火を使わないように言われているが、料理くらいは手伝いたい。
- 食事の準備や服薬を娘たちに手伝ってもらって感謝しています。
- いろんな人と話したり散歩や買い物は楽しいと思うけど、帰り道がわからなかったりするし持病のある長女も心配なので外出できない。
- 長女も花が好きなので、２人で季節の花を育てている。もっとうまく育てて種を取り

合いにあげたり、小学校の園芸ボランティアに参加したい。

●猫大好き。地域猫のエサやりボランティアに参加したい。

家族の意向

長女（同居・47歳）

●母は外の人と話すときはしっかりしています。でも私の話はすぐに忘れてしまい、繰り返してもダメです。認知症の母とのコミュニケーションの取り方を知りたい。

●自分が病院受診の時に見守ってもらえる場所があれば安心できます。

●母とのガーデニングは手元が危なっかしいので、妹と一緒に引き続きお手伝いします。

地域支え合いマップ

●自宅周辺は新興住宅で道路も交通量は少ない。

●長女が通う木の葉コミュニティセンター（就労継続支援B型事業所）まで車で20分。

●隣家（浅田さん）宅へは徒歩3分（庭から様子が見える）。

●行きつけの美容室ぺぺ　徒歩10分（長女が付き添い、次女が送迎）。

●慶徳寺（夫の墓：菩提寺　「写経」に週1回通っていた）。

●避難所（高田第二小学校）400m（9月1日「防災の日」の避難訓練には毎年参加している）。

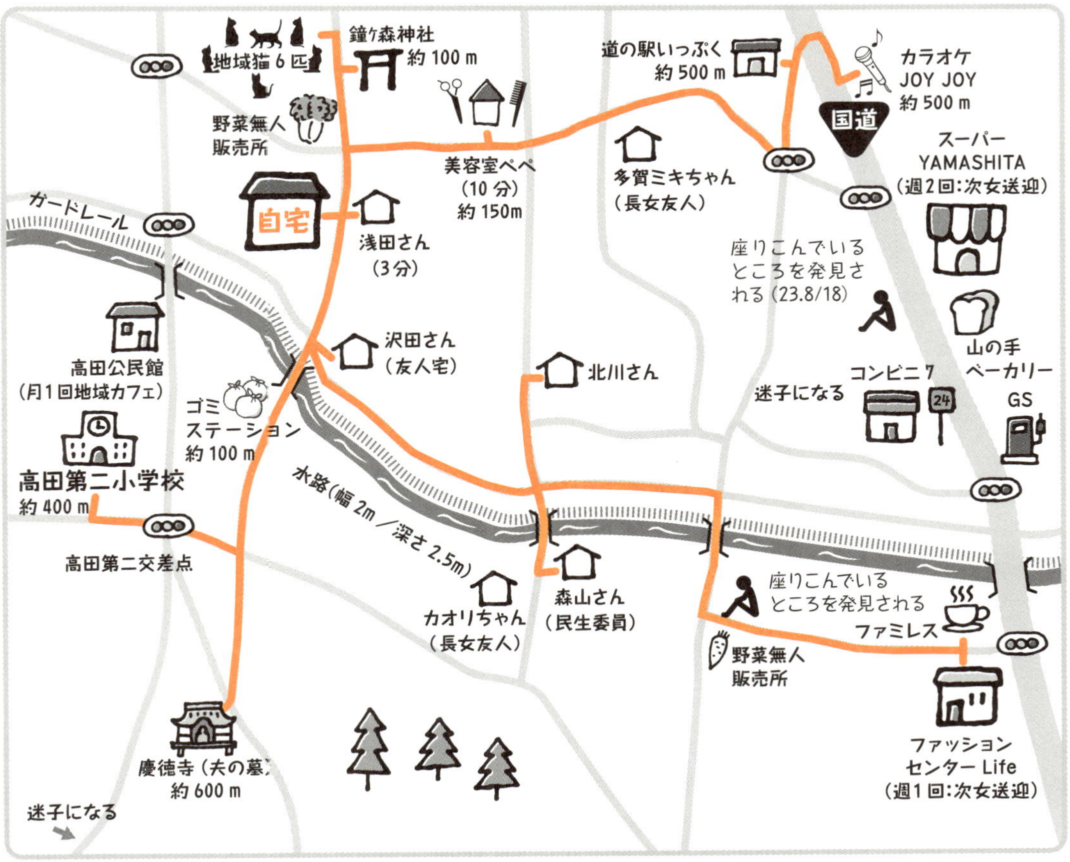

※個人名、建物名、店名、事業所名はすべて仮名です。

Be Positive
私の「意欲・動機づけ」シート

作成日　●年　●月　●日　担当：I.K

ご利用者名	W.F さん	生年月日	▲年▲月▲日 73 歳	性別	女	要介護度	要介護 2

		私の「生き方」(CADL) ※記入できるところから楽しんで進めてください。 ※記入例：◎、○、△のみ	していた	現在 している	現在 続けたい	したい
暮らし・役割	①	飾り付け（種類：　　　　）				
	②	料理づくり（何を：煮物　誰に：娘たち）	○	△	◎	
	③	ショッピング（何を：衣服　場所：ファッションセンター Life）	○	○	○	
	④	庭・花の手入れ（パンジーが好き）花言葉「幸せ」		○	◎	
	⑤	お出かけ（☐散歩　☑シルバーカー☐タクシー他）		△		
	⑥	孫・ひ孫の世話（名前：　　　）　地域猫ボランティア ↘				
	⑦	ペット（種類：地域猫　名前：チッチ）の世話				◎
	⑧	ボランティア（種類：　　　）　慶徳寺 ↘				◎
	⑨	お墓参り（☑寺）・氏子の行事（☐神社）		○	○	
	⑩	地域活動（町内会など）				
	⑪	その他（次女の運転で買い物）YAMASHITA・Life		○	○	
つながり	①	友達と会話（☑対面　☐電話　☐ LINE 等）	○			◎
	②	友達と遊ぶ（種類：　　　誰：　　　）	○			◎
	③	ランチ・ディナー（店名：　　　誰：　　　）	○			△
	④	同窓会（☐学校　☐職場　☐サークル）				
	⑤	家族・親戚との団らん（名前：長女・次女）		○	○	
	⑥	異性との交流（☐会話　☐食事　☐他 ）				
	⑦	通信機器（☑電話　☐スマホ　☐タブレット）	○	○	○	
	⑧	SNS（☑ LINE　☐ facebook　☐メール）		◎	◎	
	⑨	その他（　　　　　　　）				
楽しみ・趣味	①	読書（ジャンル：ミステリー　作家：桐野夏生）	◎	△	△	
	②	絵画（☐描く　☐塗る　☐貼る　☐他）				
	③	写真 スマホ（☑人物　☐風景　☐植物　☐他）	○	○	○	
	④	鑑賞（☑映画　☐観劇　☐ ⇩ 次女夫婦と！ ☐他）	○	△		
	⑤	歌唱（☐合唱　☐独唱　☑カラオケ）	◎	△		◎
	⑥	音楽鑑賞（ジャンル：ピアノ曲）		○	◎	
	⑦	コンサート（ジャンル：ピアノコンサート）　辻井伸行 ⇨				◎
	⑧	楽器演奏（種類：　　　☐ 1 人　☐複数）				
	⑨	遊び（種類：遊園地巡り　☐ 1 人　☑複数）	○			○
	⑩	ストレッチ（☐体操　☐ヨガ　☐太極拳　☐他）				
	⑪	健康法（☑歩く　☐走る　☐泳ぐ　☐他）	○	○	△	
	⑫	スポーツ（種類：ママさんバレー　　　）	◎			
	⑬	観戦（種類：テニスの観戦・錦織圭のファン）	◎	△		
	⑭	舞踊（種類：　　　）				

		私の「生き方」(CADL) ※記入できるところから楽しんで進めてください。 ※記入例：◎、○、△のみ	していた	現在 している	現在 続けたい	したい
楽しみ・趣味	⑮	散歩・ピクニック（場所：秋の紅葉狩り）	○			◎
	⑯	釣り（☐川　☐海　☐渓流　☐釣り堀）				
	⑰	アウトドア（☐川　☐海　☐山　☐他）				
	⑱	ギャンブル（種類：　　　　）				
	⑲	投資　（☐株　☐外貨　☐金　☐宝くじ）				
	⑳	お祭り（種類：おみこし　場所：鐘ヶ森神社）	◎			
	㉑	おしゃれ（種類：衣服　TPO：旅行）	○	△	△	
	㉒	ガーデニング（長女と庭で季節の花（パンジー））		○	◎	
	㉓	その他（果樹園でのアルバイト）	○			◎
学び・手習い	①	学び（　　　）　⇖ いちご園でまた				
	②	作法　（☐茶道　☐華道　☐着付け　☐他）				
	③	オンライン（種類：　　　）				
	④	教養　（種類：　　　）				
	⑤	脳トレ（種類：公文、クイズ）				◎
	⑥	教える（種類：　　　）　脳トレになると思って（笑） ⇗				
	⑦	その他（　　　）				
巡る	①	史跡巡り（場所：　　　）				
	②	名所巡り（場所：　　　）				
	③	記念館巡り（☐美術館　☐博物館　☐他）				
	④	食べ歩き（種類：クロワッサン　場所：目指せ県内制覇！）	◎			◎
	⑤	手段（☐散歩　☐杖　☐シルバーカー　☐車いす）				
	⑥	温泉・健康ランド（場所：湯ったり温泉スパ）	○	△	△	
	⑦	国内旅行（場所：　　　）				
	⑧	海外旅行（場所：　　　）				
	⑨	その他（　　　）　手編みのマフラー ↘				
つくる	①	料理・手芸　（種類：編み物）	○	△		◎
	②	クラフト・工芸（種類：折り紙）	○			
	③	プラモデル（種類：　　　）				
	④	その他（　　　）				
心の支え	①	お参り（神社・お寺など）慶徳寺	○	○	△	
	②	宗教　（種類：　　　）				
	③	修行・修練（種類：　　　）				
	④	その他（　　　）				
	⑤	その他（　　　）				

※個人名、建物名、店名、事業所名はすべて仮名です。

第2表

居宅サービス計画書（2）

利用者名　　**W.F**　　**様**

※本書の第２表はインフォーマル資源を中心としたプラン構成になっています。

生活全般の解決すべき課題（ニーズ）	目標				援助内容				
	長期目標	期間	短期目標	期間	サービス内容	サービス種別※1	※2	頻度	期間
もの忘れに注意して近所の人や友だちとおしゃべりしたり脳トレをしたりして日々を楽しく暮らしたい	スーパー YAMASHITA で一人で買い物ができるようになる	６ヵ月	歩行時にふらつかないために、下肢の筋力アップ運動に参加する	３ヵ月	① PT による下肢機能訓練や脳トレ（ゲームなど）に参加する	●通所介護	①ほんのりデイサービス	３回／週	６ヵ月
			スーパー YAMASHITA まで歩いていき、店員さんの見守りのもと、買い物を行う	２ヵ月	①転倒防止のため多点杖かシルバーカーを使いスーパーまで注意して移動する ②買い物時、店員さんに挨拶をしてカートを使って買い物する ③支払いは店員さんのアドバイスをもらいながらプリペイドカードで行う	●本人 ●福祉用具 ●インフォーマル資源	①本人 ②福祉レンタルサービス ③スーパー YAMASHITA 店員	必要時 常時 必要時 必要時	６ヵ月
高田第二小学校周辺と遊び場の園芸ボランティアに週１回参加できるようになる	無人販売所用と道の駅販売用の花と苗を 100 鉢育て、支えてもらっている皆さんにも定期的にプレゼントする	６ヵ月	庭の草花（勿忘草や花菱草）のガーデニングの年間の植付け計画に沿って行う	２ヵ月	①植付け計画に沿って庭に草花の種をまき、毎日水やりする ②枯れた花から種をとり、家に来た人にプレゼントする ③安否確認と話し相手を兼ねて作業を手伝う	●本人 ●家族 ●インフォーマル資源	①本人 ②長女 ③お向かいさん（浅田さん）	必要時 必要時 必要時	６ヵ月
自宅では飼えないけど猫と定期的に触れ合う機会をつくり地域猫の役にたちたい	猫カフェでボランティアスタッフを週１回やらせてもらう	６ヵ月	週３回は地域猫の餌やりボランティアに参加する	３ヵ月	①地域猫ボランティアの集まりに参加する ②週３回、高田地区で 12:00 ～ 14:00 餌やりボランティアをする	●インフォーマル資源 ●インフォーマル資源	①②地域猫ボランティア“にゃんにゃん・レスキュー”	３回／週	６ヵ月
長女がファンの辻井伸行のピアノコンサートに行って、記念ツーショットを撮ってもらう	コンサート中は２時間、座席に座っていることができる	６ヵ月	自分で髪をセットし、お気に入りのお化粧ができるようになる	３ヵ月	①入浴後、ドライヤーで髪を乾かしてセットする ②化粧道具を並べて順序立てて化粧をする練習 ③辻井伸行コンサートのスケジュールを把握して、チケットを予約する ④コンサートで着るファッションを店員に相談し購入する	●通所介護 ●インフォーマル資源 ●インフォーマル資源 ●インフォーマル資源	①②ほんのりデイサービス ②美容室ぺぺの美容師 ③コンビニ7の店員 ④ファッションセンター Life の店員	３回／週 ３回／週 適宜 適宜 適宜	６ヵ月

※１　サービス種別では本人、家族、保険給付対象内サービス、保険外サービス、インフォーマル資源を表記しています。
※２　各サービス内容に数字（例：①）をつけ、それを担う当該サービス提供を行う事業所、なじみの人・店にも同じ数字をつけています。
※　個人名、建物名、店名、事業所名はすべて仮名です。

事例 11

妻の死を乗り越え、趣味再開。100歳までの生き方を飲み仲間と模索中

要介護 3 肺気腫

●氏名：K.Kさん　●性別：男性　●年齢：86

●主な病疾患：肺気腫　糖尿病

●介護スタイル：☑独居　□老老介護　□同居介護　□近距離介護　□遠距離介護　□その他

●困りごと：

- ●ADL　☑食事　☑移動　□排泄　□入浴　□整容　□睡眠　☑その他（呼吸）
- ●IADL　☑料理　☑掃除　☑洗濯　□買物　□家の管理　□お金管理　□ご近所付き合い　□ペットの世話　☑その他（庭や畑の手入れ）
- ●CADL　☑楽しみ（史跡巡り）　☑趣味（俳句）　□学び　☑交流　□旅行　□運動
- ●健康管理　☑通院　□服薬　□栄養　□脱水　□衛生　☑その他（在宅酸素療法　インスリン）

事例の概要

数ヵ月前に１年ほど介護した妻（80）が他界。本人は３年前に肺気腫となり、在宅酸素療法での生活となっている。今では、庭の花の手入れや、畑の野菜を見に行くだけで息切れがして苦しい。60代から糖尿病を患い、塩分と糖分の制限を言われても、なかなかできずに訪問看護師や長女に注意されている。妻亡き後の２ヵ月は、気持ちが沈んでいた。句会の仲間の声かけもあって徐々に元気になり、妻が好きだった花の手入れを始めた。30年来続けている俳句を地元新聞に投稿したところ賞をもらえ、それがきっかけとなり、長女や句会の仲間と史跡巡りに出かけるまでに回復する。長女に手伝ってもらい、100歳に向けた過ごし方を本気で考え始めている。

家族構成図（ジェノグラム）

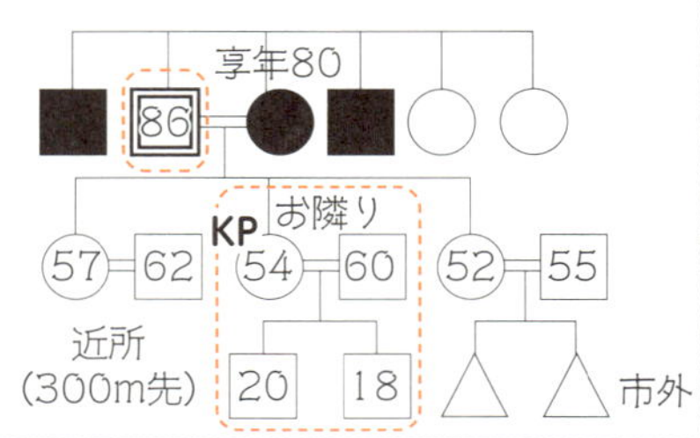

生活歴、状態像、CADLなど

現役の頃は、仕事が終われば職場や地元の友人と飲み、シメは自宅に招いて酒盛りするのが常だった。妻と日本国内をほとんど旅して、海外はハワイや韓国などにも出かけていた。アウトドアでは渓流釣りや史跡巡りなども楽しんできた。大学は日本史を専攻し、先祖の家系図や墓などに興味をもった。ここ数年は妻と道の駅などで好きな果物などを買ってくるのが楽しみになっていた。

本人の生活への意向

- お母さん（妻）が亡くなって本音はさみしいです。しかし３人の娘たちに心配をかけないように一人で１日を過ごせるようにしたい。
- 肺気腫で糖尿病なので、食べるものに気をつけ、風邪をひかないようにして、週１回はパチンコをしたい。
- お母さんが好きだった花に水をあげ、野菜も育てたい。たまにはドライブにも出かけたいがそろそろ運転にも不安があり、免許返納も考えている。

- 俳句会流泉の仲間や娘たちと姫山城址などの史跡めぐりや俳句づくりを続けたい。

家族の意向

次女（お隣り・54 歳）

- 母が亡くなった直後は、父が沈んでいるのでとても心配しました。今はかつての父が戻って元気が出てきたのでホッとしています。趣味も多く友人もたくさんなので安心しています。
- 隣に住んでいるので朝、元気でいるかを確認したり、煮物を届けることは続けようと思っています。姉や妹と協力して、父をみていこうと話しています。

地域支え合いマップ

- 片側2車線の県道沿いの一軒家。河東市役所付近の国道沿いには小学校や総合病院、コンビニ、ガソリンスタンドがある。
- 県道は車の行き来が多く自宅のお向かいに「ふれあい市民農園」がある。

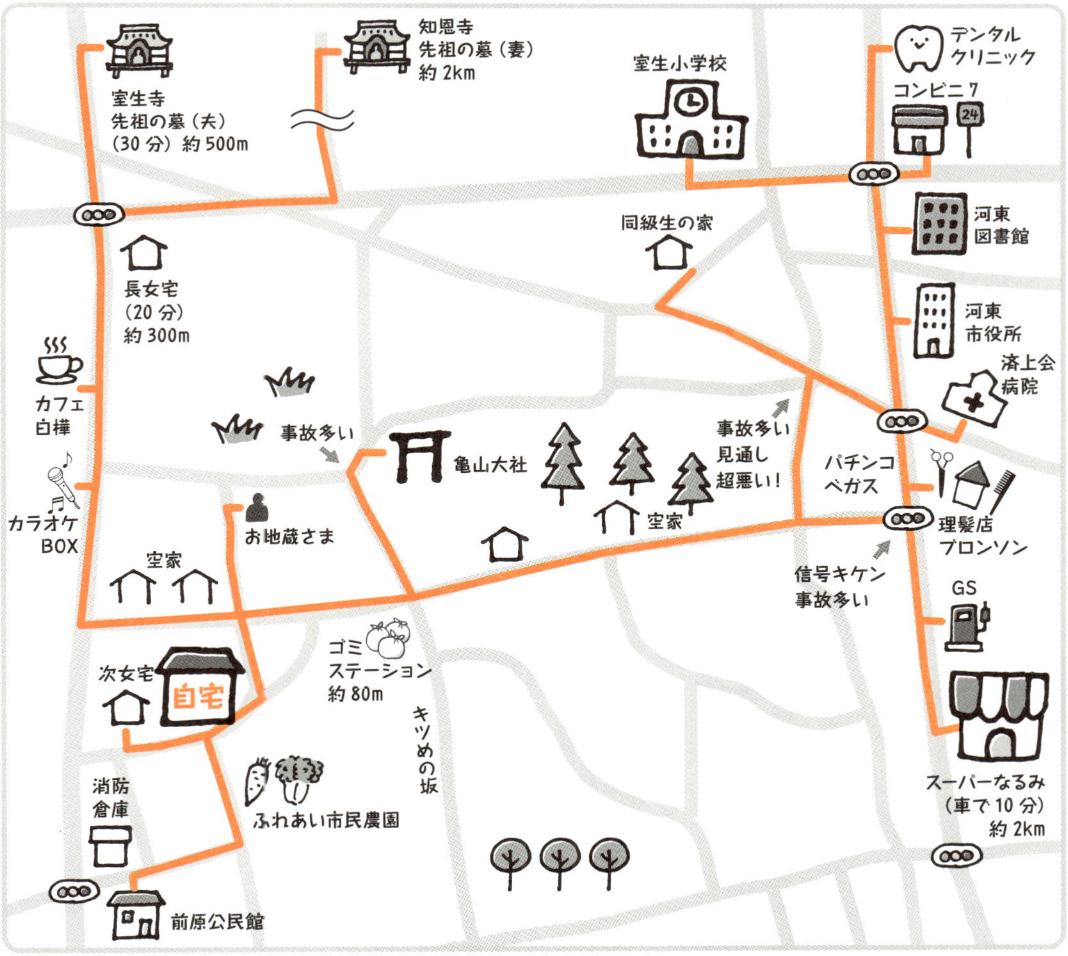

※個人名、建物名、店名、事業所名はすべて仮名です。

Be Positive
私の「意欲・動機づけ」シート

作成日　●年　●月　●日　担当：G.A

ご利用者名	K.K さん	生年月日	▲年▲月▲日 86 歳	性別	男	要介護度	要介護 3

私の「生き方」(CADL)
※記入できるところから楽しんで進めてください。
※記入例：◎、○、△のみ

		私の「生き方」(CADL)		現在		
			していた	している	続けたい	したい
暮らし・役割	①	飾り付け（種類：　　　　） ［妻の得意料理］				
暮らし・役割	②	料理づくり（何を：うどん、サンドイッチ　誰に：妻➡自分）	○	○	○	
暮らし・役割	③	ショッピング（何を：食品　場所：道の駅）	○		○	◎
暮らし・役割	④	庭・花の手入れ ［自家用車］	○	◎		◎
暮らし・役割	⑤	お出かけ（□散歩 □シルバーカー ☑タクシー他）	○	○	○	
暮らし・役割	⑥	孫・ひ孫の世話（名前：楓ちゃん）	○		○	
暮らし・役割	⑦	ペット（種類：　　　名前：　　　）の世話				
暮らし・役割	⑧	ボランティア（種類：区長など）	○			
暮らし・役割	⑨	お墓参り（☑寺）・氏子の行事（□神社）	○	○	◎	○
暮らし・役割	⑩	地域活動（町内会など）	○			
暮らし・役割	⑪	その他（　　　　　）				
つながり	①	友達と会話（□対面　☑電話　□ LINE 等）		○	○	
つながり	②	友達と遊ぶ（種類：食事会　誰：同級生）	○			◎
つながり	③	ランチ・ディナー（店名：ラーメン太郎　誰：妻）	○			
つながり	④	同窓会（□学校　☑職場　□サークル）	○			
つながり	⑤	家族・親戚との団らん（名前：温泉旅行）	○	○	○	◎
つながり	⑥	異性との交流（□会話　□食事　□他）				
つながり	⑦	通信機器（□電話　☑スマホ　□タブレット）	○	○	◎	
つながり	⑧	SNS（☑ LINE　□ facebook　□メール）		○	◎	
つながり	⑨	その他（孫の送り迎え） ［俳句会／流泉の仲間］	○			
楽しみ・趣味	①	読書（ジャンル：　　　作家：　　　）				
楽しみ・趣味	②	絵画（□描く　□塗る　□貼る　□他）				
楽しみ・趣味	③	写真（□人物　□風景　□植物　□他）				
楽しみ・趣味	④	鑑賞（□映画　□観劇　□演奏会　□落語　□他）				
楽しみ・趣味	⑤	歌唱（□合唱　□独唱　☑カラオケ）	○			○
楽しみ・趣味	⑥	音楽鑑賞（ジャンル：　　　）				
楽しみ・趣味	⑦	コンサート（ジャンル：　　　）				
楽しみ・趣味	⑧	楽器演奏（種類：　　　□ 1 人　□複数）				
楽しみ・趣味	⑨	遊び（種類：飲み会　□ 1 人　☑複数）	○	○		◎
楽しみ・趣味	⑩	ストレッチ（□体操　□ヨガ　□太極拳　□他）				
楽しみ・趣味	⑪	健康法（☑歩く　□走る　□泳ぐ　□他）	○	○	○	
楽しみ・趣味	⑫	スポーツ（種類：　　　）				
楽しみ・趣味	⑬	観戦（種類：夏の高校野球大会）	○	○	○	
楽しみ・趣味	⑭	舞踊（種類： ［生きているうちにナマで観戦したい］				

		私の「生き方」(CADL)		現在		
			していた	している	続けたい	したい
楽しみ・趣味	⑮	散歩・ピクニック（場所： ［長良川でウナギ釣り］				
楽しみ・趣味	⑯	釣り（☑川　□海　□渓流　□釣り堀）	○			○
楽しみ・趣味	⑰	アウトドア（☑川　□海　□山　□他）	○			○
楽しみ・趣味	⑱	ギャンブル（種類：パチンコラスベガス）	◎			○
楽しみ・趣味	⑲	投資　（□株　□外貨　□金　□宝くじ）				
楽しみ・趣味	⑳	お祭り（種類：　　　場所：　　　）				
楽しみ・趣味	㉑	おしゃれ（種類：　　　TPO：　　　）				
楽しみ・趣味	㉒	市民農園（ナス、キュウリ、白菜、トマト）	○	○	◎	◎
楽しみ・趣味	㉓	その他（俳句を新聞投稿）	○	○	◎	◎
学び・手習い	①	学び（　　　　）				
学び・手習い	②	作法　（□茶道　□華道　□着付け　□他）				
学び・手習い	③	オンライン（種類：　　　）				
学び・手習い	④	教養（30 年間俳句会参加）	○	○	○	
学び・手習い	⑤	脳トレ（種類：　　　）				
学び・手習い	⑥	教える（種類：　　　）				
学び・手習い	⑦	その他（　　　　）				
巡る	①	史跡巡り（場所：市内の姫山城址）	○	○	◎	◎
巡る	②	名所巡り（場所：　　　建物：　　　）				
巡る	③	記念館巡り（□美術館　□博物館　□他）				
巡る	④	食べ歩き（種類：そば　場所：隣市の「そば萬」）	○	○		◎
巡る	⑤	手段（□散歩　□杖　□シルバーカ ［飲み仲間と石倉温泉］				
巡る	⑥	温泉・健康ランド（場所：　　　）				◎
巡る	⑦	国内旅行（場所：ほぼ全国）	○			
巡る	⑧	海外旅行（場所：ハワイ、韓国）	○			
巡る	⑨	その他（　　　　）				
つくる	①	料理・手芸　（種類：　　　）				
つくる	②	クラフト・工芸（種類：仏像彫刻）	○			
つくる	③	プラモデル（種類：　　　）				
つくる	④	その他（　　　　）				
心の支え	①	お参り（神社・お寺など）				
心の支え	②	宗教　（種類：浄土真宗・親鸞）	◎	○	○	
心の支え	③	修行・修練（種類：　　　）				
心の支え	④	その他（　　　　）				
心の支え	⑤	その他（　　　　）				

［家族でバーベキュー］
［友だちにおすそわけ］

※個人名、建物名、店名、事業所名はすべて仮名です。

第2表

居宅サービス計画書（2）

利用者名　K.K　殿

※本書の第2表はインフォーマル資源を中心としたプラン構成になっています。

生活全般の解決すべき課題（ニーズ）	目標				援助内容				
	長期目標	期間	短期目標	期間	サービス内容	サービス種別※1	※2	頻度	期間
娘たちに心配かけずに体調を整え、今できていること（洗濯・簡単な調理・旗を出す、野菜づくり）を続ける	呼吸と動作が安定し、家事を危険なくできるようになる	6ヵ月	酸素量と血糖値が安定し、転倒に注意して2時間は外出できるようになる	3ヵ月	①おやつや果物を食べすぎない ②庭に出るとき酸素カートを忘れない	●本人	①②本人	毎日	6ヵ月
					①カロリーに注意した副菜など、バランスの良い食材の買い物 ②野菜づくりや外出時の酸素携帯の声かけ	●家族	①②3人の娘さん	毎日	6ヵ月
			庭や市民農園でふらつかずに庭の木や花、野菜の水やりを継続する	1ヵ月	①呼吸状態に合わせた歩行の評価 ②呼吸リハビリの実施	●訪問看護	①②済上会病院訪問看護ステーション	週1回	6ヵ月
					①洗濯や簡単な調理の継続 ②庭の花や野菜畑の水やりをする	●本人	①②本人	毎日	6ヵ月
					①自宅内動線の確保 ②タオルなどの重い物の洗濯 ③野菜植えなどの手伝い	●家族	①②③長女・次女	週2回程度	6ヵ月
1年後に「100歳までの人生をどう過ごすか計画」を立て、娘たちに発表する	1年後にかわいい3人の娘たちに妻との人生をまとめた記録集を手渡す	6ヵ月	史跡巡りや俳句の記録集をつくる	3ヵ月	①俳句づくりや史跡巡りの情報収集 ②三女さんと出かけた記録をする ③俳句会流泉の仲間に話と写真をLINEで伝える	●本人 ●家族 ●インフォーマル資源	①②本人 ②三女 ③俳句会流泉の仲間	毎日 訪問時	6ヵ月
					①俳句の会の情報提供 ②史跡についての相談 ③外出時の送迎など	●家族 ●インフォーマル資源 ●インフォーマル資源	①三女・孫 ②河東市史跡資料センター ③俳句会流泉の仲間	週1回 適宜	6ヵ月
	飲み仲間と1泊2日の石倉温泉旅行に行って人生を語り合う	6ヵ月	飲みの仲間（5人）と集って温泉旅行の計画を立てる	2ヵ月	①飲み仲間（5人）と連絡を取り合う ②自宅で話し合いを開き計画を立てる ③旅行の資金づくりのため年金から貯金を始める	●インフォーマル資源 ●インフォーマル資源 ●インフォーマル資源	①飲み仲間（5人） ②JT農協の旅行代理店 ③河東郵便局	適宜 適宜 適宜	6ヵ月
築城400年の姫山城址で句会流泉会の仲間と春と秋に「ご長寿句会」を開く	SNSを使ってリモートで俳句の競作を毎週10首を目指す	6ヵ月	姫山城散策コース（約2km）を句会仲間とゆっくり散歩できるようになる	3ヵ月	①酸素ボンベカート（手引き式）で2時間外出できる体力をつける ②自宅で「有酸素おうちリハビリ」を毎日1回、無理のない程度で行う ③散策コースmapに休憩ポイントをマッピングし、句会の仲間と共有 ④緊急時対応の方法について看護師から指導を受ける	●通所リハビリ ●訪問看護 ●インフォーマル資源 ●家族	①②済上会デイケアセンター ①②④済上会病院訪問看護ステーション ③俳句会流泉の仲間 ④三女	週2回 週1回 適宜 適宜	6ヵ月

※1　サービス種別では本人、家族、保険給付対象内サービス、保険外サービス、インフォーマル資源を表記しています。
※2　各サービス内容に数字（例：①）をつけ、それを担う当該サービス提供を行う事業所、なじみの人・店にも同じ数字をつけています。
※　個人名、建物名、店名、事業所名はすべて仮名です。

事例

12

腰椎圧迫骨折でも切子職人の誇りと妻との楽しみが支え

要介護
3
腰椎骨折
認知症

●氏名：M.Aさん　●性別：男性　●年齢：79

●主な病疾患：**脳梗塞後遺症　アルツハイマー型認知症　腰椎圧迫骨折**

●介護スタイル：☐独居　☑老老介護　☐同居介護　☐近距離介護　☐遠距離介護　☐その他

●困りごと：

●ADL　☐食事　☑移動　☑排泄　☑入浴　☐整容　☐睡眠　☑その他（　）

●IADL　☐料理　☐掃除　☐洗濯　☐買物　☐家の管理　☑お金管理　☑ご近所付き合い　☐ペットの世話　☑その他

●CADL　☑楽しみ（**妻との食べ歩き**）　☐趣味（　　）　☐学び　☑交流　☐旅行　☐運動

●健康管理　☑通院　☑服薬　☐栄養　☐脱水　☐衛生　☐その他（　）

事例の概要

家族構成図（ジェノグラム）

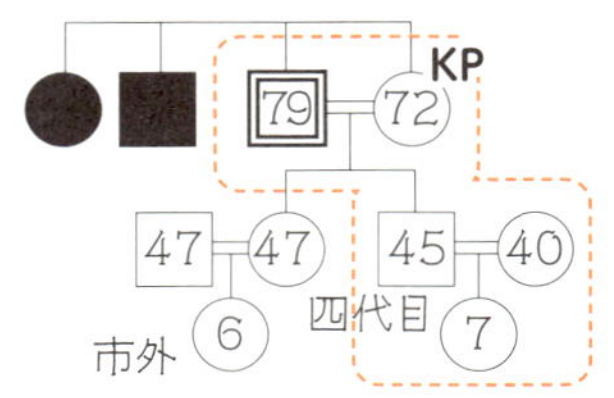

63歳で脳梗塞を発症。大きな麻痺は残らなかったが、徐々に伝統工芸士でもある江戸切子の仕事から手を引き68歳で引退。身体機能低下と認知機能低下もあり介護保険を申請する。妻と毎朝散歩し、半日型リハビリ特化のデイサービスを週２回利用。週末は妻の運転でおいしいものを食べに行くことが日課になった。妻が経営する「お茶屋牧水庵」が地域のコミュニティの場となっていて、やって来る近所の人との交流がなによりの楽しみになる。１年前の春、自宅で転倒。腰椎圧迫骨折でベッド上の生活となり区分変更。再び自分の足で歩いて妻と出かけ、地元商店街や職人仲間との交流再開を目指す。

生活歴、状態像、CADL など

生まれ・育ちは東京・墨田区。江戸切子の伝統工芸士であった祖父・父の跡を継ぐために中学卒業後修行に出る。自分にも他人にも厳しい職人肌の人。繊細な技巧が認められ、知事より「街の匠」として表彰される。引退後は妻とドライブがてら、なじみの喫茶店、寿司屋などおいしいものを食べに行くことを週末の日課としていた。腰椎圧迫骨折後、動くのが億劫なためにベッド上の生活になり、すっかり時間を持て余している。

本人の生活への意向

- これまでにたくさんの江戸切子作品をつくり、伝統工芸展では妻と全国をまわり、一緒に築き上げた地位や名誉があり、仕事に悔いはない。
- 妻と一緒に行った新宿の純喫茶バロンのコーヒーがなつかしい。週末はドライブがてら妻と食べ歩き（鰻・寿司）したり、なじみの喫茶店へ行くのが楽しみだった。
- １ヵ月近く寝込んで、妻が営むスナック「お茶屋」にも顔を出せず、寂しかった。しっかり歩け、体調がよくなったら、妻と一緒になじみの喫茶店や食べ歩きに出かけ、今のうちにおいしいものを食べたい。もちろんスナックで角川博をカラオケしたい。

家族の意向

妻（同居・72 歳）

- お父さんと支え合ってきたので、まだまだ元気に過ごしてもらいたい。
- 転んで歩けなくなったが、一生懸命サポートしてもらい、本人も頑張って歩けるまで回復した。
- 身の回りのことが自分でできるようになったら私の運転で、またおいしものを食べに出かけたり、２人の時間を大切にしたい。

地域支え合いマップ

- 下町の職人が多く住んでいた地域。お互い顔見知りでコミュニティは残っている。
- 狭い路地が多く、国道の抜け道になっていたりするので車の量も事故も多い。
- 支え手には小学校の同級生、句会の仲間、職人仲間などが多い。
- マンションだらけだが「空き家」も増えていて、ゴミ屋敷化が地域の心配事。

※個人名、建物名、店名、事業所名はすべて仮名です。

Be Positive
私の「意欲・動機づけ」シート

作成日　●年　●月　●日　担当：M.K

ご利用者名	M.A さん	生年月日	▲年▲月▲日 79 歳	性別	男	要介護度	要介護 3

私の「生き方」(CADL)
※記入できるところから楽しんで進めてください。
※記入例：◎、○、△のみ

	項目	していた	している（現在）	続けたい（現在）	したい
暮らし・役割	① 飾り付け（種類：仕事場）				◎
	② 料理づくり（何を：　誰に：　）				
	③ ショッピング（何を：　場所：　）				
	④ 庭・花の手入れ		○	◎	
	⑤ お出かけ（☑散歩 □シルバーカー □タクシー他）	○	○	◎	
	⑥ 孫・ひ孫の世話（名前：孫の萌美ちゃん）		○		◎
	⑦ ペット（種類：　名前：　）の世話				
	⑧ ボランティア（種類：　）				
	⑨ お墓参り（□寺）・氏子の行事（☑神社）	○			◎
	⑩ 地域活動（町内会など）				
	⑪ その他（　）				
つながり	① 友達と会話（□対面 □電話 □ LINE 等）				
	② 友達と遊ぶ（種類：　誰：　）				
	③ ランチ・ディナー（店名：　誰：　）				
	④ 同窓会（☑学校）小中学校の同級生	○			◎
	⑤ 家族・親戚との団らん（名前：　）	○	○		○
	⑥ 異性との交流（□会話 □食事 □他）				
	⑦ 通信機器（□電話 □スマホ □タ 萌美ちゃんと会話したい				
	⑧ SNS（☑ LINE □ facebook □メール）				◎
	⑨ その他（　）				
楽しみ・趣味	① 読書（ジャンル：　作家：　）				
	② 絵画（□描く □塗る □貼る □他）				
	③ 写真（□人物 ☑風景 ☑植物 □他）	◎	△		△
	④ 鑑賞（□映画 ☑観劇 □演奏会 ☑落語 □他）	○	○		
	⑤ 歌唱（□合唱 □独唱 ☑カラオケ）	◎	○		◎
	⑥ 音楽鑑賞（ジャンル：演歌） 大阪とおり雨	○	○	◎	
	⑦ コンサート（ジャンル：角川博）	○			◎
	⑧ 楽器演奏（種類：ウクレレ ☑ 1 人 □複数）	○			
	⑨ 遊び（種類：麻雀 □ 1 人 ☑複数）	◎	○		
	⑩ ストレッチ（□体操 □ヨガ □太極拳 □他）				
	⑪ 健康法（☑歩く □走る □泳ぐ □他）	○	○	○	
	⑫ スポーツ（種類：　）				
	⑬ 観戦（種類：テレビでプロレス観戦）	○			△
	⑭ 舞踊（種 ジャイアント馬場、ラッシャー木村のファン				

私の「生き方」(CADL)
※記入できるところから楽しんで進めてください。
※記入例：◎、○、△のみ

	項目	していた	している（現在）	続けたい（現在）	したい
楽しみ・趣味	⑮ 散歩・ピクニック（場所：墨川公園）	○			◎
	⑯ 釣り（□川 □海 □渓流 □釣り堀）				
	⑰ アウトドア（□川 □海 □山 □他）				
	⑱ ギャンブル（種類：パチンコ）	◎			
	⑲ 投資（□株 □外貨 □金 □宝くじ）				
	⑳ お祭り（種類：花火大会　場所：赤松湖）	○			◎
	㉑ おしゃれ（種類：　TPO：　）				
	㉒ 家庭菜園・ガーデニング・市民農園	○	○	○	
	㉓ その他（　）				
学び・手習い	① 学び（　）				
	② 作法（□茶道 □華道 □着付け □他）				
	③ オンライン（種類：　）				
	④ 教養（種類：　）				
	⑤ 脳トレ（種類：　）				
	⑥ 教える（種類：伝統工芸士として）	○			◎
	⑦ その他（　） 江戸切子の技術伝承				
巡る	① 史跡巡り（場所：　）				
	② 名所巡り（場所：　建物：　）				
	③ 記念館巡り（□美術館 ☑博物館 □他）	○	△		◎
	④ 食べ歩き（種類：寿司、喫茶店　場所：静岡県）	○	○		◎
	⑤ 手段（☑散歩 □杖 □シルバーカー □車いす）	○	○		◎
	⑥ 温泉・健康ランド（場所：小学校の同級生）	○			◎
	⑦ 国内旅行（場所：国内たくさん）	○			
	⑧ 海外旅行（場所：ハワイ、台湾、フランス）	○			
	⑨ その他（　）				
つくる	① 料理・手芸（種類：　）				
	② クラフト・工芸（種類：江戸切子）	◎			○
	③ プラモデル（種類：戦艦大和、零戦）	◎			△
	④ その他（　）				
心の支え	① お参り（神社・お寺など）浅草寺	◎			
	② 宗教（種類：　）				
	③ 修行・修練（種類：　）				
	④ その他（　）				
	⑤ その他（　）				

※個人名、建物名、店名、事業所名はすべて仮名です。

第2表

居宅サービス計画書（2）

利用者名　　M.A　　殿

※本書の第2表はインフォーマル資源を中心としたプラン構成になっています。

生活全般の解決すべき課題（ニーズ）	目標				援助内容				
	長期目標	期間	短期目標	期間	サービス内容	サービス種別※1	※2	頻度	期間
自分の身支度が一人でできるようになり、週末は妻と銚子の珈琲店や食べ歩き（鰻や寿司）を楽しみ、後進の育成に励みたい	伝統工芸館「匠」で切子教室を週2回（2時間）は行えるようになる	6カ月	トイレ動作（立ち座り、方向転換、水洗）が一人で行える	3カ月	①専門職によるリハビリの実施、身体状況、住環境評価 ※トイレでのバランス能力向上・方向転換時の訓練・下肢筋力・体力向上訓練 ②座位の固定・手先の巧緻動作訓練 ③家族へ介護アドバイス	●訪問リハビリ ●地域密着型通所介護	①③訪問リハビリハート ②③デイサービス Hop Step	週1回 週1回	6カ月
					転ばないための環境整備 ①専特殊寝台2モーター ②歩行器	●福祉用具貸与	①②レンタル桜サービス	毎日	6カ月
			ズボンの上げ下げができる	2カ月	①ズボンの上げ下げ訓練 ②立位バランス訓練	●訪問リハビリ ●地域密着型通所介護	①②訪問リハビリハート ①②デイサービス Hop Step	週1回 週1回	
	妻の運転で珈琲店をめぐったり食べ歩き（鰻や寿司）をしたりする	6カ月	自宅から80m先のカフェ桜花へ週2回、妻と一緒に歩いて行き、コーヒーを飲む	3カ月	①段差昇降訓練 ②歩行器を使って屋外歩行 ③車の移乗訓練と下肢筋力訓練 ④銀行の駐車場を妻と一緒に歩行器で歩く ⑤歩く姿の動画をリハビリ医に見せ助言をもらう	●訪問リハビリ ●地域密着型通所介護 ●本人 ●家族	①訪問リハビリハート ①②デイサービス Hop Step ③本人 ④⑤妻	週1回 週1回 週3回	6カ月
玄関から10m離れた妻が営むお茶屋「牧水庵」で赤松小学校の同級生3人との交流を続けていきたい	妻が営むお茶屋へ介助なく一人で歩いて行ける	6カ月	ふらつきなく一人でお茶屋のスロープ（傾斜15度）を昇り降りでき、椅子に30分以上座っていることができる	3カ月	①自宅スロープの昇り降りを目指す ②屋外歩行訓練（自宅→お茶屋） ③スロープ昇り降り訓練 ④歩行バランス、耐寒訓練	●訪問リハビリ ●地域密着型通所介護	①②訪問リハビリハート ③④デイサービス Hop Step	週1回 週1回	6カ月
					①椅子での立ち座り訓練、足上げ訓練　各20回 ②妻や同級生に付き添ってもらい、スロープの昇り降り訓練	●本人 ●家族 ●インフォーマル資源	①本人 ①②妻 ①②坂木、登田、川田さん	随時	6カ月
今までつくり上げた作品を記録としてアルバムに残したい	1年後にはアルバムが完成し、家族や同級生3人に披露することができる	12カ月	息子に手伝ってもらって、毎週写真を撮ってブログにコメントを付ける	3カ月	①作品をつくった時の思い入れなどを長男へ伝える ②長男と一緒に作品を撮影する ③孫と一緒にアルバムの飾りつけをする	●本人 ●家族 ●家族	①本人 ②長男 ③孫（萌美ちゃん）	週1回	6カ月
					①本人、妻から聞き取りながら作品にコメント作成する ②スマホで写真撮影 ③ネット上でも作品が見られるようにWEBサイトでブログを立ち上げ、週1の更新をサポートする	●家族 ●インフォーマル資源	①長男・孫（萌美ちゃん） ②③弟子 圭一さん（35歳）	週1回 週1回	6カ月

※1　サービス種別では本人、家族、保険給付対象内サービス、保険外サービス、インフォーマル資源を表記しています。
※2　各サービス内容に数字（例：①）をつけ、それを担う当該サービス提供を行う事業所、なじみの人・店にも同じ数字をつけています。
※　個人名、建物名、店名、事業所名はすべて仮名です。

事例 13

朝の氏神様とお墓参りが日課だった。地域の力で 94 歳の一人暮らしを目指す

要介護 2 骨粗鬆症

●氏名：N.Aさん　●性別：女性　●年齢：94

●主な病疾患：右目視力低下　骨粗鬆症　高血圧

●介護スタイル：☑独居　□老老介護　□同居介護　□近距離介護　□遠距離介護　☑その他（山間部に在住）

●困りごと：

- ADL　□食事　□移動　□排泄　☑入浴　□整容　□睡眠　☑その他（視力低下から賞味期限が見えない）
- IADL　☑料理　☑掃除　□洗濯　☑買物　□家の管理　□お金管理　□ご近所付き合い　□ペットの世話　□その他（　）
- CADL　☑楽しみ（サロン）　☑趣味（草取り・料理）　□学び　□交流　□旅行　☑運動（散歩）
- 健康管理　□通院　□服薬　☑栄養　☑脱水　☑衛生　□その他（　）

事例の概要

家族構成図（ジェノグラム）

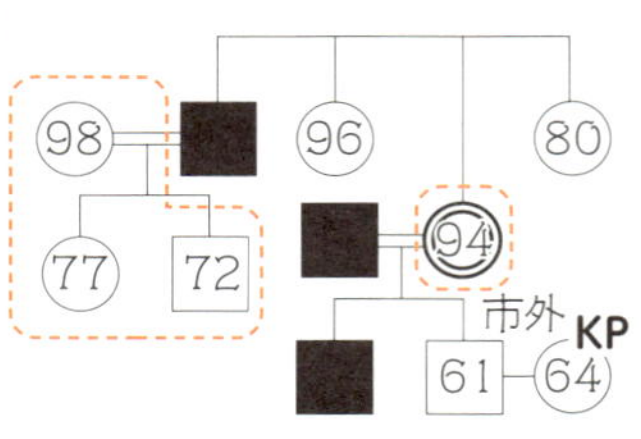

山間部で一人暮らし。夫、長男は 15 年前に死亡。次男と妻と孫 2 人は町外に在住しているが介護に協力的。50 代の時、地域の「食生活推進員」として料理づくりに奮闘し表彰されたことが誇り。今でも月に一度の地域サロンに手づくりのおかずを持ち寄り、親戚の集まりなどでも料理の腕を振るっている。毎朝氏神様とご先祖様へのあいさつを欠かさず、庭とお墓（近所の分まで）の草取りが毎日の日課で感謝されていた。買い物は JA コープの移動販売車を利用。ペットボトルや米などの重いものは家まで届けてもらっている。

生活歴、状態像、CADL など

4 人兄弟の 3 番目。26 歳で見合い結婚。主婦のかたわら畑仕事をしていた。30 歳で長男、33 歳で次男を授かり、とてもかわいがって育てる。孫 2 人も生まれたが、長男はアルコール依存症が原因で 15 年前に他界。夫も同年に他界。一人きりとなるが、85 歳くらいまで道の駅などで花売りの仕事をしていた。1 ヵ月前に、もったいないからと腐っていた豆腐料理を食べ、下血と腹痛で転倒し救急搬送で入院。退院後介護保険を申請し、要介護度 2 と認定される。入院するまで地域の 100 歳体操に通っていた。

本人の生活への意向

- 70 年間住んでいるこの家が一番いい。これからも家事（料理や洗濯）を自分でして一人暮らしを続けたい。
- 足が痛くて自宅でのお風呂のまたぎと立ち上がりが大変でこわい。安全にお風呂に入れるデイサービスは続けたい。
- 脱水から右目が見えなくなってしまった。水分をしっかりとって、目薬もさして、氏神様とご先祖様へのあいさつは毎日欠かさず続けたい。
- 歩行器を押して、歩いて庭や墓の草取りを続けたい。

家族の意向

次男の妻（別居・64歳）

- 私は仕事が忙しく、自宅は義母の家から離れているので（15km・車で30分）、すぐに駆けつけられない。
- 緊急時が心配だが、義母の自宅で生活する思いをかなえるため、ご近所の皆さんの力もお借りしたい。
- 訪問介護さんには食中毒を起こさないように冷蔵庫内の整理と買い物をお願いしたい。

地域支え合いマップ

- 近所の江坂さん宅に幼なじみで80年のつき合い。ほがらか。漬物名人で一人暮らし。
- 近所に氏神神社と夫のお墓（万寿寺）があり、お参りするのが朝の日課だった。神社の20段階段と墓地の坂がきつく行けない。
- 的場公民館で月1回開かれている地域サロンでは最年長なのが自慢。
- 近所のさつき食堂で週１回のペースで集まり、お茶をしていた。
- 的場支所は元の的場町役場。食生活推進員の頃はよく顔を出して料理教室を開いていた。

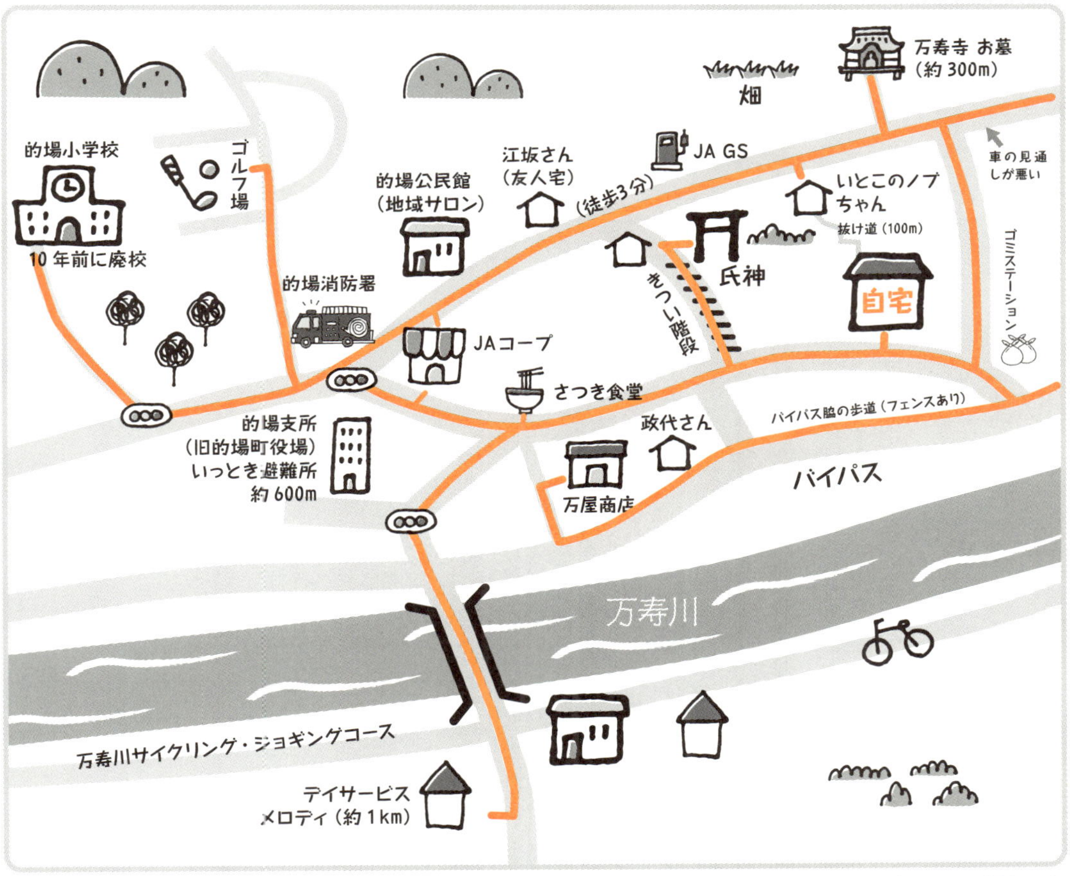

※個人名、建物名、店名、事業所名はすべて仮名です。

Be Positive
私の「意欲・動機づけ」シート

作成日　●年　●月　●日　担当：M.K

ご利用者名	N.A さん	生年月日	▲年▲月▲日 94 歳	性別	女	要介護度	要介護 2

私の「生き方」(CADL)
※記入できるところから楽しんで進めてください。
※記入例：◎、○、△のみ

分類	No.	私の「生き方」(CADL)	していた	現在 している	現在 続けたい	したい
暮らし・役割	①	飾り付け（種類：制作カレンダーなど）		○		
	②	料理づくり（何を：おすそ分け　誰に：サロンのみなさん／身内、いとこ）		◎	◎	
	③	ショッピング（何を：食材　場所：移動販売）		○		
	④	庭・花の手入れ（季節の花）　JA コープ		◎	◎	
	⑤	お出かけ（□散歩 ☑シルバーカー □タクシー他）		○	○	
	⑥	孫・ひ孫の世話（名前：　）				
	⑦	ペット（種類：　名前：　）の世話				
	⑧	ボランティア（種類：食生活改善推進員）	◎			
	⑨	お墓参り（☑寺）・氏子の行事（□神社）		○	○	
	⑩	地域活動（町内会など）　万寿寺		○	○	
	⑪	その他（　）				
つながり	①	友達と会話（☑対面 □電話 □LINE 等）		○	○	
	②	友達と遊ぶ（種類：　誰：　）				
	③	ランチ・ディナー（店名：いせや　誰：サロン仲間）		○	◎	
	④	同窓会（□学校 □職場 □サークル）				
	⑤	家族・親戚との団らん（名前：長男家族、甥、姪）		○	○	
	⑥	異性との交流（□会話 □食事 □他　頻度は？				
	⑦	通信機器（☑電話 □スマホ □タブレット）		○	○	
	⑧	SNS（□LINE □facebook □メール）				
	⑨	その他（　）				
楽しみ・趣味	①	読書（ジャンル：　作家：　）				
	②	絵画（□描く □塗る □貼る □他）				
	③	写真（□人物 □風景 □植物 □他）				
	④	鑑賞（テレビ：サスペンス、歌謡曲、連続ドラマ）		○	○	
	⑤	歌唱（□合唱 □独唱 ☑カラオケ）	○			◎
	⑥	音楽鑑賞（ジャンル：　）				
	⑦	コンサート（ジャンル：　）				
	⑧	楽器演奏（種類：　□1人 □複数）				
	⑨	遊び（種類：　□1人 □複数）				
	⑩	ストレッチ（□体操 □ヨガ □太極拳 □他）				
	⑪	健康法（☑歩く □走る □泳ぐ □他）		○	○	
	⑫	スポーツ（種類：　）　氏神様、墓参り				
	⑬	観戦（種類：　）				
	⑭	舞踊（種類：　）				

私の「生き方」(CADL)
※記入できるところから楽しんで進めてください。
※記入例：◎、○、△のみ

分類	No.	私の「生き方」(CADL)	していた	現在 している	現在 続けたい	したい
楽しみ・趣味	⑮	散歩・ピクニック（シルバーカーを使った早朝のご近所散歩）		○	◎	
	⑯	釣り（□川 □海 □渓流 □釣り堀）				
	⑰	アウトドア（□川 □海 □山 □他）				
	⑱	ギャンブル（種類：　）				
	⑲	投資（□株 □外貨 □金 □宝くじ）				
	⑳	お祭り（種類：　場所：　）				
	㉑	おしゃれ（種類：　TPO：　）				
	㉒	家庭菜園・ガーデニング・市民農園				
	㉓	その他（庭・お墓の草取り（ご近所の分含む））		◎	◎	
学び・手習い	①	学び（　）				
	②	作法（□茶道 □華道 □着付け □他）				
	③	オンライン（種類：　）				
	④	教養（種類：　）				
	⑤	脳トレ（種類：　）				
	⑥	教える（種類：　）				
	⑦	その他（　）				
巡る	①	史跡巡り（場所：　）				
	②	名所巡り（場所：　建物：　）				
	③	記念館巡り（□美術館 □博物館 □他）				
	④	食べ歩き（種類：　場所：　）				
	⑤	手段（□散歩 □杖 □シルバーカー □車　誰と？				
	⑥	温泉・健康ランド（場所：的の湯）	○			◎
	⑦	国内旅行（場所：　）　お隣の市、国沿い	○			△
	⑧	海外旅行（場所：　）				
	⑨	その他（　）				
つくる	①	料理・手芸（種類：煮物、漬物など）		○		
	②	クラフト・工芸（種類：　）				
	③	プラモデル（種類：　）				
	④	その他（　）				
心の支え	①	お参り（神社・お寺など）		○	◎	
	②	宗教（種類：仏教、浄土宗　万寿寺）		○	◎	
	③	修行・修練（種類：　）				
	④	その他（　）				
	⑤	その他（　）				

※個人名、建物名、店名、事業所名はすべて仮名です。

第2表

居宅サービス計画書（2）

利用者名　　**N.A**　　**様**

※本書の第２表はインフォーマル資源を中心としたプラン構成になっています。

生活全般の解決すべき課題（ニーズ）	目標				援助内容				
	長期目標	期間	短期目標	期間	サービス内容	サービス種別※1	※2	頻度	期間
毎日、氏神様やご先祖様にご挨拶を欠かさず、自宅で「家が一番いい」生活を続けたい	お墓や庭の草取りを続けるために、鎌やほうきなどの道具を使いこなし続ける	6カ月	お墓（約200m先）や庭の草取りをするために転ぶことなく歩くことが続けられる	3カ月	①**地域サロンで近所の江坂さんたちと話す** ②100歳体操を通所介護で取り組む ③アクティビティへの参加。職員や同年代の人との会話や交流 ④日課のお散歩（シルバーカー使用） ⑤氏神様とお墓に月１回はお参りする	●**インフォーマル資源** ●通所介護 ●本人 ●親族	①**江坂さんたち** ②③デイサービスメロディ ④本人 ⑤姪・甥	月２回 週１回 月１回	6カ月
100歳を目指し、ご近所同士でおすそ分けして栄養バランスの取れた食事を食べる	週に１回のさつき食堂のサロンで手づくりの料理を１品持ち寄ってみんなで食べる	6カ月	JAコープ（あけぼの号）の移動販売車で食材を確認し、購入したものは冷蔵庫で保管できる	3カ月	①**食材を一緒に確認して購入する** ②食材購入と管理のアドバイス ③購入費の支払いのサポート ④購入品の冷蔵庫への保管	●**インフォーマル資源** ●親族	①**JAコープ移動販売スタッフ** ②③④姪・甥	月２回 随時	6カ月
			毎日、朝夕は料理をし、近所のおすそ分けも無理のない範囲で行う	3カ月	①食材の確認（声かけ・確認） ②買い物、ゴミ出し ③食中毒の注意喚起	●訪問介護 ●居宅介護支援	①②訪問介護ほのぼの ③ケアプランセンター晴山	週１回 月１回	6カ月
「さつき食堂」に集まる地域サロンのお仲間さんたちと家族に協力してもらい「的の湯」で１泊旅行を楽しむ	豪華御膳をサロンのお仲間とおいしく食べてカラオケを歌う	6カ月	「365歩のマーチ」をカラオケで歌い１万歩を足踏みできる	3カ月	①レクリエーションで足踏みしながら「365歩のマーチ」を合唱 ②口腔ケアと口パク体操 ③**地域サロンで合唱する** ④**入店・出店時とマシンの操作のサポート**	●通所介護 ●**インフォーマル資源** ●**インフォーマル資源**	①②デイサービスメロディ ③**サロン仲間** ④**カラオケ店員**	週１回 月２回 月２回	6カ月
	的の湯の大浴場でサロンのお仲間さんと温泉につかれる	6カ月	自宅の浴槽につかれてシャワーチェアで身体を洗える	3カ月	①家族浴室の移動の見守り・介助 ②**入浴介助・洗身介助および見守り** ③**着脱介助・見守り**	●家族 ●**インフォーマル資源** ●**インフォーマル資源**	①次男の妻・孫２人 ②**さつき食堂に集うサロン仲間** ③**的の湯スタッフ**	随時	6カ月
			体に負担なくベッドで寝起きできる	3カ月	①**就寝介助・起床介助および見守り**	●**インフォーマル資源**	①**的の湯スタッフ**		6カ月

※1　サービス種別では本人、家族、保険給付対象内サービス、保険外サービス、インフォーマル資源を表記しています。
※2　各サービス内容に数字（例：①）をつけ、それを担う当該サービス提供を行う事業所、なじみの人・店にも同じ数字をつけています。
※　個人名、建物名、店名、事業所名はすべて仮名です。

事例 14

脳出血で片麻痺の自分。夢は「中学友人との温泉旅行と月イチの競馬」

要介護 2
脳出血アルコール依存症

●氏名：　O.Nさん　　●性別：男性　　●年齢：50

●主な病疾患：**脳出血　アルコール依存症　高血圧症**

●介護スタイル：☐独居　☐老老介護　☑同居介護　☐近距離介護　☐遠距離介護　☐その他（　　　）

●困りごと：

- ADL　☐食事　☑移動　☐排泄　☐入浴　☑整容（ひげ剃り、髪セット）　☐睡眠　☐その他
- IADL　☐料理　☐掃除　☐洗濯　☑買物　☐家の管理　☑お金管理　☑ご近所付き合い　☐ペットの世話　☑その他（　　）
- CADL　☑楽しみ（仕事、スマホゲーム）☑趣味（競馬、高校野球観戦）☐学び ☑交流 ☐旅行 ☐運動
- 健康管理　☑通院　☑服薬　☑栄養　☐脱水　☐衛生　☑その他（ ）

事例の概要

家族構成図（ジェノグラム）

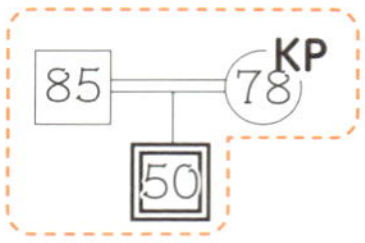

49歳で脳出血を発症。介護保険を使って歩行などのリハビリに励みながら社会復帰を目指す。車の運転ができないため職場は「徒歩圏内」などの条件があり難航。母親の縁で地域の運送会社の事務職（障害者枠）として働けることになった。職場では「座ってできる業務限定」に理解が得られ、仕事を続けられている。ようやく仕事とリハビリを両立でき、趣味や友人との交流にも意欲が湧くようになった。さらなる目標として「一人で電車に乗って趣味ができるようになる」ことを目指している。

生活歴、状態像、CADLなど

工業高校卒業後、大阪で建設業に就く。トビ職人として励んできたが43歳でアルコールとギャンブルで借金を抱え解雇。実家に戻ってくる。49歳の時、脳出血で足場から転落し救急搬送。以降、左片麻痺の後遺症で介護保険を申請。通所リハビリと左下肢装具を利用。ADLは概ね自立できているが生活面は母親がサポートしている。高血圧なので食事面は母親が気にかけて料理している。性格はおとなしいが母親にはぶっきらぼうな態度が多い。毎日スマートフォンでゲームを楽しみ過ぎて視力低下気味。今も競馬は少額だが続けており、高校野球観戦も好きである。

本人の生活への意向

- 自宅から会社まで（約1km）を歩いて通い、仕事が続けられるようにしたい。
- 近所のコンビニ（約200m）まで歩いて、好きな食べ物や飲み物を買いに行きたい。
- 中学の同級生（3人）と一緒に年1～2回は温泉旅行に行きたい。
- 一人で電車に乗って、月1回は競馬場に出かけたい。

家族の意向

父（同居・85歳）

- 私たちも年を取った。今は送迎しているが、大変だけど歩いて会社に行けるように、

もっとよくなってほしい。

- リハビリをがんばって、助かった命を大切にしてほしい。

母（同居・78歳）

- お友だちとの時間や趣味を楽しむ人生を送ってもらいたい。
- 高血圧と脳出血の再発が心配。私も健康に気をつけて料理をがんばりたい。

地域支え合いマップ

- 水田や畑が新興住宅街になっている地域。
- 幼少〜高校生まではここに住んでいた。
- 母親が地域交流を積極的にしており、本人の就職先のことなど相談できる相手がいる。
- 現在就業している東濃運輸の人たちとは身体のことを気遣ってくれる関係ができている。

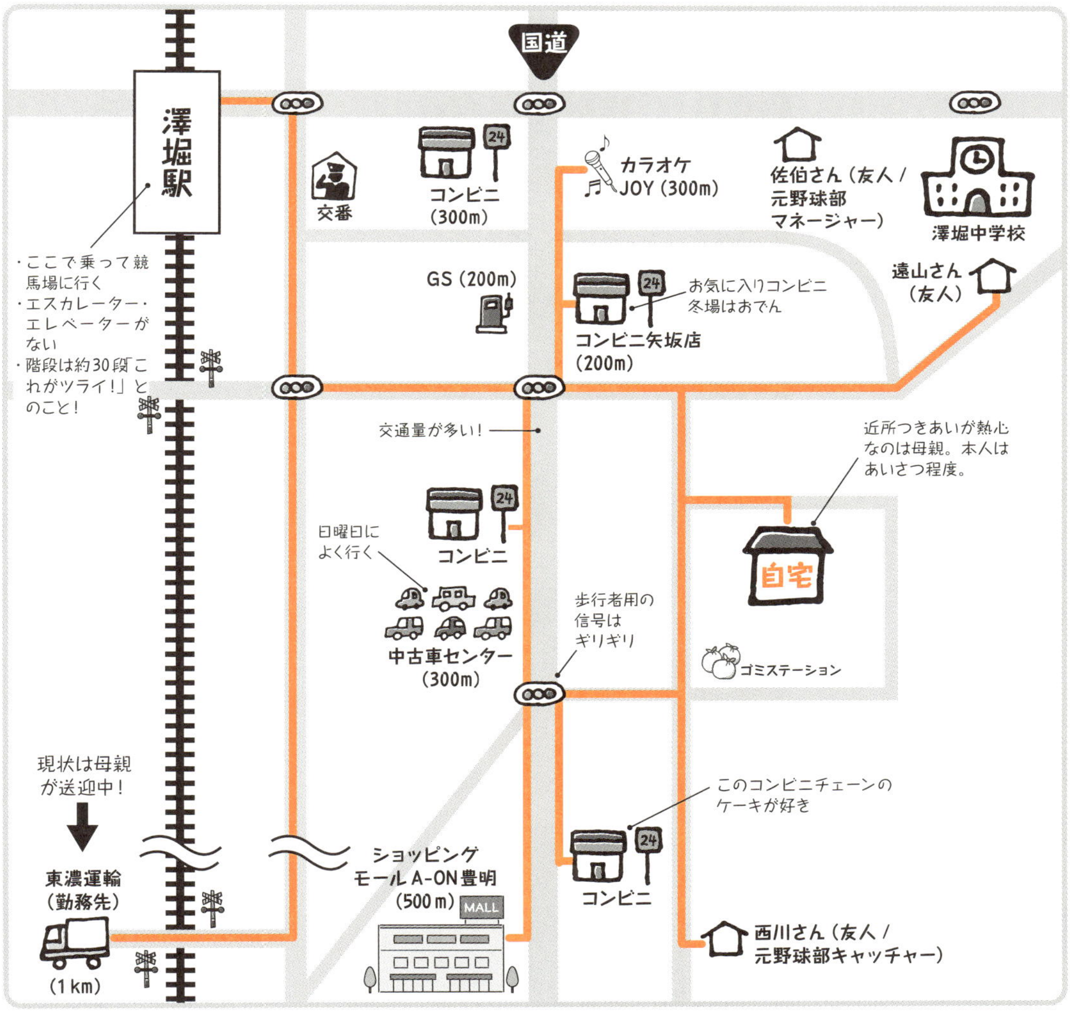

※個人名、建物名、店名、事業所名はすべて仮名です。

Be Positive

私の「意欲・動機づけ」シート

作成日　●年　●月　●日　担当：N.S

ご利用者名	O.N さん	生年月日	▲年▲月▲日 50 歳	性別	男	要介護度	要介護 2

月1回（竹村、伊東、河西）

私の「生き方」（CADL） ※記入できるところから楽しんで進めてください。 ※記入例：◎、○、△のみ		していた	現在 している	現在 続けたい	したい
暮らし・役割	① 飾り付け（種類：　　　）				
	② 料理づくり（何を：　　　誰に：　　　）				
	③ ショッピング（何を：嗜好品　　場所：コンビニ）		○	◎	
	④ 庭・花の手入れ				
	⑤ お出かけ（□散歩 □シルバーカー □タクシー他）				
	⑥ 孫・ひ孫の世話（名前：　　　）				
	⑦ ペット（種類：　　　名前：　　　）の世話				
	⑧ ボランティア（種類：　　　）				
	⑨ お墓参り（□寺）・氏子の行事（□神社）				
	⑩ 地域活動（町内会など）				
	⑪ その他（　　　　　）				
つながり	① 友達と会話（□対面　□電話　☑ LINE 等）		○	○	
	② 友達と遊ぶ（種類：会食、旅行　誰：中学の同級生）		○	◎	
	③ ランチ・ディナー（誰：友人3人と飲み会）				◎
	④ 同窓会（☑学校　□職場　□サークル）	○	○		
	⑤ 家族・親戚との団らん（名前：　　　）				
	⑥ 異性との交流（□会話　□食事　□他）				
	⑦ 通信機器（□電話 ☑スマホ　□タブレット）		○	○	
	⑧ SNS（☑ LINE　□ facebook　☑メール）		○	○	
	⑨ その他（　　　　　）				
楽しみ・趣味	① 読書（ジャンル：推理小説　作家：東野圭吾）	○	△		
	② 絵画（□描く　□塗る　□貼る　□他）				
	③ 写真（□人物　□風景　□植物　□他）				
	④ 鑑賞（□映画　□観劇　□演奏会　□落語　□他）				
	⑤ 歌唱（□合唱　□独唱　☑カラオケ）				◎
	⑥ 音楽鑑賞（ジャンル：J-POP、湘南乃風）	○	○	○	
	⑦ コンサート（ジャンル：J-POP、湘南乃風）				◎
	⑧ 楽器演奏（種類：　　　□1人　□複数）				
	⑨ 遊び（種類：　　　□1人　□複数）				
	⑩ ストレッチ（□体操　□ヨガ　□太極拳　□他）				
	⑪ 健康法（□歩く　□走る　□泳ぐ　□他）				
	⑫ スポーツ（種類：　　　）				
	⑬ 観戦（種類：高校野球観戦）		○	◎	◎
	⑭ 舞踊（種類：　　　）				

元野球部員（ピッチャー）

私の「生き方」（CADL） ※記入できるところから楽しんで進めてください。 ※記入例：◎、○、△のみ		していた	現在 している	現在 続けたい	したい
楽しみ・趣味	⑮ 散歩・ピクニック（場所：　　　）				
	⑯ 釣り（☑川　☑海　□渓流　□釣り堀）	○			◎
	⑰ アウトドア（□川　□海　□山　□他）				◎
	⑱ ギャンブル（種類：競馬（月イチ行きたい！））		○	◎	
	⑲ 投資　（□株　□外貨　□金　□宝くじ）				
	⑳ お祭り（種類：　　　場所：　　　）				
	㉑ おしゃれ（種類：　　　TPO：　　　）				
	㉒ 家庭菜園・ガーデニング・市民農園				
	㉓ その他（友人3人と海でバーベキュー）		○	○	◎
学び・手習い	① 学び（　　　　　）				
	② 作法　（□茶道　□華道　□着付け　□他）				
	③ オンライン（種類：　　　）				
	④ 教養　（種類：　　　）				
	⑤ 脳トレ（種類：　　　）				
	⑥ 教える（種類：　　　）				
	⑦ その他（　　　　　）				
巡る	① 史跡巡り（場所：　　　）				
	② 名所巡り（場所：　　　建物：　　　）				
	③ 記念館巡り（□美術館　□博物館　□他）				
	④ 食べ歩き（種類：　　　場所：　　　）				
	⑤ 手段（□散歩　□杖　□シルバーカー　□車いす）				
	⑥ 温泉・健康ランド（誰：3人との温泉旅行）				◎
	⑦ 国内旅行（場所：　　　）				
	⑧ 海外旅行（場所：　　　）				
	⑨ その他（　　　　　）				
つくる	① 料理・手芸　（種類：　　　）				
	② クラフト・工芸（種類：　　　）				
	③ プラモデル（種類：　　　）				
	④ その他（　　　　　）				
心の支え	① お参り（神社・お寺など）				
	② 宗教　（種類：　　　）				
	③ 修行・修練（種類：　　　）				
	④ その他（　　　　　）				
	⑤ その他（　　　　　）				

カラオケ JOY に行くことも！

澤堀中学校の同級生

※個人名、建物名、店名、事業所名はすべて仮名です。

第２表

居宅サービス計画書（2）

利用者名　O.N　様

※本書の第２表はインフォーマル資源を中心としたプラン構成になっています。

生活全般の解決すべき課題（ニーズ）	目標				援助内容				
	長期目標	期間	短期目標	期間	サービス内容	サービス種別※1	※2	頻度	期間
糖尿病体質を改善し、東濃運輸（約1km）の仕事を休まずに続けられる	体質改善のため１日／5,000歩歩く習慣を身に付ける	6ヵ月	塩分を控え、野菜多めの食事を心がけて食べる習慣を身に付ける	3ヵ月	①１日３食の食事と適切な水分の摂取 ②塩分量を控え、野菜を多めのメニューを多くして体力をつける ③塩分量を控え目にした母特製の夜勤弁当を食べる	●本人 ●家族	①②本人 ③母親	毎日 毎日 毎日	6ヵ月
気がねなくモールやホームセンターでの買い物や高校野球観戦、競馬に出かけられるようになる	来年の春・夏の高校野球県大会は通しで５回、競馬は月１回電車で行く	6ヵ月	左足の捻挫に気をつけながら、職場近くのスポーツジム・ベスト（徒歩20分）や近所のコンビニ矢坂店（徒歩10分）まで補装具を使わずに歩いて行けるようになる	3ヵ月	①左足首の関節が固まらないように関節を動かすリハビリ ②装具使用時の歩行評価 ③左右の下肢筋力維持のための運動リハビリ ④職場やコンビニまで歩く体力向上のための運動リハビリ ⑤バスの乗降と電車（JR澤堀駅）の環境（段差・段数・傾斜）を想定したリハビリ内容の検討、評価	●通所リハビリテーション ●居宅介護支援	①②③④⑤しもむら整形外科リハビリクリニック ⑤はるかケアプランセンター	週２回 随時	6ヵ月
					①歩行による職場とコンビニまでの移動時間、休憩を入れる間隔を把握し通所リハへ報告 ②会社が休日のときに歩く機会をつくる	●本人 ●本人	①本人 ②本人	毎日 休日	6ヵ月
					③本人が買い物をする時の車の運転 **④日用品の買い物のお手伝い**	●家族 ●**インフォーマル資源**	③母親 **④ショッピングモールA-ON豊明店あったかサポーター**	買い物時 必要時	6ヵ月
中学同級生の友人たち（3名）と月１回の外食や旅行へ出かけることができる「付き合い」を続けていきたい	来年の忘年会シーズンには、中学同級生の友人たち（3名）と箱根町で１泊２日の温泉旅行を実現する	6ヵ月	中学同級生の友人たち（3名）と偶数月に「中年グルメ歩き」と称して外食へ出かける	3ヵ月	**①LINEや電話での定期的な交流** **②３か月〜半年の頻度で集まり食事をする機会づくり** ③食事場所までの送迎 ④外食先で移動など動きやすい環境の食事場所選び	●**インフォーマル資源** ●家族	**①②澤堀中学（3年3組）同級生（佐伯、遠山、西川）** ③④母親	交流機会時	6ヵ月
					⑤会社が休みの日に友人と近況報告や外食の計画 **⑥日常的な交流機会のある会社職員との県内B級グルメの雑談**	●本人 ●**インフォーマル資源** ●**インフォーマル資源**	⑤本人 **⑤３人の友人** **⑥職場の皆さん**	友人との外出時 随時	6ヵ月
					⑦外食先での移動動作や食事動作などの具体的なトレーニング、アドバイス	●通所リハビリテーション	⑦しもむら整形外科リハビリクリニック	週２回	6ヵ月

※１　サービス種別では本人、家族、保険給付対象内サービス、保険外サービス、インフォーマル資源を表記しています。
※２　各サービス内容に数字（例：①）をつけ、それを担う当該サービス提供を行う事業所、なじみの人・店にも同じ数字をつけています。
※　個人名、建物名、店名、事業所名はすべて仮名です。

事例 15

くも膜下出血の寝たきりから回復。商工会議所のキャリア相談室の支援で再就職をゲット！

要介護 1
くも膜下出血後遺障害

●氏名：M.Pさん　●性別：女性　●年齢：44

●主な病疾患：くも膜下出血後遺障害（高次脳機能障害）

●介護スタイル：☐独居　☐老老介護　☑同居介護　☐近距離介護　☐遠距離介護　☐その他（　　　）

●困りごと：

- ●ADL　☐食事　☑移動　☐排泄　☐入浴　☐整容（　　）　☐睡眠　☐その他
- ●IADL　☐料理　☐掃除　☐洗濯　☑買物　☐家の管理　☑お金管理　☑ご近所付き合い　☐ペットの世話　☑その他（就労）
- ●CADL　☐楽しみ（　　　）　☐趣味（　　　）　☐学び　☐交流　旅行　☐運動
- ●健康管理　☐通院　☐服薬　☐栄養　☐脱水　☐衛生　☑その他（就労に向けたコミュニケーション、仕事に耐えられる体力づくり）

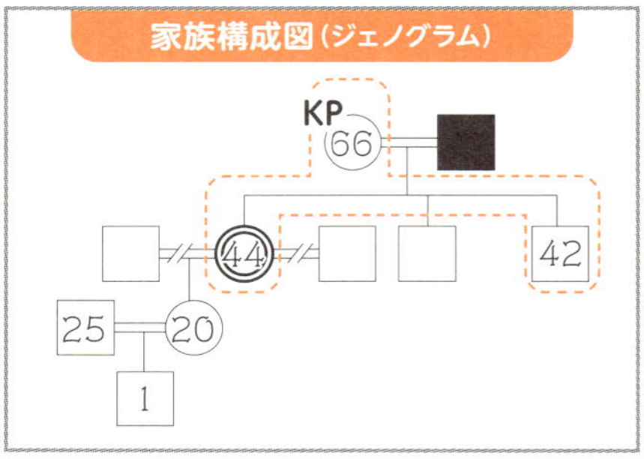

事例の概要

　不動産会社に勤めている39歳の時にくも膜下出血を発症。後遺障害は重度。胃ろうとなり車椅子使用。意思表示も困難なほどだった。母親が実家に引き取り面倒をみることになり40歳で介護保険を申請、要介護度5。母親の献身的な介護のおかげで少しずつ回復。経口摂取、意思表示が可能になる。「意欲・動機付けシート」で本人の思いも少しずつ表明され、いつかはまた働きたいという希望も生まれてくる。課題は、①外を歩けるようになること、②体力をつけること、③就労に向けて自分から意思を伝えられること、④必要なコミュニケーションがとれること。8ヵ月後、通所リハビリを卒業して就労移行支援を目指し、2年後に仕事に復帰した。

生活歴、状態像、CADLなど

　3人きょうだいの長女。23歳で結婚し翌年に娘を出産。27歳で離婚し翌年に再婚するが、その翌年に離婚。当時は県外に住んでいたが39歳でくも膜下出血発症後は母親の住む家に末弟と3人で同居する。43歳の時1人娘が出産、初孫となる。職歴はカメラ店や不動産会社での接客等。キャリアアップへの思いは強く、密かに宅建を目指して勉強していた。性格は前向きでがんばり屋。カラオケ、映画、おしゃれなど多趣味。

本人の生活への意向

- 就職に必要な職業訓練をがんばり、再び就職して家にお金を入れ、家族一緒に温泉旅行に行きたい。
- 前向きにリハビリをがんばり、仕事に復帰できる体力をつけたい。
- お世話になった介護や医療の人たちにお礼を伝えに行きたい。
- おしゃれをして外出や外食を楽しみたい。孫と一緒に遊んだり世話をしたい。

家族の意向

母（同居・66 歳）

- 寝たきりで胃ろうだった娘が就職を目指すなんて当時を思うと夢みたい。
- 元々性格は前向きでがんばり屋、おしゃれが好きで華やかで社交性のある娘なので、娘らしく前向きに頑張ってもらいたいしサポートしていきたい。
- 娘はがんばりすぎてしまう性格、高次脳機能障害があるので本当に就職できるまで回復するのか不安。娘を理解してくれる就職先があることを願っている。
- 高血圧と脳出血の再発が心配。健康に気をつけて料理したい。

地域支え合いマップ

- 高齢化する団地群と新興住宅地が共存する地域でコミュニティ意識に距離がある。
- 団地群のそばを流れる一級河川はゲリラ豪雨があると氾濫危険区域になる。
- 団地群のなかに小中学校時代の友だちもいて、不定期で連絡を取り合う人もいる。
- 平地なので車椅子や杖での移動はしやすい。ガードレール、歩道は老朽化。

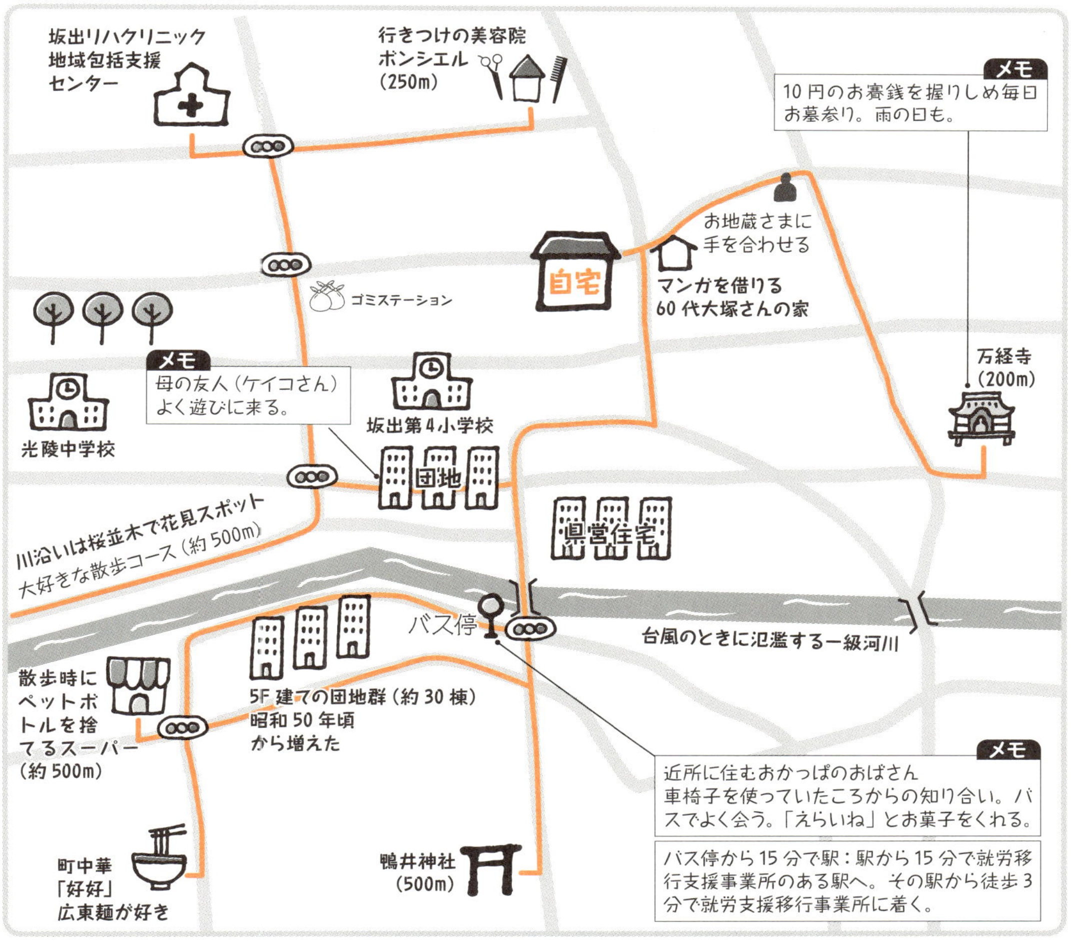

※個人名、建物名、店名、事業所名はすべて仮名です。

Be Positive
私の「意欲・動機づけ」シート

作成日　●年　●月　●日　担当：S.Y

ご利用者名	M.P さん	生年月日	▲年▲月▲日 44 歳	性別	女	要介護度	要介護 1

私の「生き方」(CADL)
※記入できるところから楽しんで進めてください。
※記入例：◎、○、△のみ

		していた	現在		したい
			している	続けたい	
暮らし・役割	① 飾り付け（種類：　　　）				
	② 料理づくり（何を：　　　誰　週 1 回 ↓	○			
	③ ショッピング（何を：洋服　場所：○○モール）		◎	◎	
	④ 庭・花の手入れ　↑ 好きな色はオレンジ！	○			
	⑤ お出かけ（☑散歩 □シルバーカー □タクシー他）		◎	◎	
	⑥ 孫・ひ孫の世話（名前：マユちゃん（1 歳））				◎
	⑦ ペット（種類：　　　名前：　　　）の世話				
	⑧ ボランティア（種類：高齢者介護関係（デイ））				○
	⑨ お墓参り（☑寺）・氏子の行事（□神社）				○
	⑩ 地域活動（町内会など）　万経寺（父の墓）↗				
	⑪ その他（　　　　　）				
つながり	① 友達と会話（□対面　□電話　☑ LINE 等）		○	○	
	② 友達と遊ぶ（種類：　　　誰：　　　）				
	③ ランチ・ディナー（店名：○○モールの中のレストランなど　誰：母）				○
	④ 同窓会（□学校　□職場　□サークル）				△
	⑤ 家族・親戚との団らん（名前：母、弟）		○	○	○
	⑥ 異性との交流（□会話　□食事　□他）				
	⑦ 通信機器（☑電話　☑スマホ　□タブレット）		○	○	○
	⑧ SNS（☑ LINE　□ facebook　□メール）		○	○	○
	⑨ その他（　　　　　）　グループラインは 10 コ ↗				
楽しみ・趣味	① 読書（ジャンル：漫画　作家：こだわりはない）	◎	△	△	
	② 絵画（□描く　□塗る　□貼る　□他）				
	③ 写真（□人物　□風景　□植物　□他　アニメ全般！↘				
	④ 鑑賞（☑映画　□観劇　□演奏会　□落語　□他）			◎	
	⑤ 歌唱（□合唱　□独唱　☑カラオケ）			○	
	⑥ 音楽鑑賞（ジャンル：スピッツ、エグザイル、安室奈美恵など）				○
	⑦ コンサート（ジャンル：　　　）				
	⑧ 楽器演奏（種類：　　　□ 1 人　□複数）				
	⑨ 遊び（種類：　　　□ 1 人　□複数）				
	⑩ ストレッチ（□体操　□ヨガ　□太極拳　□他）				
	⑪ 健康法（☑歩く　□走る　□泳ぐ　□他）				◎
	⑫ スポーツ（種類：　　　）　ヘルスウォッチを試したい ↗				
	⑬ 観戦（種類：　　　）				
	⑭ 舞踊（種類：　　　）				

私の「生き方」(CADL)
※記入できるところから楽しんで進めてください。
※記入例：◎、○、△のみ

		していた	現在		したい
			している	続けたい	
楽しみ・趣味	⑮ 散歩・ピクニック（場所：　　　）				
	⑯ 釣り（☑川　□海　□渓流　□釣り堀）				
	⑰ アウトドア（□川　□海　□山　□他）				
	⑱ ギャンブル（種類：　　　）				
	⑲ 投資　（□株　□外貨　□金　□宝くじ）				
	⑳ お祭り（種類：　　　場所：　　　）				
	㉑ おしゃれ（種類：美容院　TPO：通勤時の私服）		○	◎	
	㉒ 家庭菜園・ガーデニング・市民農園				
	㉓ その他（　　　）				
学び・手習い	① 学び（パソコン教室）				◎
	② 作法　（□茶道　□華道　□着　仕事に活かせる検定を！↗				
	③ オンライン（種類：　　　）				
	④ 教養　（種類：　　　）				
	⑤ 脳トレ（種類：　　　）				
	⑥ 教える（種類：　　　）				
	⑦ その他（　　　）				
巡る	① 史跡巡り（場所：　　　）				
	② 名所巡り（場所：　　　建物：　　　）				
	③ 記念館巡り（□美術館　□博物館　□他）				
	④ 食べ歩き（種類：かき氷　誰：母）				◎
	⑤ 手段（☑散歩　□杖　□シルバーカー　□車いす）				○
	⑥ 温泉・健康ランド（誰：スーパー銭湯）				○
	⑦ 国内旅行（場所：今まで行ったことのない所）				◎
	⑧ 海外旅行（場所：　　　）　屋久島、礼文島とか ↗				
	⑨ その他（　　　）				
つくる	① 料理・手芸　（種類：　　　）				
	② クラフト・工芸（種類：　　　）				
	③ プラモデル（種類：　　　）				
	④ その他（　京都の名所巡り、東福寺、苔寺 ↘				
心の支え	① お参り（神社・お寺など）		◎	◎	
	② 宗教　（種類：　　　）				
	③ 修行・修練（種類：　　　）				
	④ その他（近所の散歩コースにあるお地蔵様）		◎	◎	
	⑤ その他（　　　）				

※個人名、建物名、店名、事業所名はすべて仮名です。

第２表

居宅サービス計画書（2）

利用者名　**M.P**　**様**

※本書の第２表はインフォーマル資源を中心としたプラン構成になっています。

生活全般の解決すべき課題（ニーズ）	目標				援助内容				
	長期目標	期間	短期目標	期間	サービス内容	サービス種別※1	※2	頻度	期間
就職できるための必要なスキルを２年後には修得し、給料をもらえるようになる	働くことに自信がつき、就職に向けた目標（パソコン検定２級の合格）を達成する	１年	パソコンやコミュニケーションスキルを向上させ社会復帰のための準備に取り組む	６ヵ月	①就労移行支援事業所までのバス、電車、バスでの移動を行う［通勤の習慣づくり］ ②**面接の練習や電話の対応などコミュニケーションスキルの向上を図る［面接技術］** ③**パソコンを使った報告をＥメールで行えるスキルを身につける［PC 習得］** ④**担当者との定期面談でキャリア目標の設定や就職先の希望について相談を行う［キャリア計画］**	●就労移行支援（坂出市障害福祉サービス） ●**インフォーマル資源**	①つばさ事業所 ②③④**坂出商工会議所キャリア相談室**	週４～５日 必要時	６ヵ月
就職先への長い距離をバスと電車を乗り継ぎ通い続けるだけの体力をつける	就業時間8時間を頑張ることのできる体力をつくりたい	1年	散歩をすることを日課にして、鴨井神社（片道 500m）に回復に向け祈願を行い、運動習慣を身につける	６ヵ月	①毎朝決まった散歩コース（約 1km：約１時間）を歩く ②自宅からスーパーへペットボトルを捨てにいく ③神社にお賽銭を入れて回復祈願 ④お地蔵さまに手を合わせる ⑤**漫画を借りる大塚さんに元気よく朝の挨拶をする**	●セルフケア ●**インフォーマル資源**	①②③④本人 ⑤**近所の大塚さん**	毎日	６ヵ月
３年後、おしゃれをして娘夫婦と孫と一緒にディズニーランドでパレードを楽しみたい	春は団地の桜並木で花見、秋は秩父の紅葉を娘家族と楽しむ	１年	行きつけの美容院に行き、おしゃれをしてショッピングや外食、外出を楽しむ	６ヵ月	①**行きつけの美容室でヘアカットやカラーをする** ②弟の車でショッピングモールに行きショッピングをする ③母親の休みにはバスを乗り継ぎ、レストランなどでランチを楽しむ	●セルフケア ●**インフォーマル資源** ●家族	①本人 ①**美容院ボンシエル** ②③弟・母	月１回 偶数月 適宜	６ヵ月
			娘夫婦と孫とお出かけを楽しむ	６ヵ月	①娘家族の来訪に合わせ、お出かけの計画（季節に合わせた日帰り旅行等）を立てる ②孫の子守りで絵本を読んだり、散歩する時の服やおもちゃをプレゼントする	●セルフケア ●家族	①②本人 ②娘、娘婿、孫（マユちゃん）	娘家族の来訪時	６ヵ月
不安なく玄関や建物、道路などの段差の移動ができる	転倒の不安なく毎日の外出を楽しむことができる	１年	手すりと杖を使用して安全に段差の移動ができる	６ヵ月	①玄関の上り框に据え置き型の手すりを設置して転倒に注意しながら段差の移動を行うことができる ②外出時、ぶつからないように杖を使用する	●福祉用具貸与（手すり） ●福祉用具貸与（杖）	①②ふくしレンタル	毎日	６ヵ月

※１　サービス種別では本人、家族、保険給付対象内サービス、保険外サービス、インフォーマル資源を表記しています。
※２　各サービス内容に数字（例：①）をつけ、それを担う当該サービス提供を行う事業所、なじみの人・店にも同じ数字をつけています。
※　個人名、建物名、店名、事業所名はすべて仮名です。

事例 **16**

認知症になっても信仰つながりの支えでハンドベルに挑戦！

要介護 1 認知症

- 氏名：M.Iさん　　● 性別：女性　　● 年齢：81
- 主な病疾患：**アルツハイマー型認知症**
- 介護スタイル：☑独居　□老老介護　□同居介護　□近距離介護　□遠距離介護　□その他（　　　）
- 困りごと：
  - ADL　□食事　□移動　□排泄　☑入浴　□整容　□睡眠　□その他
  - IADL　□料理　☑掃除　☑洗濯　☑買物　☑家の管理　☑お金管理　□ご近所付き合い　□ペットの世話　☑その他（**ゴミの仕分け、ゴミ出し**）
  - CADL　☑楽しみ（**絵を描くこと、人とおしゃべりすること**）□趣味　□学び　□交流　□旅行　□運動
  - 健康管理　☑通院　☑服薬　☑栄養　□脱水　□衛生　☑その他（　）

事例の概要

家族構成図（ジェノグラム）

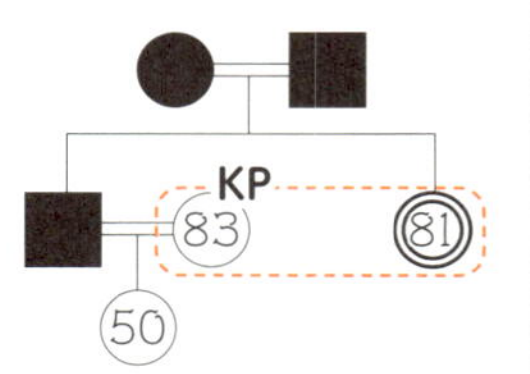

30代は、デパートの洋服売り場で販売員をしていた。結婚歴はなくキリスト教会の活動をしていた。40代からは、母の介護にかかりきりになるが、最終的に介護施設で看取り、70代から一人暮らしが始まる。企業の庭園プロジェクトに合意し、78歳で持ち家の敷地を提供し、立ち退き後に近所に新築のバリアフリー住宅を建ててもらう。しかし、引っ越した後に極度のもの忘れが始まり、アルツハイマー型認知症と診断される。キリスト教会の知人や幼なじみ、横浜に住む義姉の支援を受け、一人暮らしを続けてきた。家事がおろそかになってきたので、介護保険を申請。要支援となりヘルパーを利用開始。半年後、要介護度1となる。

生活歴、状態像、CADLなど

小学校の頃から、母親と一緒にキリスト教会に通うようになり、英会話を学んだり、教会関係の友人や知人とのつき合いが多くなった。父親は若い頃に亡くなり、母親との二人暮らしが続き、結婚するタイミングを失う。大きな病気をすることもなく、母の介護をした。穏やかな性格でユーモアのセンスがあり、おしゃべりが大好き。訪れる人ににこやかに楽しい話をしてくれるので、とても好かれている。認知症になり、もの忘れを自覚して以降、カレンダーや手帳にメモのような記録やイラストを描くようになる。兄は亡くなっているが、義姉が契約ごとなどの面倒をみている。

本人の生活への意向

- 住み慣れた地域の新しいバリアフリー住宅で一人暮らしを続けていきたい。
- 寂しい時は犬のぬいぐるみに話しかけたり、教会の知人や友人、横浜に住む義姉と電話したりして、関わり合いを深め、穏やかに過ごしていきたい。
- 以前礼拝に通っていた頃に覚えた賛美歌を歌ったり、気が向いたときにイラストを楽しみたい。それにクリスマスに少しでもいいのでハンドベルを演奏したい。
- リビングに教会の知人や友人からのはがきや写真を飾り、心がなごむ空間をつくりたい。

家族の意向

義姉（別居・83歳）

- 認知症が進んでいるが、義妹は新しいバリアフリー住宅の家で落ち着いている。
- 日々、地域や教会の信者のみなさんに見守られ、介護サービスを利用しながら自宅で過ごしてほしい。
- 私も半年に1回以上は、必要な手続きのために来るので逐一、様子を教えてほしい。

地域支え合いマップ

- 教会が歩いて20分のところにある。駅も近く、交通量も多くないので歩くのには安心なエリアである。
- 立ち退きにあった自宅が歩いて10分のところにあり、なじみの地域に住んでいる。
- 近くに知人宅やスーパー、コンビニがあり、教会の友人と行くカフェでケーキやパフェを食べたりすることもある。ランチ時、中華店などに教会の知人が誘ってくれることが月に数回ある。
- 教会の友人の戸部さん、石場さんが自転車に乗って頻繁に訪れてくれている。

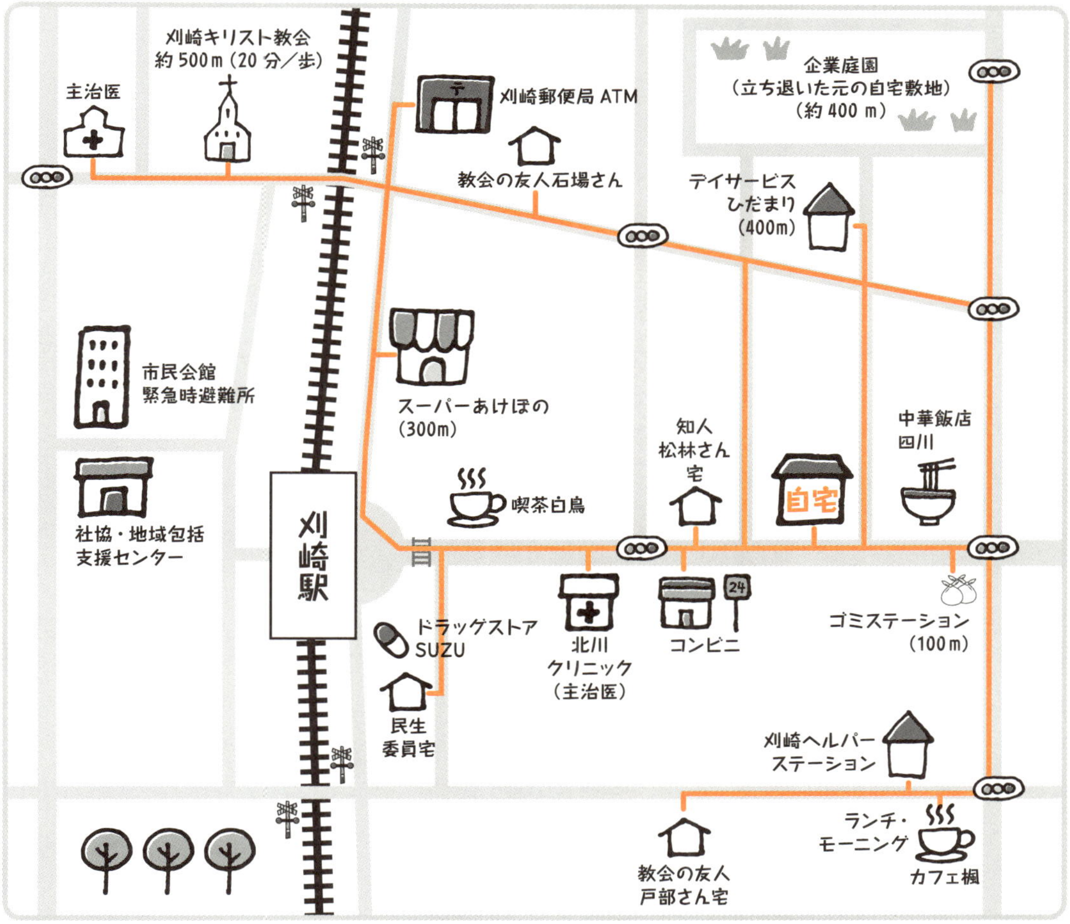

※個人名、建物名、店名、事業所名はすべて仮名です。

Be Positive

私の「意欲・動機づけ」シート

作成日　●年　●月　●日　担当：Y.M

ご利用者名	M.I さん	生年月日	▲年▲月▲日 81 歳	性別	女	要介護度	要介護 1

私の「生き方」(CADL)
※記入できるところから楽しんで進めてください。
※記入例：◎、○、△のみ

分類	項目	していた	現在 している	現在 続けたい	したい
暮らし・役割	① 飾り付け（種類：ハガキや置物など飾っている）		○	○	
	② 料理づくり（何を：　　　誰に：　　　）	○			
	③ ショッピング（何を：食材 場所：スーパーあけぼの）		○	○	
	④ 庭・花の手入れ				
	⑤ お出かけ（☑散歩 □シルバーカー □タクシー他）	○	△		◎
	⑥ 孫・ひ孫の世話（名前：　行きたい場所は元々あった家				
	⑦ ペット（種類：　　　名前：　　　）の世話				
	⑧ ボランティア（種類：教会の日曜学校）	○	○	○	
	⑨ お墓参り（□寺）・氏子の行事（□神社）				
	⑩ 地域活動（町内会など）				
	⑪ その他（教会の礼拝など）	○			◎
つながり	① 友達と会話（☑対面 ☑電話 □ LINE 等）		○	◎	
	② 友達と遊ぶ（種類：知人　誰：節子さん）		○	◎	
	③ ランチ・ディナー（誰：マイケル牧師夫婦）		○	○	
	④ 同窓会（□学校 □職場 □サークル）				
	⑤ 家族・親戚との団らん（名前：君江さん（義姉））		○	○	◎
	⑥ 異性との交流（□会話 □食事 □他）				
	⑦ 通信機器（☑電話 □スマホ □タブレット）		○	○	
	⑧ SNS（□ LINE □ facebook □メール）				
	⑨ その他（　心の支え！				
楽しみ・趣味	① 読書（ジャンル：聖書、教団週報、讃美歌の本）	○			◎
	② 絵画（☑描く □塗る □貼る □他）		○	○	
	③ 写真（□人物 □風景 □植物 □他）				
	④ 鑑賞（□映画 □観劇 □演奏会 □落語 □他）				
	⑤ 歌唱（☑合唱 ☑独唱　クリスマスに教会で！	○	△		◎
	⑥ 音楽鑑賞（ジャンル：讃美歌）	○	△		◎
	⑦ コンサート（ジャンル：　　　）				
	⑧ 楽器演奏（種類：ハンドベルをやってみたい □1人 ☑複数）				◎
	⑨ 遊び（種類：　　　□1人 □複数）				
	⑩ ストレッチ（□体操 □ヨガ □太極拳 □他）				
	⑪ 健康法（☑歩く □走る □泳ぐ □他）	○	△		○
	⑫ スポーツ（種類：　　　）				
	⑬ 観戦（種類：　　　）				
	⑭ 舞踊（種類：　　　）				

私の「生き方」(CADL)
※記入できるところから楽しんで進めてください。
※記入例：◎、○、△のみ

分類	項目	していた	現在 している	現在 続けたい	したい
楽しみ・趣味	⑮ 散歩・ピクニック（場所：立ち退いた自宅敷地）		○	○	
	⑯ 釣り（☑川 □海 □渓流 □釣り堀）				
	⑰ アウトドア（□川 □海 □山 □他）				
	⑱ ギャンブル（種類：　　　）				
	⑲ 投資（□株 □外貨 □金 □宝くじ）				
	⑳ お祭り（種類：夏祭り 山車　場所：家の前）	○			◎
	㉑ おしゃれ（種類：洋服 TPO：外出（ランチなど））	○	△		◎
	㉒ 家庭菜園・ガー　マイケル牧師夫婦と！				
	㉓ その他（　　　）				
学び・手習い	① 学び（　　　）				
	② 作法（□茶道 □華道 □着付け □他）				
	③ オンライン（種類：　　　）				
	④ 教養（種類：　　　）				
	⑤ 脳トレ（種類：　　　）				
	⑥ 教える（種類：　　　）				
	⑦ その他（　　　）				
巡る	① 史跡巡り（場所：　　　）				
	② 名所巡り（場所：　　　建物：　　　）				
	③ 記念館巡り（□美術館 □博物館 □他）				
	④ 食べ歩き（種類：　　　誰：　　　）				
	⑤ 手段（☑散歩 ☑杖 □シルバーカー □車いす）		△	△	
	⑥ 温泉・健康ランド（場所：　　　）				
	⑦ 国内旅行（場所：　　　）				
	⑧ 海外旅行（場所：　　　）				
	⑨ その他（　　　）				
つくる	① 料理・手芸（種類：　　　）				
	② クラフト・工芸（種類：　　　）				
	③ プラモデル（種類：　　　）				
	④ その他（　　　）				
心の支え	① お参り（神社・お寺など）				
	② 宗教（種類：キリスト教会（日曜礼拝））	○	△		○
	③ 修行・修練（種類：讃美歌）	○	△		◎
	④ その他（　　　）				
	⑤ その他（　　　）				

※個人名、建物名、店名、事業所名はすべて仮名です。

第２表

居宅サービス計画書（2）

利用者名　　**M.I**　　**様**

※本書の第２表はインフォーマル資源を中心としたプラン構成になっています。

生活全般の解決すべき課題（ニーズ）	目標				援助内容				
	長期目標	期間	短期目標	期間	サービス内容	サービス種別※1	※2	頻度	期間
もの忘れが進んでも一人暮らしを元気に続けていきたい	体調が悪くなることなく、自分のペースで生活が送れる	1年	忘れてしまっても安心できるようにしっかりメモ書きし、穏やかに不安なく日々を暮らす	3ヵ月	①②服薬時の声かけをする ③診察および薬の処方、健康にかかわる相談を指導など（月１回）	●訪問介護 ●地域密着型デイ ●主治医	①刈崎ヘルパーステーション ②デイサービスひだまり ③北川クリニック	週５日 週２日	3ヵ月
友人たちとお出かけする時は身ぎれいにオシャレして、たくさんの会話をする	教会の礼拝やミサに参加した時は、讃美歌を合唱できるようになる	1年	気の合った知人や友人と電話で毎日話し、週１回以上は身ぎれいにオシャレしてランチやカフェに行く	3ヵ月	①**楽しくおしゃべりをした後に、讃美歌を１回以上練習する** ②**髪の毛をカットしてもらう** ③入浴を声がけし、洗身を見守る ④**お出かけの付き添い、カフェやレストランに車で送迎する**	●**インフォーマル資源** ●**インフォーマル資源** ●地域密着型デイ ●**インフォーマル資源**	①**教会の友人、知人** ②**知人（元美容師）** ③デイサービスひだまり ④**教会の友人、近所の知人**	適宜 週２回 週１回程度 適宜	3ヵ月
３食の食事で栄養を摂り、体力をつけ健康な日々を送る	タンパク質とカルシウムの栄養を摂り、体調よく健康に過ごせる	1年	必要な生活用品を買い物でそろえ、宅配弁当や外食で栄養を摂る	3ヵ月	①訪問介護に買い物同行してもらい、買い物に行けない時は代行してもらう ②宅配弁当を自分で受け取り食べる ③**買い物や外食に必要なお金を郵便局のATMでおろす時には、教会の友人に付き添ってもらう**	●訪問介護 ●宅配弁当 ●**インフォーマル資源**	①刈崎ヘルパーステーション ②宅食オリザ ③**教会の友人**	週５日 週２回 月１回	3ヵ月
毎年のクリスマスで教会のみなさんに加わり、ハンドベルの讃美歌演奏に参加する	讃美歌「もろ人こぞりて」の自分のパートが弾ける	1年	ハンドベルで「春の小川」が弾けるようになる	6ヵ月	①**ハンドベルの鳴らし方、音階を学ぶ** ②「春の小川」を何度も聴いてパートを覚える ③**教会の友人に練習につきあってもらう**	●**インフォーマル資源** ●本人	①**ハンドベル指導者** ②本人 ③**教会の友人**	週１回 適宜 適宜	3ヵ月
	ハンドベルを振るために握力をアップさせる	6ヵ月	手首と腕の上下運動がやわらかくできるようになる	3ヵ月	①デイサービスのリハビリのハンドベル演奏に参加する ②手首と腕の関節可動域アップのリハビリに取り組む	●地域密着型デイ ●訪問リハビリ	①デイサービスひだまり ②北川訪問看護ステーション	週２回 週１回	3ヵ月

※１　サービス種別では本人、家族、保険給付対象内サービス、保険外サービス、インフォーマル資源を表記しています。
※２　各サービス内容に数字（例：①）をつけ、それを担う当該サービス提供を行う事業所、なじみの人・店にも同じ数字をつけています。
※　個人名、建物名、店名、事業所名はすべて仮名です。

事例 17

認知症になっても「お散歩マップ」と地域の支え合いで安心して「まち歩き」

要介護 2
認知症
腰椎圧迫骨折

●氏名：R.Tさん　　●性別：女性　　●年齢：88

●主な病疾患：**アルツハイマー型認知症　左外傷性慢性硬膜下血腫　腰椎圧迫骨折　高血圧**

●介護スタイル：☑独居　□老老介護　□同居介護　☑近距離介護　□遠距離介護　□その他（　　　）

●困りごと：

- ADL　□食事　☑移動　□排泄　□入浴　☑整容　□睡眠　□その他
- IADL　□料理　□掃除　□洗濯　☑買物　□家の管理　□お金管理　□ご近所付き合い　□ペットの世話　☑その他（　　）
- CADL　□楽しみ（　　）　☑趣味（　　）　□学び　□交流　□旅行　□運動
- 健康管理　□通院　□服薬　□栄養　□脱水　□衛生　□その他（　　）

事例の概要

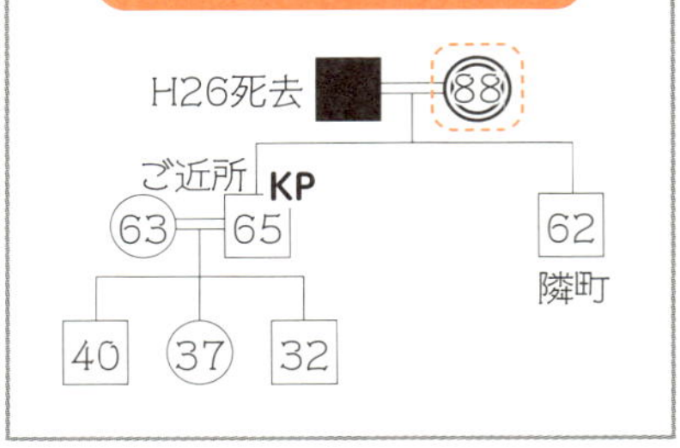

家族構成図（ジェノグラム）

3年ほど前から、自転車でよく転ぶようになり、自宅前で動けなくなっていたこともあった。もの忘れも進み、財布や鍵の置き忘れ、同じ物品の購入などが増え、認知症疾患センターから介護保険の利用を勧められる。脳萎縮と認知機能の低下が見られ、初診時長谷川式認知症スケールは22点だった。ご近所のなじみの人たちが「見守り役」を担ってくれ、なんとか地域生活が送れている。

生活歴、状態像、CADLなど

20歳で結婚。男の子2人を働きながら育てる。美容院の手伝いをしていた。近所には顔見知りも多い。楽しみは友人との散歩や運動。近所のなじみの喫茶店（グリーン、白樺）のモーニング巡りをしていた。一人暮らしで、近所に住む長男夫婦に面倒をみてもらっている。買い物が大好きで1週間に洋服だけで4万円使ってしまうこともある。冷蔵庫が同じ商品ばかり（惣菜など）になり、ヘルパーと一緒に捨てることが日常化している。

ADLはシルバーカーで歩くがバランスを崩して転ぶことも増えている。帰る道がわからなくなり徘徊ネットワークで発見されることも多くなり、お守りタイプのGPSホルダーを1年前から首に下げている。排泄は自立。掃除機はかけられないが、ある程度室内は整理されている。通院は月1回認知症疾患センターへ行っている。

本人の生活への意向

- もの忘れがひどくて長男にもよく怒られる。これ以上悪くならないようにしたい。
- 好きな買い物には行きたい。コンビニにはいろんなものがあるので好き。
- ご近所づきあいでやっている歩道の草取りなどに参加し続けたい。参加しないと1,000円払わないといけないからね（笑）。
- 運動は月に2回、老人憩いの家でコグニサイズ運動を続けたい。

家族の意向

長男（近居・65 歳）

- 3 年前から面倒を見ているが、自分たち夫婦の言うことを聞かないので困っている。
- デイサービス春風には知り合いも多く嫌がらずに行ってくれているので、妻もよろこんでいます。いつも携帯でデイの昼ご飯の写真を撮ってくれるので、助かっています。
- 近所のスーパー銭湯「白泉の湯」に連れて行ってあげたい。岩盤浴が大好きなんですよ。

次男（62 歳）

- 行方不明の時に地元の人やタクシー会社さんにはお世話になり感謝しています。
- 兄に世話ばかりをかけています。休日にスーパー銭湯に連れていってあげたい。
- ドライブに行って好きなそばをいっしょに食べたいですね。

地域支え合いマップ

- 40年前は田んぼと畑ばかり。新しい家が建ちすっかり町の景色が変わる。
- 足腰がしっかりしていたので、すぐに歩いてどこかに行こうとするが迷子になる。
- 国道の向こうのホームセンターに行きたいが信号が短く高齢者には渡り切れない。
- 私鉄の線路が広くシルバーカーで渡り切れずに高齢者が立ち往生するケースあり。

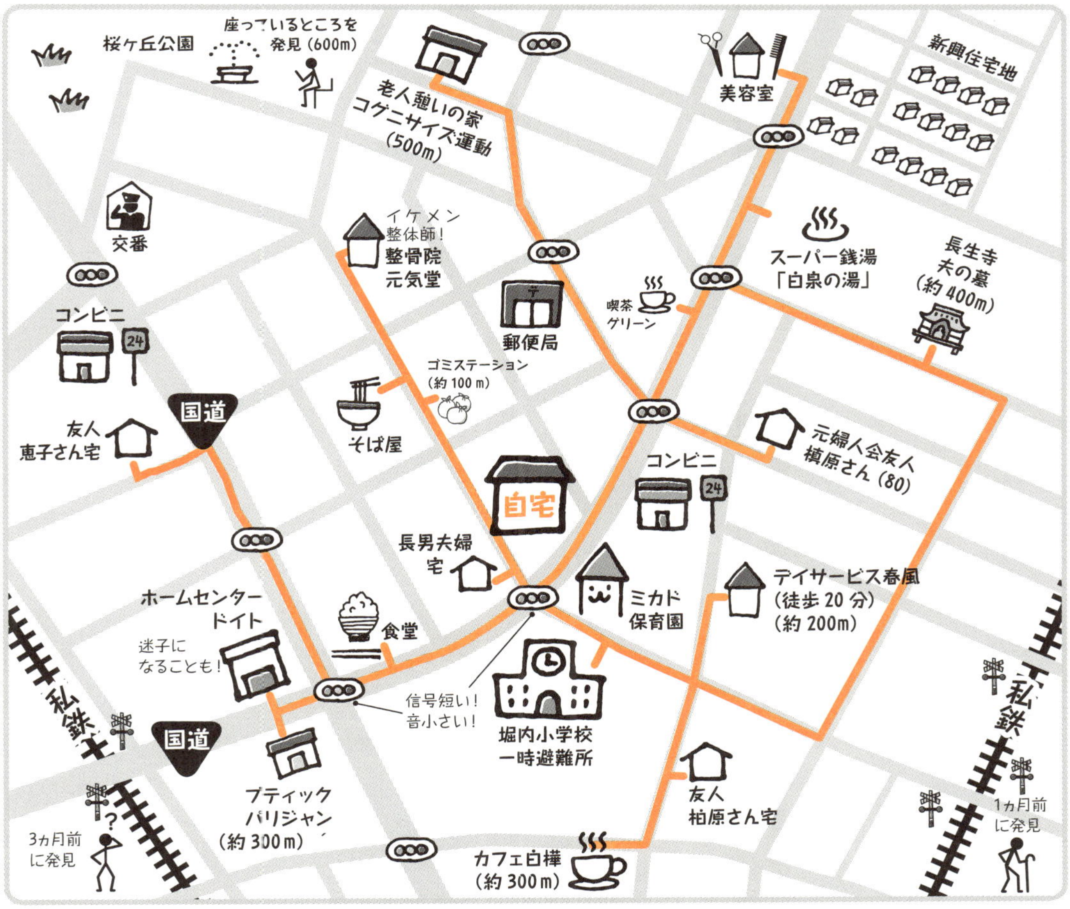

※個人名、建物名、店名、事業所名はすべて仮名です。

Be Positive
私の「意欲・動機づけ」シート

作成日　●年　●月　●日　担当：J.H

ご利用者名	R.T さん	生年月日	▲年▲月▲日 88 歳	性別	女	要介護度	要介護 2

分類	私の「生き方」(CADL) ※記入できるところから楽しんで進めてください。 ※記入例：◎、○、△のみ	していた	現在 している	現在 続けたい	したい
暮らし・役割	① 飾り付け（種類：整理整頓好き）		◎	◎	
	② 料理づくり（何を：味噌汁　誰に：自分に）		◎		
	③ ショッピング（何を：日用品　場所：ホームセンターードイト） いろいろあってスゴク楽しい!		◎		◎
	④ 庭・花の手入れ				○
	⑤ お出かけ（□散歩 ☑シルバーカー □タクシー他）		◎		◎
	⑥ 孫・ひ孫の世話（名前：　　）				
	⑦ ペット（種類：　　名前：　　）の世話				
	⑧ ボランティア（種類：　　）				
	⑨ お墓参り（□寺）・氏子の行事（□神社）				
	⑩ 地域活動（町内会など）草取り、掃除		◎		◎
	⑪ その他（喫茶店巡り）グリーン、白樺	◎	○		◎
つながり	① 友達と会話（☑対面 □電話 □ LINE 等）		◎		◎
	② 友達と遊ぶ（種類：散歩　誰：近所の友人）				◎
	③ ランチ・ディナー（誰：　　） 槇原さん				
	④ 同窓会（□学校 □職場 □サークル）				
	⑤ 家族・親戚との団らん（名前：　　）				
	⑥ 異性との交流（□会話 □食事 □他）				
	⑦ 通信機器（□電話 □スマホ □タブレット）				
	⑧ SNS（□ LINE □ facebook □メール）				
	⑨ その他（　　）				
楽しみ・趣味	① 読書（ジャンル：　　）				
	② 絵画（□描く □塗る □貼る □他）				
	③ 写真（□人物 □風景 □植物 □他）				
	④ 鑑賞（□映画 □観劇 □演奏会 □落語 □他）				
	⑤ 歌唱（□合唱 □独唱 □カラオケ）				
	⑥ 音楽鑑賞（ジャンル：　　）				
	⑦ コンサート（ジャンル：　　）				
	⑧ 楽器演奏（種類：　　□１人 □複数）				
	⑨ 遊び（種類：　　□１人 □複数）				
	⑩ ストレッチ（☑体操 □ヨガ □太極拳 □他）	◎			◎
	⑪ 健康法（☑歩く □走る □泳ぐ □他）				◎
	⑫ スポーツ（種類：　　）				
	⑬ 観戦（種類：　　）				
	⑭ 舞踊（種類：　　）				

分類	私の「生き方」(CADL) ※記入できるところから楽しんで進めてください。 ※記入例：◎、○、△のみ	していた	現在 している	現在 続けたい	したい
楽しみ・趣味	⑮ 散歩・ピクニック（場所：桜ヶ丘公園）		◎		◎
	⑯ 釣り（□川 □海 □渓流 □釣り堀）				
	⑰ アウトドア（□川 □海 □山 □他）				
	⑱ ギャンブル（種類：　　）				
	⑲ 投資（□株 □外貨 □金 □宝くじ）				
	⑳ お祭り（種類：　　場所：　　）				
	㉑ おしゃれ（種類：洋服　TPO：お出かけ）	◎	○	○	
	㉒ 家庭菜園・ガーデニング ブティックパリジャン				
	㉓ その他（　　）				
学び・手習い	① 学び（　　）				
	② 作法（□茶道 □華道 □着付け □他）				
	③ オンライン（種類：　　）				
	④ 教養（種類：　　）				
	⑤ 脳トレ（種類：コグニサイズ）		◎	◎	
	⑥ 教える（種類：　　） 「けっこう楽しい!!」				
	⑦ その他（　　）				
巡る	① 史跡巡り（場所：　　）				
	② 名所巡り（場所：　　建物：　　）				
	③ 記念館巡り（□美術館 □博物館 □ 喫茶白樺が好き				
	④ 食べ歩き（種類：モーニング　場所：なじみの喫茶店）	◎			◎
	⑤ 手段（☑散歩 □杖 ☑シルバーカー □車いす）		○	○	
	⑥ 温泉・健康ランド（場所：スーパー銭湯白泉の湯）		○	○	
	⑦ 国内旅行（場所：　　）				
	⑧ 海外旅行（場所：　　）				
	⑨ その他（ 具材：大根、トーフ、ナス、カボチャ				
つくる	① 料理・手芸（種類：味噌汁作り）		◎		◎
	② クラフト・工芸（種類：　　）				
	③ プラモデル（種類：　　）				
	④ その他（　　）				
心の支え	① お参り（神社・お寺など）長生寺（夫の墓）		○	○	
	② 宗教（種類：　　）				
	③ 修行・修練（種類：　　）				
	④ その他（　　）				
	⑤ その他（　　）				

※個人名、建物名、店名、事業所名はすべて仮名です。

第２表

居宅サービス計画書（2）

利用者名　**R.T**　**様**

※本書の第２表はインフォーマル資源を中心としたプラン構成になっています。

生活全般の解決すべき課題（ニーズ）	目標				援助内容				
	長期目標	期間	短期目標	期間	サービス内容	サービス種別※1	※2	頻度	期間
体調を保ちみなさんの協力を得て、週１回はホームヤンタードイトで楽しく買い物を続けたい	ホームセンターの商品を自分で取ってレジまで行ける	１年	ホームセンターの買い物カートで上手に取り回しができるようになる	３ヵ月	①買い物カートを手押しできるように練習をする ②コルセットをして腰に負担のかからない「歩き方」を覚える **③ホームセンタードイトの店員にサポートしてもらう**	●家族 ●整骨院 ●**インフォーマル資源**	①長男夫婦 ②元気堂 **③ホームセンタードイトのシニアサポーター**	随時 週１回 随時	１年
顔なじみが集まる場所（喫茶店、スーパー銭湯、憩いの家、デイサービス）に足を運んでいっぱいおしゃべりしたい	月１回はスーパー銭湯「白泉の湯」に長男家族と一緒に行く	６ヵ月	週２回は喫茶グリーンとカフェ白樺にモーニングを食べに行く	３ヵ月	**①喫茶グリーンとカフェ白樺のコーヒーチケット（10枚つづり）を購入し、来店予定の日付を記入する** **②常連客と記念写真をとる**	●**インフォーマル資源** ●**インフォーマル資源** ●通所介護	**①喫茶グリーン** **①カフェ白樺** **②各店の常連客** ③デイサービス春風	週４回	３ヵ月
自宅にずっといないで、安全を心がけ草取りや桜ヶ丘公園に出かけられるようになる	ふらつかず、シルバーカーを使ってコグニサイズ運動の老人憩いの家（500ｍ）まで移動できる	６ヵ月	歩道の草取りや小学校の美化活動に定期的に参加し続ける	３ヵ月	**①老人憩いの家のコグニ体操に参加** ②コルセットをして腰に負担のかからない「草取り動作」を身につける ③体力をつけるために、朝夕のテレビ体操（10分）を行う	●**インフォーマル資源** ●整骨院 ●本人	**①老人憩いの家** ②元気堂 ③本人	第１・第３金曜日 週１回 毎日	１年
道に迷ったり、困った時は地元の人を頼り、いつまでも一人暮らしができる	なじみの人や民間会社が入った発見ネットワークをつくり、模擬訓練を行う	６ヵ月	道に迷ったりしそうな場所と目印を記入した「お散歩マップ」をつくる	３ヵ月	①長男夫婦さんと歩いてお散歩マップをつくる ②行政の徘徊ネットワークに届け出る ③お散歩時は目立つ服を着るようにする	●家族 ●**インフォーマル資源** ●行政 ●本人	①長男夫婦 **①友人・恵子さん** ②釜谷地域包括支援センター ③本人	週に２回 随時 随時	６ヵ月
配食のお弁当と手づくりの味噌汁で健康になる	配食弁当に味つけしてひと工夫して食べる	１年	具だくさんの味噌汁を毎食つくる	６ヵ月	①具だくさんの味噌汁の具材の仕込みをする ②配食弁当を器に移しかえて食べる ③週に１回は友人たちを招いて昼食会を開く	●訪問介護 ●配食サービス ●**インフォーマル資源**	①ヘルパーステーションきらめき ②宅食オリバー **③友人・恵子さん** **友人・柏原さん**	週に２回 週に５回 週に１回	１年

※１　サービス種別では本人、家族、保険給付対象内サービス、保険外サービス、インフォーマル資源を表記しています。
※２　各サービス内容に数字（例：①）をつけ、それを担う当該サービス提供を行う事業所、なじみの人・店にも同じ数字をつけています。
※　個人名、建物名、店名、事業所名はすべて仮名です。

事例
18
歌の先生を招き自宅でカラオケ教室。脊柱管狭窄症でも都はるみを熱唱したい

要支援
2
脊柱管狭窄症

●氏名：S.Wさん　●性別：女性　●年齢：92

●主な病疾患：**狭心症　脊柱管狭窄症**

●介護スタイル：☑独居　□老老介護　□同居介護　□近距離介護　□遠距離介護　□その他

●困りごと：

- ●ADL　☑食事　☑移動　□排泄　□入浴　□整容　□睡眠　□その他
- ●IADL　☑料理　☑掃除　□洗濯　☑買物　□家の管理　□お金管理　□ご近所付き合い　□ペットの世話　□その他（　　　）
- ●CADL　☑楽しみ（**カラオケ**）　□趣味（　　　）　□学び　☑交流　□旅行　□運動
- ●健康管理　☑通院　☑服薬　☑栄養　□脱水　□衛生　□その他（　　　）

事例の概要

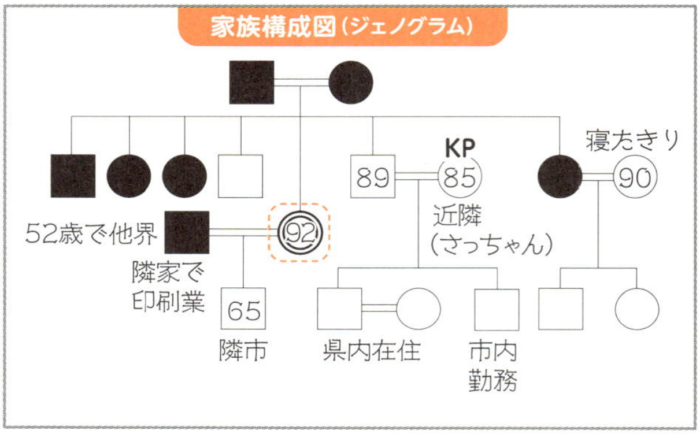

印刷業の夫と一軒家に暮らしていた。57歳のときに夫に先立たれて一人暮らしになった。心筋梗塞発症後、医師より楽しみながら心肺機能を維持向上できる「カラオケ」を勧められるが、近所に「カラオケ教室」がなかったため、自宅に「歌の先生」を招き、「カラオケ教室」を開いた。老人クラブのカラオケクラブにも所属して、秋の発表会では、着物姿で都はるみの演歌を熱唱することを楽しみに活動してきた。加齢とともに円背が進み運動には制限があり、不自由さを感じている。

生活歴、状態像、CADLなど

車で1時間ほどの隣市生まれ。7人きょうだいの次女。57歳の時に夫が他界。当時、運送会社の総務として正職員で働いていた。60歳で退職してパートで清掃業を始めた。74歳の時に心筋梗塞で入院し、それを機に仕事を辞めた。77歳の時に変形性脊椎症にて手術し、退院後は自宅に戻るも運動制限があり、料理＋掃除などの身の回りのことができなくなったため介護保険を申請し、要支援1となる。訪問介護を週1回利用している。趣味はカラオケで、週に一度、自宅に「先生」を呼び教室を開いている。

本人の生活への意向

- 和装のおしゃれをして綾島市民ホールのカラオケ発表会に参加したい。
- 自分の食べたいものを調理して、老人クラブの人にもおすそ分けしたい。
- 近所の知り合いの勝子さんやカラオケ仲間とのおしゃべりの時間は続けたい。

家族の意向

弟の妻（別居・85 歳）

- 本人が希望するようにしてあげたい。
- 周りの友人・知人に手伝ってもらって生活しているスタイルを続けてほしい。
- 本人は自分が亡くなった後の心配ばかりしている。

地域支え合いマップ

- お墓のある正覚寺への県道はゆるい坂道。車の量は多くないがスピードを出すので危険。
- 道路の視界が悪く、巻き込み事故が多い。お出かけ好きには心配なエリア。
- お散歩するひばり公園までに日除けがないので、夏は脱水と熱中症に要注意。
- 氷川大社で2年前に虫に刺されて点滴治療を受けたことがあるとのこと。

※個人名、建物名、店名、事業所名はすべて仮名です。

Be Positive
私の「意欲・動機づけ」シート

作成日　●年　●月　●日　担当：N.S

ご利用者名	S.W さん	生年月日	▲年▲月▲日 92 歳	性別	女	要介護度	要支援 2

私の「生き方」(CADL) ※記入できるところから楽しんで進めてください。 ※記入例：◎、○、△のみ			していた	現在 している	現在 続けたい	したい
暮らし・役割	①	飾り付け（種類：　　）				
	②	料理づくり（誰に：自分の食べたいものを）	○			◎
	③	ショッピング（何を：欲しいものを　場所：スーパーみどり）		○	◎	
	④	庭・花の手入れ（仏壇のお花をプランターで）		○	◎	
	⑤	お出かけ（□散歩 □シルバーカー ☑タクシー他）		◎		◎
	⑥	孫・ひ孫の世話（名前：　　）				
	⑦	ペット（種類：　　名前：　　）の世話				
	⑧	ボランティア（種類：自宅でカラオケ教室）		○	◎	
	⑨	お墓参り（☑寺）・氏子の行事（□神社）正覚寺		○	◎	
	⑩	地域活動（町内会など）老人クラブのカラオケクラブ	○			◎
	⑪	その他（　　）				
つながり	①	友達と会話（☑対面 ☑電話 □LINE 等）		○	◎	
	②	友達と遊ぶ（種類：カラオケ　誰：カラオケ仲間）		○	◎	
	③	ランチ・ディナー（誰：　　）				
	④	同窓会（□学校 □職場 □サークル）				
	⑤	家族・親戚との団らん（名前：さっちゃん（弟の嫁））		○	◎	
	⑥	異性との交流（□会話 ☑食事 ☑他）		○	○	
	⑦	通信機器（☑電話 □スマホ □タブレット）		○	○	
	⑧	SNS（□LINE □facebook □メール）				
	⑨	その他（隣家の一人暮らしの女性　配食仲間）		○	○	
楽しみ・趣味	①	読書（ジャンル：　　）　勝子さん（88）				
	②	絵画（□描く □塗る □貼る □他）				
	③	写真（□人物 □風景 □植物 □他）				
	④	鑑賞（□映画 □観劇 □演奏会 □落語 □他）				
	⑤	歌唱（□合唱 □独唱 ☑カラオケ）		○	◎	
	⑥	音楽鑑賞（ジャンル：演歌 都はるみ）		○	○	
	⑦	コンサート（ジャンル：カラオケ教室の先生の歌謡ショー）	○			○
	⑧	楽器演奏（種類：　　□1人 □複数）				
	⑨	遊び（種類：　　□1人 □複数）				
	⑩	ストレッチ（□体操 □ヨガ □太極拳 □他）				
	⑪	健康法（☑歩く □走る □泳ぐ □他）		○	◎	
	⑫	スポーツ（種類：　　）　武庫川公園 / ひばり公園				
	⑬	観戦（種類：　　）				
	⑭	舞踊（種類：　　）				

私の「生き方」(CADL) ※記入できるところから楽しんで進めてください。 ※記入例：◎、○、△のみ			していた	現在 している	現在 続けたい	したい
楽しみ・趣味	⑮	散歩・ピクニック（場所：　　）				
	⑯	釣り（□川 □海 □渓流 □釣り堀）				
	⑰	アウトドア（□川 □海 □山 □他）				
	⑱	ギャンブル（種類：　　）				
	⑲	投資（□株 □外貨 □金 □宝　正月の氷川神社				
	⑳	お祭り（種類：餅投げ　場所：神社 建て前）	○			○
	㉑	おしゃれ（種類：和装　TPO：カラオケ発表会など）	○			◎
	㉒	家庭菜園・ガーデニング　11月3日の文化の日 市民ホール				
	㉓	その他（　　）				
学び・手習い	①	学び（　　）				
	②	作法（☑茶道 ☑華道 ☑着付け □他）	○			
	③	オンライン（種類：　　）				
	④	教養（種類：　　）				
	⑤	脳トレ（種類：　　）				
	⑥	教える（種類：　　）				
	⑦	その他（　　）				
巡る	①	史跡巡り（場所：　　）				
	②	名所巡り（場所：　　建物：　　）				
	③	記念館巡り（□美術館 □博物館 □他）				
	④	食べ歩き（種類：　　場所：　　）				
	⑤	手段（□散歩 ☑杖 □シルバーカー □車いす ☑自転車）		○	◎	
	⑥	温泉・健康ランド（場所：老人クラブの旅行・年金友の会の旅行）	○			
	⑦	国内旅行（場所：　　）				
	⑧	海外旅行（場所：　　）				
	⑨	その他（　　）				
つくる	①	料理・手芸（種類：　　）				
	②	クラフト・工芸（種類：　　）				
	③	プラモデル（種類：　　）				
	④	その他（　　）　氷川大社				
心の支え	①	お参り（神社・お寺など）氏子の神社へお参り		○	○	
	②	宗教（種類：正覚寺　市内に檀家寺とお墓あり）		○	○	
	③	修行・修練（種類：カラオケ）		○	◎	
	④	その他（婆臭いことはしたくない）	○			◎
	⑤	その他（医療のことはすべて総合病院）		○	◎	

※個人名、建物名、店名、事業所名はすべて仮名です。

介護予防サービス・支援計画書

目標とする生活

1日	毎日自宅周辺の散歩をする	1年	友人との外出を継続して楽しむ

総合的課題	課題に対する目標と具体策の提案	具体策についての意向 本人・家族	目標	援助計画 目標についての支援のポイント	本人等のセルフケアや家族の支援、インフォーマルサービス（民間サービス）	介護保険サービス又は地域支援事業（総合事業のサービス）	サービス種別	事業所（利用先）	期間
1．脊柱管狭窄症の術後、主治医より前傾姿勢や重いものを持ってはいけないと指示あり。料理や買い物を行うことに支障有り	1．目標： 腰に負担なく好きな料理や掃除、スーパーみどりで買い物ができる 具体策： ①椅子に腰かけての調理やスティックタイプの掃除機でできることは続ける ②買物時はオシャレなトレッキングストックを使い、ふらつき・つまずきに気をつける。重い買い物などはスーパーの協力や親族・知人と一緒に外出する。	（本人） 腰の痛みがあるとどうしても臆病になるけど、いろいろと工夫したい。介護の杖は婆くさくて嫌だけど、トレッキングストックなら楽しいわ（笑）	1．自分でスーパーみどりへトレッキングストックを使って買い物へ行く	(1) できることは続け、脊柱管狭窄症に注意し、一人暮らしが続けられるよう支援していきます 腰や体の負担にならないように適度に運動を続け、下肢・体幹の筋力低下を予防する。転倒に注意して生活しましょう	【本人】 ●椅子を利用しながら調理、掃き掃除を続ける。自転車に気をつけて外出する ●体調がすぐれない時はヘルパーサービスにやってもらう ●両手でトレッキングストックを使い毎日20分程度の散歩で気分転換を図る 【八百屋みたいな商店】 ●**配達する商品は家の中（台所）まで運んでもらう** 【お隣さん】 ●**オリジンの弁当注文を一緒にまとめて行う。弁当の献立を相談する** 【刈川交通】 ●**タクシー利用時は高齢者タクシー券を使う。荷物の出し入れ・乗降の見守り**	●外出への安全が確保できる住環境の整備 ●生活援助（掃除・買い物支援・洗濯等）・重たい物を持たないようにする。	●住宅改修　福祉用具貸与・購入 ●総合事業（訪問型独自サービス） ●**インフォーマル資源** ●配食弁当 ●**インフォーマル資源** ●**インフォーマル資源**	●福祉用具貸与事業所みらい ●ラル　あかり ●丹羽商店 ●オリジン宅食 ●**勝子さん** ●**刈川交通**	6ヵ月
2．下肢・体幹の筋力低下から転倒することが多くなっている。狭心症もあるため、本人の負担なく運動の機会を増やし、「ふらつき、転倒」をしない筋力の向上をめざす	2．目標： 公園への散歩やカラオケなどの外出を続ける 具体策： ①毎日1回は外出して歩行練習を続け、下肢筋力低下を予防する ②定期受診を続け、体調のことは主治医へ相談する ③外出の際はトレッキングストックなど使用し転倒なく移動する	（本人） 公園だけでなく、正覚寺や氷川大社も散歩したい。カラオケが命なのでがんばります	2．カラオケや外出（散歩）を続ける	(2) 友人・知人の方とのカラオケやおしゃべりを続け、行動範囲が狭まることがないようにしましょう	【本人】 ●受診予定やカラオケの予定など、居間のカレンダーに書いておく 【知人・友人】 ●**老人クラブ、カラオケクラブへ一緒に出かける** ●**自宅のカラオケ教室を一緒に運営する** 【カラオケ教室】 ●**自宅で主催しているカラオケ教室の運営を知人に協力してもらう→会費集め、先生の手配・送迎などは教室の参加者で分担する**		●総合事業（訪問型独自サービス） ●**インフォーマル資源** ●**インフォーマル資源**	●ラル　あかり ●**河原公民館（東部白寿会）** ●**昭和歌謡カラオケ教室**	6ヵ月

健康状態について
☑主治医意見書、健診結果、観察結果等を踏まえた留意点

腰部脊柱管狭窄症、変形性脊椎症 H18.5月〜
腰痛残存 術後経過は良好
両下肢・体幹に筋力低下あり円背により体動時の姿勢保持が不安定

【本来行うべき支援が実施できない場合】
妥当な支援の実施に向けた方針

買物等の外出機会が減っているために、社会参加の機会が減っています。隣人等の支援（送迎）による外出や老人クラブへの参加、自宅カラオケ来客等もあり、閉じこもり傾向でも交流はできています。

総合的な方針：生活不活発病の改善予防のポイント

8年前に不安定狭心症にてステント留置術を施行。今後も病状の確認をしながら、体調管理をし、安心して一人暮らしを続けていけるように支援していきます。

※1　本書の介護予防ケアプランは「アセスメント領域と現在の状況、本人・家族の意欲・意向、領域における課題（背景・原因）」は省略してあります。
※2　本書の介護予防ケアプランはインフォーマル資源を中心としたプラン構成になっています。

事例 19

グループホームの皆さんの協力で貧血に効く野菜づくりに励みたい

要支援 1 脊柱管狭窄症

- 氏名：U.Wさん　●性別：女性　●年齢：79
- 主な病疾患：腰部脊柱管狭窄症　左膝変形性関節症　高血圧　冠硬化症　貧血
- 介護スタイル：☑独居　□老老介護　□同居介護　□近距離介護　□遠距離介護　□その他
- 困りごと：
  - ADL　□食事　☑移動　□排泄　□入浴　□整容　□睡眠　□その他
  - IADL　□料理　☑掃除　□洗濯　□買物　□家の管理　□お金管理　□ご近所付き合い　□ペットの世話　☑その他（　　　）
  - CADL　☑楽しみ（同級生との交流）　□趣味（野菜作り）　□学び　☑交流　□旅行　□運動
  - 健康管理　☑通院　☑服薬　☑栄養（貧血食）　□脱水　□衛生　☑その他（機能訓練）

事例の概要

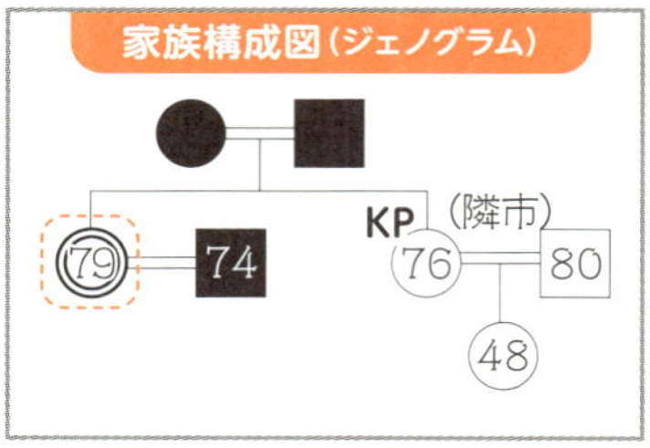

中学卒業後、学校給食のフードサービスで勤務。その縁で派遣で工場の食堂勤め。実家の家業のため婿養子を迎えるが、子どもはできなかった。53歳で実母を看取り、夫は肺がんで6年前に死去し、それ以後一人暮らし。通常、男性が担う寺の当番・組長・寄合などは、すべて本人が行っている。畑は2つあり、自分で食べる分とご近所へのおすそ分けの野菜はつくってきた。移動はすべて自転車だったが、縁石で転倒し、左ひざを打撲。クーラーで膝が冷えてさらに悪化し、自転車に乗ることができなくなった。買い物や通院は自転車を歩行器代わりに押しながら移動（20～30分程度）。畑作業はグループホーム希望の方や近所の方にお願いしている。

生活歴、状態像、CADLなど

他県の妹とは電話･手紙の交流が主。フードサービスに勤めていたこともあって料理好き。友人の栄養士に教えてもらった貧血食の材料を買ってつくっている。膝が痛み掃除はつらい。できる役割は果たそうと努力する性格なので、やらない檀家や氏子を見ると腹が立つ。しっかり者で用心しながら一人暮らしを続けている。

本人の生活への意向

- 買い物は自転車を歩行器の代わりに押して週2回程度は行っているが、食料品の購入だけでなく、スーパーMAXのフードコーナーで同級生と井戸端会議がしたい。
- 膝の痛みが軽くなれば、畑の野菜を自分で刈り取り、自分が食べる分とグループホーム希望さんにおすそ分けしてきた貧血に効く野菜をまた育てて料理をしたい。
- 善安寺の檀家当番のお参り準備と白山神社の氏子の担当をできる限り続けたい。
- 角の六地蔵さんの帽子と前掛けを毎年新調したい。また、近所で続けてくれる後任の人がいたらつくり方を伝えたい。

▶ 家族の意向

妹（別居・76歳）

- 何かあった時にしか対応できないが、電話でこまめに連絡をとっていきたい。
- 姉はとっても責任感が強く、なんでも自分でやり始めるタイプ。その分「助けて」が言えないので心配です。

地域支え合いマップ

- 道路の見通しが悪く、接触事故がよく起こっている。
- 善安寺と白山神社の参道は砂利道なので自転車を歩行器がわりには使えない。
- スーパーMAXにはわき道を使っている。狭いので苦労している。
- 踏切の信号が短いので越える時に自転車の操作が不安である。

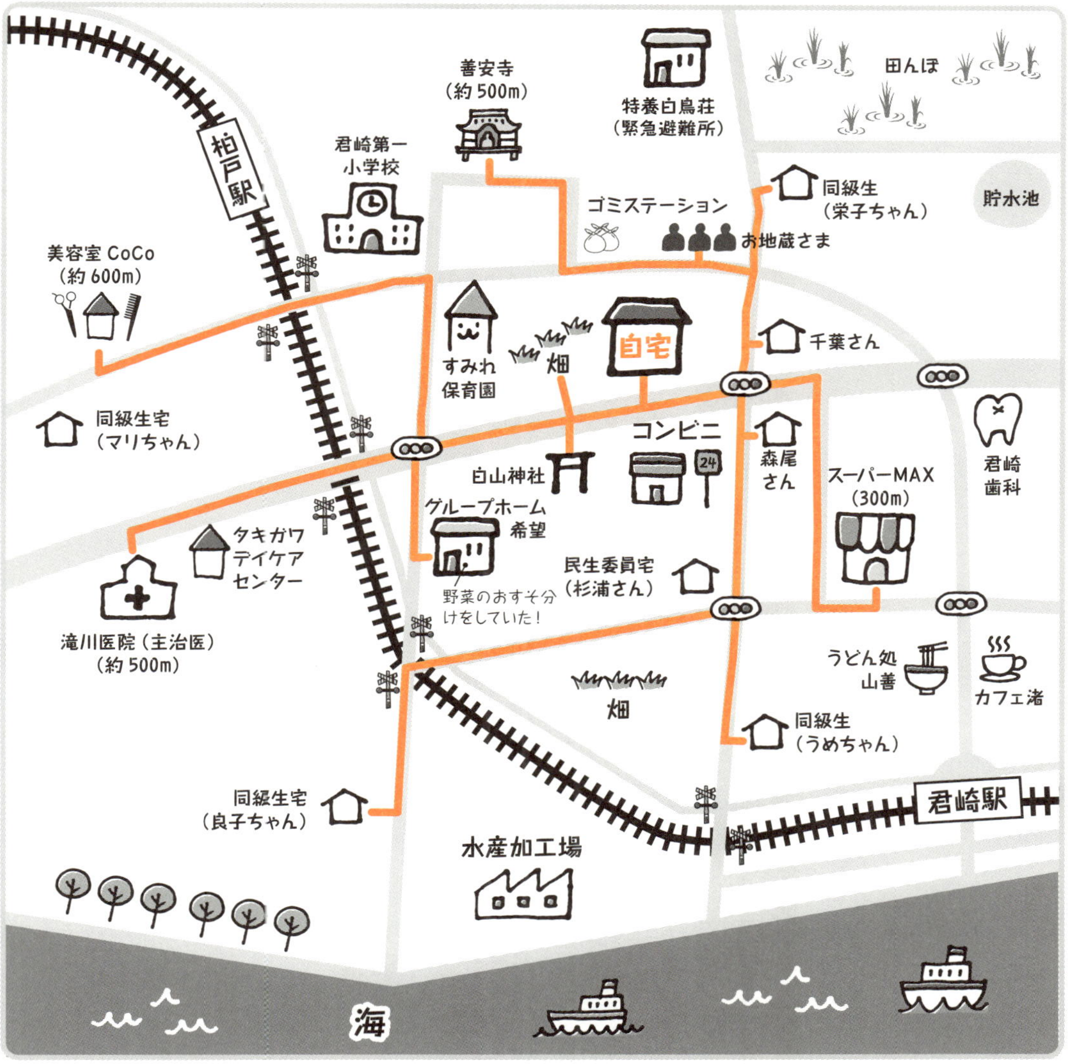

※個人名、建物名、店名、事業所名はすべて仮名です。

Be Positive
私の「意欲・動機づけ」シート

作成日　●年　●月　●日　担当：M.H

ご利用者名	U.W さん	生年月日	▲年▲月▲日 79 歳	性別	女	要介護度	要支援 1

私の「生き方」(CADL) ※記入できるところから楽しんで進めてください。 ※記入例：◎、○、△のみ			していた	現在 している	現在 続けたい	したい
暮らし・役割	①	飾り付け（種類：仏さんにお花）		○	○	
	②	料理づくり（何を：おかず　誰に：自分）		○	○	
	③	ショッピング（何を:日用品　場所：スーパー MAX）		○	◎	
	④	庭・花の手入れ（　　　）		○	○	
	⑤	お出かけ（☐散歩 ☐シルバーカー ☑自転車を押して）		○	○	
	⑥	孫・ひ孫の世話（名前：　　　）				
	⑦	ペット（種類：　　　名前：　　　）の世話				
	⑧	ボランティア（種類：お寺のお参りの当番）		○	○	
	⑨	お墓参り（☑寺）・氏子の行事（☑神社）		○	○	
	⑩	地域活動（町内会など）お地蔵さんの前掛け・帽子つくり		○	○	
	⑪	その他（子供もない一人暮らしを続けること）		○	○	
つながり	①	友達と会話（☑対面　☐電話　☐ LINE 等）		○	○	
	②	友達と遊ぶ（種類：スーパー MAX で井戸端会議 誰：同級生 10 人）		○	○	
	③	ランチ・ディナー（店名:スガキヤでかき氷　誰:同級生）		○	○	
	④	同窓会（☐学校　☑職場　☐サークル）				
	⑤	家族・親戚との団らん（名前:隣市にいる妹と電話）		○	○	
	⑥	異性との交流（☐会話　☐食事　☐他 ）				
	⑦	通信機器（☑ガラケー電話☐スマホ ☐タブレット）		○	○	
	⑧	SNS（☐ LINE　☐ facebook　☐メール）				
	⑨	その他（　　　　　）				
楽しみ・趣味	①	読書（ジャンル：農協のカタログ作家：あぜ道）			○	
	②	絵画（☐描く　☐塗る　☐貼る　☐他）				
	③	写真（☐人物　☐風景　☐植物　☐他）				
	④	鑑賞（☐映画 ☐観劇 ☐演奏会 ☐落語 ☑テレビ他）			○	
	⑤	歌唱（☐合唱　☐独唱　☐カラオケ）				
	⑥	音楽鑑賞（ジャンル：　　　）				
	⑦	コンサート（ジャンル：　　　）				
	⑧	楽器演奏（種類：　　　☐ 1 人　☐複数）				
	⑨	遊び（種類：　　　☐ 1 人　☐複数）				
	⑩	ストレッチ（☐体操　☐ヨガ　☐太極拳　☐他）				
	⑪	健康法（☐歩く　☐走る　☐泳ぐ　☐他）				
	⑫	スポーツ（種類：マラソン・大学駅伝沿道で応援）			○	
	⑬	観戦（種類：　　　）				
	⑭	舞踊（種類：　　　）				
	⑮	散歩・ピクニック（場所：畑を見に行く）		○	○	

私の「生き方」(CADL) ※記入できるところから楽しんで進めてください。 ※記入例：◎、○、△のみ			していた	現在 している	現在 続けたい	したい
	⑯	釣り（☐川　☐海　☐渓流　☐釣り堀）				
	⑰	アウトドア（☐川　☐海　☐山　☐他）				
	⑱	ギャンブル（種類：　　　）				
	⑲	投資　（☐株　☐外貨　☐金　☐宝くじ）				
	⑳	お祭り（種類：　　　場所：　　　）				
	㉑	おしゃれ（種類：　　　TPO：　　　）				
	㉒	☑家庭菜園・ガーデニング・市民農園		○	◎	
	㉓	その他（みんなのための貧血食を作りたい）				○
学び・手習い	①	学び（貧血食を知人の栄養士に教えてもらう）				○
	②	作法　（☐茶道　☐華道　☐着付け　☐他）				
	③	オンライン（種類：　　　）				
	④	教養　（種類：　　　）				
	⑤	脳トレ（種類：パズル・毎日新聞を読む）		○		
	⑥	教える（種類：お地蔵さんの帽子・前掛けづくりを後任に教えたい）				◎
	⑦	その他（　　　）				
巡る	①	史跡巡り（場所：　　　）				
	②	名所巡り（場所：夫と一緒に行った九州の建物）	○			
	③	記念館巡り（☐美術館　☐博物館　☐他）				
	④	食べ歩き（種類：　　　場所：　　　）				
	⑤	手段（☐散歩　☐杖　☐シルバーカー　☐車いす）				
	⑥	温泉・健康ランド（場所：　　　）				
	⑦	国内旅行（場所：　　　）				
	⑧	海外旅行（場所：　　　）				
	⑨	その他（妹が埼玉県に住んでいた時一緒に東京旅行へ行った）	○			
つくる	①	料理・手芸（種類：地蔵さんの帽子・前掛けつくり）		○	○	
	②	クラフト・工芸（種類：　　　）				
	③	プラモデル（種類：　　　）				
	④	その他（　　　）				
心の支え	①	お参り（神社・☑お寺など）			○	
	②	宗教（種類：天台宗）			○	
	③	修行・修練（種類：）				
	④	その他（畑の土つくり・草引き・収穫、料理して食べる！）	○			◎
	⑤	その他（　　　）				

※個人名、建物名、店名、事業所名はすべて仮名です。

介護予防サービス・支援計画書

目標とする生活

1日	自転車を押してスーパーMAXへ行き、近所の友人や同級生（5人）との井戸端会議や買い物を楽しむ

1年	体調管理して膝の痛みと扁桃腺の腫れがなくなり、畑で貧血食の野菜作りに再び取り掛かれる

				援助計画					
総合的課題	課題に対する目標と具体策の提案	具体策についての意向 本人・家族	目標	目標についての支援のポイント	本人等のセルフケアや家族の支援、インフォーマルサービス（民間サービス）	介護保険サービス又は地域支援事業（総合事業のサービス）	サービス種別	事業所（利用先）	期間
転倒後の膝痛がクーラーの冷えで続いているが、自転車を歩行器代わりに移動ができるようになった。 貧血食は作りたいが、膝痛のため畑で屈伸ができず効果のある野菜を作れない。 そのためスーパーMAXで総菜を買うしかない	①膝の痛み、腫れを軽減させる ②扁桃腺の腫れ予防のため水分補給と栄養バランスのある食事を行い、お口の衛生を心がける	【本人】 ①滝川医院へ長年通院し、引き続き治療を続けたい ②無理をするとすぐに扁桃腺が腫れ発熱するので用心して生活したい	体調を維持し、膝の痛み・腫れを軽減し、近所の友人や同級生の力を借りて家事（買物、料理、掃除）を続ける	●健康管理をし、心身ともに体調を整える ●膝の負担になることは注意をして行う ●近隣の友人や同級生と小まめに連絡を取り合い助け合う	【本人】 ●受診予定日の確認、服薬管理、野菜等のおすそ分け、近所のスーパーへ買い物に行く 【インフォーマル資源】 ●**同級生の助け合い** ●**お寺の当番（森尾さん、千葉さん）** ●**お地蔵さんの帽子・前掛けを地域の人と一緒に毎年新調する** ●**通院支援（千葉さん）**	●外出支援・医師の指示の実施 ●下肢筋力低下防止、筋力アップ、疼痛の緩和 ●膝関節に負荷のない持久力アップ ●屋外移動の支援・介助等 ●歩行訓練（30分程度の立位保持を目指す訓練等）	●通院 ●介護予防通所リハビリ ●**インフォーマル資源**	●滝川医院 ●タキガワデイケアセンター ●**近所の森尾さん、千葉さん** ●**同級生（5人）**	12ヵ月
	再び畑でおすそ分けできる程に野菜を作り栄養士さん指導の貧血食等を調理できる	膝が痛くて今はしゃがめないが、またグループホーム希望の皆さんに手伝ってもらい畑で少しでもいいので野菜つくりができるようになりたい 食堂で調理をしていたので自分で育てた野菜で調理したいわ	グループホーム希望の皆さんに手伝ってもらい畑で貧血食になる野菜を育て、みんなで調理して食べることができるようになる	●畑作業の負担を減らすため、左下肢の浮腫・膝関節の疼痛を軽減する ●畑での野菜作りが再びできるように気力・体力のアップを目指す	【本人】 ●畑での野菜づくり再開までは買った食材等で貧血食作りを行う ●畑まで行ってできる範囲の畑の草取りやどの苗を植えるかを考える 【インフォーマル資源】 ●**グループホーム希望の皆さんに草取りや苗の植え付け、水やりに協力してもらう**	●医師の指示の実施 ●屋外歩行 ●畑での立ち座りができる運動等	●通院 ●介護予防通所リハビリ ●**インフォーマル資源**	●滝川医院 ●タキガワデイケアセンター ●**栄養士の友人** ●**近所の森尾さん、千葉さん** ●**グループホーム希望の皆さん**	12ヵ月

健康状態について
☑主治医意見書、健診結果、観察結果等を踏まえた留意点

歩行能力はあるが、膝の痛みがあり継続的なリハビリが必要。介護予防サービスによる生活機能の維持改善は期待できる

【本来行うべき支援が実施できない場合】
妥当な支援の実施に向けた方針

コミュニティバスはあるが、バス停が遠い。自宅近くにバス停があると乗れる。バス停や道で拾ってくれるようなシステムにはならないか。現在はデイケアの送迎バスで受診は行えている。

総合的な方針：生活不活発病の改善予防のポイント

デイケアを利用し2年経過し、膝の腫れや痛みは軽減しました。今後も治療を継続し、在宅一人暮らしが出来るよう身体を整えていきましょう。畑で自分の食べる分やおすそ分けできる分の野菜がつくれるようがんばりましょう。

※1　本書の介護予防ケアプランは「アセスメント領域と現在の状況、本人・家族の意欲・意向、領域における課題（背景・原因）」は省略してあります。
※2　本書の介護予防ケアプランはインフォーマル資源を中心としたプラン構成になっています。

事例
20
要介護3の夫の介護負担を軽減し、なじみの人との「自分時間」をつくる

要支援
2
介護うつ

●氏名：N.Sさん　●性別：女性　●年齢：73

●主な病疾患：**介護うつ　高血圧　膝痛み**

●介護スタイル：□独居　☑老老介護　□同居介護　□近距離介護　□遠距離介護　□その他（　　　）

●困りごと：

- ADL　□食事　□移動　□排泄　□入浴　□整容　□睡眠　□その他
- IADL　□料理　☑掃除　□洗濯　□買物　□家の管理　□お金管理　□ご近所付き合い　□ペットの世話　☑その他（**要介護3の夫の介護**）
- CADL　☑楽しみ（**時間がない**）　□趣味（　　）　□学び　☑交流　□旅行　□運動
- 健康管理　□通院　☑服薬　□栄養　□脱水　□衛生　☑その他（**鬱病**）

事例の概要

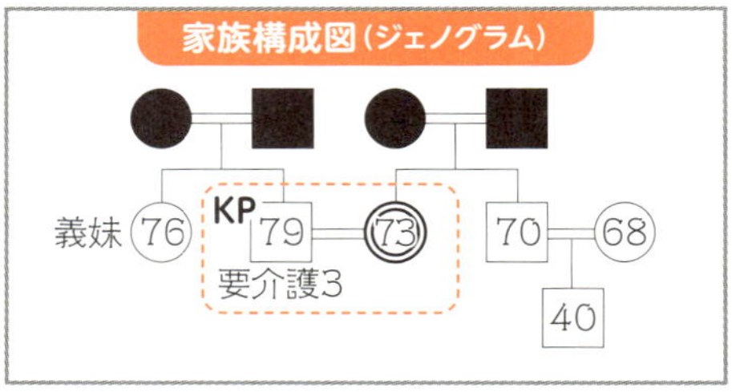

石川県出身、以前は母親と公営住宅で二人暮らし。母親他界後一人暮らし（2 年）。ゴルフ場で清掃員として働いていた 40 歳の時に 6 歳年上のレッスンコーチの男性と出会い同棲。男性は 53 歳の時に脳梗塞を発症し、入退院を繰り返すようになり隣県の病院に転院。４年後、公営団地への転居をきっかけに入籍。退院後は夫と二人暮らしを開始。「自分が介護するんだ」との思いでがんばってきたが、要介護 3 となった夫の介護量が多くなり、介護疲れからうつ状態になり 2 週間ほど入院する。退院後に近所のおしゃべり仲間から地域包括支援センターを紹介され相談。夫の介護サービスの利用を開始する。

その後は、同じ団地の世話焼きの桐生さん、近所で犬（パグ）を飼って散歩をしている浜口さん、旧商店街のパン屋の港さんなどとあいさつ程度ではなくゆっくり話す機会をもつようになる。今では散歩を日課としながら、近所の方と楽しく立ち話をして過ごしている。

生活歴、状態像、CADL など

ADL、IADL は自立。膝が痛いので掃除は苦手。散歩や犬・花が好き。日課の散歩の途中ですれ違う人と会話を弾ませたり、花を見たりスマホで撮ったり、楽しく散歩することが日課になっている。

本人の生活への意向

- 夫の面倒は一人でやるつもりだったが、今までやってみて、このままでは自信がない。
- 自分一人では決められないことや何か新しいことが起きた時（手続きや届出の必要性、支払いなど）にいろいろ教えてもらったり、手伝ってくれる人がいれば、と思います。みなさんの世話になりながら、散歩で花を眺めたり近所の犬をかまったりしながら温かい気持ちでこのまま夫の介護と自分の暮らしを続けていきたい。

家族の意向

夫（79 歳）

- 私は 180cm あり、妻にはかなり負担だと思います。介護の仕方を勉強してほしいです。

義妹（別居・76 歳）

- 兄は亭主関白な性格で義姉をリードする存在ですが、頼りにし過ぎて甘える面もあります。兄は、思うように動けなくなり、余計に義姉をそばに引き留めておきたい気持ちが強くなっているようです。週 1 回は顔出しをしたいと思います。

地域支え合いマップ

- 公営団地群だが高齢化が進み空き室も増えてきている。
- 梓台団地では方向がわからなくなり迷子になったことがある。
- なじみの肉屋・パン屋・米屋さんに行くのに500mの距離があり、つらい。

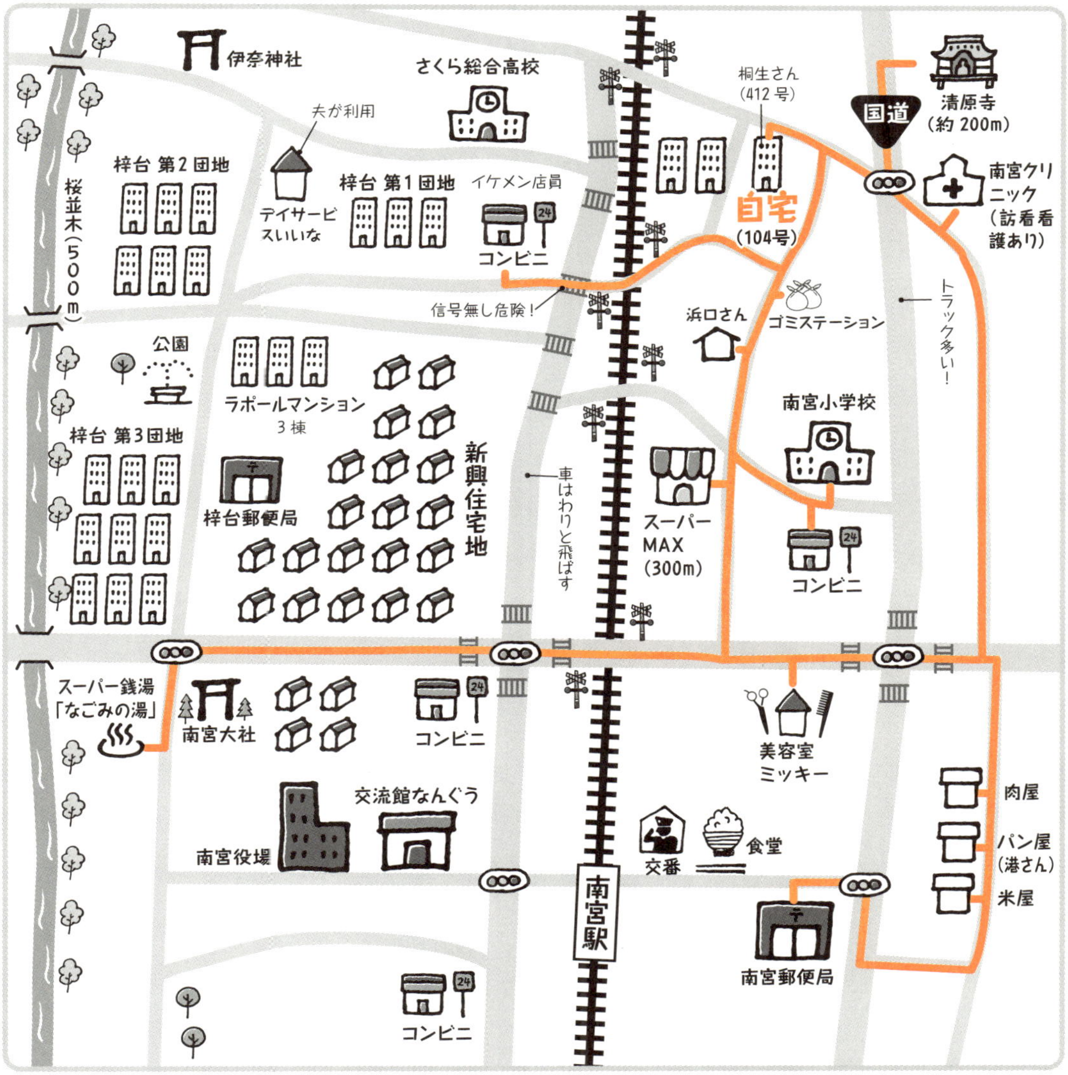

※個人名、建物名、店名、事業所名はすべて仮名です。

Be Positive
私の「意欲・動機づけ」シート

作成日　●年　●月　●日　担当：K.Y

ご利用者名	N.S さん	生年月日	▲年▲月▲日 73 歳	性別	女	要介護度	要支援 2

	私の「生き方」(CADL) ※記入できるところから楽しんで進めてください。 ※記入例：◎、○、△のみ		現在		
		していた	している	続けたい	したい
暮らし・役割	① 飾り付け（種類：　　）		○	○	
	② 料理づくり（何を：3 食　誰に：夫）	○	△	△	
	③ ショッピング（何を：食材　場所：スーパー MAX）	○	○	△	
	④ 庭・花の手入れ（見るのが好き）パンジーが好き	○	○		
	⑤ お出かけ（☑散歩 □シルバーカー □タクシー他）		○	○	
	⑥ 孫・ひ孫の世話（名前：　　）				
	⑦ ペット（種類：若い頃飼っていた犬（ゴロウ））の世話	○			◎
	⑧ ボランティア（種類：　　）				
	⑨ お墓参り（□寺）・氏子の行事（□神社）				
	⑩ 地域活動（町内会など）				
	⑪ その他（　　）				
つながり	① 友達と会話（☑対面　□電話　□ LINE 等）		○	◎	
	② 友達と遊ぶ（種類：会話　誰：P、T、F さん）	○	○	◎	
	③ ランチ・ディナー（店名：　　誰：　　）				
	④ 同窓会（□学校　□職場　□サークル）				
	⑤ 家族・親戚との団らん（名前：兄家族）	○			◎
	⑥ 異性との交流（□会話　□食事　□他）				
	⑦ 通信機器（□電話 ☑スマホ　□タブレット）				
	⑧ SNS（□ LINE　□ facebook　□メール）				
	⑨ その他（　　）				
楽しみ・趣味	① 読書（ジャンル：　　）				
	② 絵画（□描く　☑塗る　□貼る　□他）		○		◎
	③ 写真（□人物　☑風景　☑植物　□他）		○	○	
	④ 鑑賞（□映画　□観劇　□演奏会　[スマホで撮影				
	⑤ 歌唱（□合唱　□独唱　☑カラオケ）	○	△	△	
	⑥ 音楽鑑賞（ジャンル：　　）				
	⑦ コンサート（ジャンル：　　）				
	⑧ 楽器演奏（種類：　　□ 1 人　□複数）				
	⑨ 遊び（種類：　　□ 1 人　□複数）				
	⑩ ストレッチ（☑体操　□ヨガ　□太極拳　□他）		○	○	
	⑪ 健康法（☑歩く　□走る　□泳ぐ　□他）	○	△		
	⑫ スポーツ（種類：　　）				
	⑬ 観戦（種類：　　）				
	⑭ 舞踊（種類：　　）				

	私の「生き方」(CADL) ※記入できるところから楽しんで進めてください。 ※記入例：◎、○、△のみ		現在		
		していた	している	続けたい	したい
楽しみ・趣味	⑮ ☑散歩・ピクニック（場所：なんぐう公園）	○	○	○	
	⑯ 釣り（□川　□海　□渓流　□釣り堀）				
	⑰ アウトドア（□川　□海　□山　□他）				
	⑱ ギャンブル（種類：　　）				
	⑲ 投資　（□株　□外貨　□金　□宝くじ）				
	⑳ お祭り（種類：　　場所　美容室ミッキー（隔月）				
	㉑ おしゃれ（自分で化粧水を作っている）		○	◎	
	㉒ 家庭菜園・ガーデニング・市民農園（若い頃）	○			
	㉓ その他（春の伊奈川の桜まつり）	○	○	○	
学び・手習い	① 学び（　　）				
	② 作法（□茶道　□華道　□着付け　□他）				
	③ オンライン（種類：　　）				
	④ 教養（種類：　　）				
	⑤ 脳トレ（種類：　　）				
	⑥ 教える（種類：　　）				
	⑦ その他（夫の介護の方法（オムツ交換））		○		◎
巡る	① 史跡巡り（場所：　　）				
	② 名所巡り（場所：　　建物：　　）				
	③ 記念館巡り（□美術館　□博物館　□他）				
	④ 食べ歩き（種類：　　場所：　　）				
	⑤ 手段（☑散歩　□杖　□シルバーカー　□車いす）		○	○	
	⑥ 温泉・健康ランド（場所：スーパ銭湯「なごみの湯」）				○
	⑦ 国内旅行（場所：　　）				
	⑧ 海外旅行（場所：　　）				
	⑨ その他（　　）				
つくる	① 料理・手芸（種類：　　）				
	② クラフト・工芸（種類：　　）				
	③ プラモデル（種類：　　）				
	④ その他（　　）				
心の支え	① お参り（神社・お寺など）御朱印帳好き	○	○	○	
	② 宗教（種類：　　）				
	③ 修行・修練（種類：　　）				
	④ その他（　　）				
	⑤ その他（　　）				

※個人名、建物名、店名、事業所名はすべて仮名です。

介護予防サービス・支援計画書

目標とする生活

1日	毎日日課の散歩に出かけ、みんなと触れ合いながら過ごしたい。（一日1回は地域の人と会話を楽しむ）	1年	お友達に手伝ってもらうことで今の暮らしが続けられる。（ここにいたい）

総合的課題	課題に対する目標と具体策の提案	具体策についての意向 本人・家族	目標	援助計画 目標についての支援のポイント	本人等のセルフケアや家族の支援、インフォーマルサービス（民間サービス）	介護保険サービス又は地域支援事業（総合事業のサービス）	サービス種別	事業所（利用先）	期間
これからは膝の負担や夫の介護負担の軽減を図り、集いの場やなじみの店に歩いて行き、おしゃべり仲間との楽しい時間を過ごす	●散歩の習慣を続け、地域の人たちとのつながりを深める ●要介護３となった夫の介護は介護サービスを利用して負担を軽減する	本人：散歩しながら、きれいな花を見たり、犬好きだから散歩させている犬を見たりしながら、みんなと話しているのが楽しいから、いつまでも南宮にいたい。自分のことは何とかできても膝が悪いから夫の介護は難しいと思うので、ヘルパーさんにお願いしたい	これからも、自分で歩いて集いの場やなじみの店に行き、おしゃべり仲間との楽しい時間を過ごし、安心感をもって夫婦２人の生活を送ることができる ※集いの場とは、団地内にある交流スペース	(1) 物を忘れやすくなっているということについて生活に滞りや支障をきたすことはないか健康チェックと併せ、確認する	おしゃべり仲間の桐生さん、(41?号) は午前中に姿が見えないと自宅まで様子を見に来てくれる（声をかけてくれる）	●介護予防訪問看護	●介護予防訪問看護 ●インフォーマル資源	●南宮訪問看護ステーション ●桐生さん（412号）	4ヵ月
				(2) 普段日課にしている散歩が続けられ、介護ストレスや負担を語る場や時間をもてるよう支援する	なじみの話し相手やパン屋の店主が悩みを聞いてくれ、ストレスのガス抜きになっている。家族会など新しい場につながる	●介護予防訪問介護	●介護予防訪問介護 ●インフォーマル資源	●梓台訪問介護サービス ●桐生さん（412号） ●パン屋の港さん	4ヵ月
			夫の気持ちに配慮しながら、介護サービスをうまく使って膝の負担や介護負担の軽減を図り、毎日、気持ちに余裕をもって過ごせるようになる	(1) 夫のケアマネジャーと相談しサービスを調整し、負担になっている行為（床掃除と重い物の買い物）をサービスで代行	●夫のデイサービス利用時に自分の時間を持つ ●体に負担のかからない夫の介護の仕方を介護事業者から学ぶ	●介護予防訪問介護 ●介護保険サービス（夫）	●居宅介護支援（夫） ●訪問介護（夫）	●梓台訪問介護サービス	4ヵ月
				(2) 相談支援		地域包括支援センター／介護予防支援事業所	●公的相談支援	●地域包括支援センター南宮	4ヵ月
				(3) 定期通院	夫と一緒に通院		●医療	●南宮クリニック	週１回

健康状態について

☑主治医意見書、健診結果、観察結果等を踏まえた留意点

要介護3の夫と二人暮らし。ご本人は全般性脳波高振幅波が混在しており、感情の起伏が激しいことが体調にも影響します。穏やかな気持ちでゆとりをもって過ごすことを心がけましょう。

【本来行うべき支援が実施できない場合】

妥当な支援の実施に向けた方針

一人で抱え込まず、負担が過度になると思われる行動については相談にのり、必要に応じてご主人のケアマネジャーと調整し、サービス担当者会議で話し合う。

総合的な方針：生活不活発病の改善予防のポイント

要介護3のご主人の介護を一人で抱えることはもうやめましょう。好きな花を見たり、近所の仲間と集い、穏やかな気持ちで健康的に過ごしていけるようなんでも一緒に相談しながら進めていきましょう。

※1　本書の介護予防ケアプランは「アセスメント領域と現在の状況、本人・家族の意欲・意向、領域における課題（背景・原因）」は省略してあります。

※2　本書の介護予防ケアプランはインフォーマル資源を中心としたプラン構成になっています。

事例 21

懐かしい 80 年代の新宿に焦がれ、なじみの仲間と「自分らしい」楽しい日々

要介護 3
大腸がん
脊柱管狭窄症

（注）この事例は著者が団塊世代の高齢利用者になったと想定し作成したもの。昭和ノスタルジーとエンタメ感あふれるインフォーマル資源に着目してほしい。

- 氏名：T.Sさん　　性別：男性　　年齢：74
- 主な病疾患：高血圧　大腸がん　ストーマ造設　脊柱管狭窄症
- 介護スタイル：☑独居　□老老介護　□同居介護　□近距離介護　□遠距離介護　□その他（　　　）
- 困りごと：
  - ●ADL　□食事　☑移動　☑排泄　□入浴　☑整容　□睡眠　□その他
  - ●IADL　☑料理　☑掃除　□洗濯　☑買物　□家の管理　□お金管理　□ご近所付き合い　□ペットの世話　☑その他（　　）
  - ●CADL　☑楽しみ（小劇場の観劇）　☑趣味（カラオケ）　□学び　□交流　□旅行　□運動
  - ●健康管理　□通院　☑服薬　□栄養　□脱水　☑衛生　☑その他（ストーマ管理）

家族構成図（ジェノグラム）

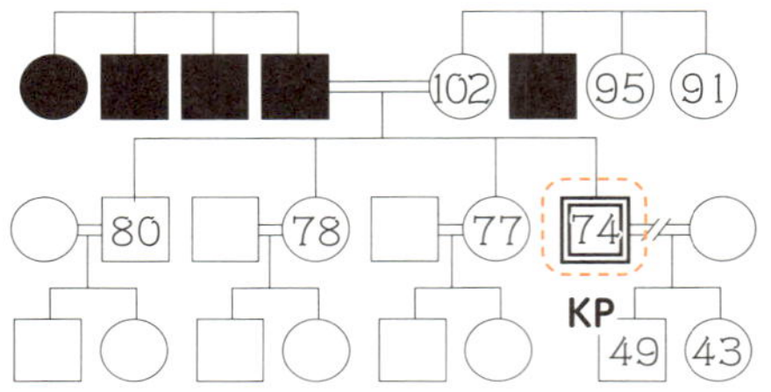

事例の概要

出身は京都府。東京の大学に進学し、学生運動では留置場に入ったことも。20 代は俳優をめざすが 30 代で挫折。演劇仲間だった妻との結婚を機に警備会社に就職し 65 歳まで勤め上げる。55 歳の時に離婚。子どもは 2 人。67 歳で大腸がんになりストーマ造設。70 歳で下肢に痛みがあり脊柱管狭窄症と診断される。73 歳の時に都営新宿線の地下鉄の階段で転倒し、右大腿骨転子部骨折。入院後、リハビリでシルバーカー歩行まで回復。飲み友だちのケアマネジャーに相談し認定申請。要介護 3 となる。現在は新宿御苑前駅近くの 2LDK のマンションに猫と一人暮らし。

生活歴、状態像、CADL など

演劇に熱中していた 20 代は新宿ゴールデン街の常連。2 丁目のニューハーフともお友だちだった。元々アートにこだわりがありシルバーカーは嫌。ネット購入した買物カートをペイントし移動に使っている。なじみの飲み屋は「花ちゃん」と「味わい酒場」。高円寺の古着屋巡りが趣味。新宿と下北沢の小劇場に通いたいが狭い階段とストーマの便漏れリスクが不安。通所介護は年寄りばかりと利用拒否。訪問介護のみ。飲酒、タバコはやめず低栄養気味。体調は不安定である。

本人の生活への意向

- 離婚を機に新宿御苑前に戻ってきたのは、20 代の青春の空気をずっと感じていたいから。ここなら歌舞伎町もゴールデン街も 2 丁目も近いから。晴れた日には週に 2 回はカートで新宿御苑も散歩したいね。
- 家事ができないからヘルパーさんには大助かりです。自分でも料理くらいはしたい。
- いまスマホで写真や動画を撮りまくっています。これをパソコンで編集してミニ映画

にしようかと、飲み屋「味わい酒場」の飲み友だちのネモちゃん（団塊世代）と盛り上がっています。

家族の意向

長男（49 歳：都内在住）

- 世話されるのが嫌いな自由人なので、いまは LINE で連絡を取り合うくらいです。次に転倒したら施設かも？ と妹と話しています。気持ちが前向きなので安心です。

地域支え合いマップ

- 新宿御苑は、芝生も心地よく散歩には最適。季節ごとのイベントもあり楽しめる。
- 新宿は長い坂が多く、カート移動は上り坂がキツイ。歩行者が多く信号は長め。
- 歓楽街を抱え、夜の治安は悪い場所も。認知症の人が迷子になると危険が多い街でもある。

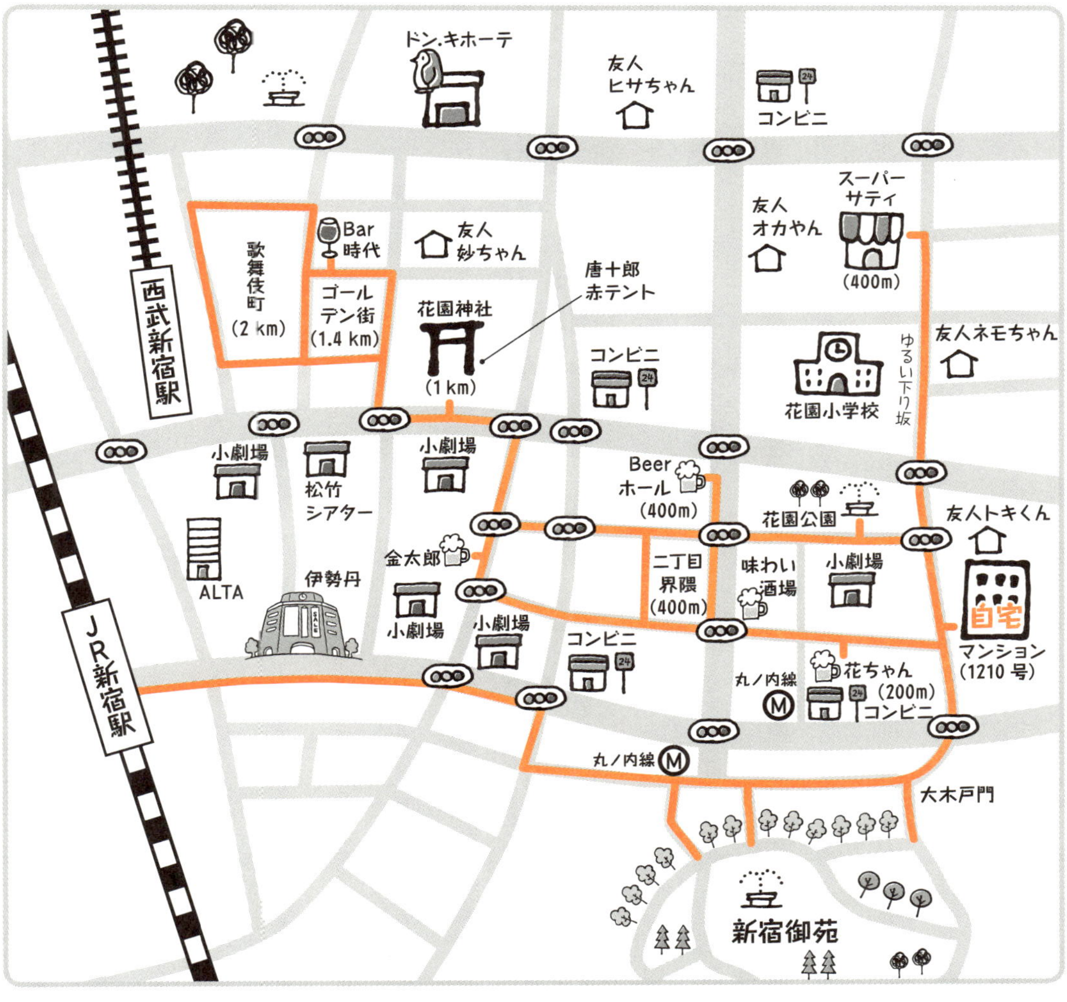

Be Positive
私の「意欲・動機づけ」シート

作成日　●年　●月　●日　担当：K.Y

ご利用者名	T.S さん	生年月日	▲年▲月▲日 74 歳	性別	男	要介護度	要介護 3

私の「生き方」（CADL） ※記入できるところから楽しんで進めてください。 ※記入例：◎、○、△のみ		していた	現在 している	現在 続けたい	したい
暮らし・役割	① 飾り付け（種類：映画ポスター）		○	○	
	② 料理づくり（何を：　誰に：　）	△	△		○
	③ ショッピング（何を：古着　場所：高円寺）	○	○	◎	
	④ 庭・花の手入れ（　）　友人 10 人				
	⑤ お出かけ（□散歩 ☑シルバーカー □タクシー他）　ペインティングした買い物カート		○	○	
	⑥ 孫・ひ孫の世話（名前：　）				
	⑦ ペット（種類：　）の世話				
	⑧ ボランティア（種類：　）　常照雲寺				
	⑨ お墓参り（☑寺）・氏子の行事（□神社）	○			◎
	⑩ 地域活動（町内会など）				
	⑪ その他（　）				
つながり	① 友達と会話（☑対面　□電話　□ LINE 等）	○	○	◎	
	② 友達と遊ぶ（種類：映画づくり　誰：演劇仲間）				◎
	③ ランチ・ディナー（店名：あじわい酒場　誰：みんな）	◎	△		◎
	④ 同窓会（☑学校　□職場　□サークル）		△		
	⑤ 家族・親戚との団らん（名前：　）				
	⑥ 異性との交流（□会話　□食事　□他 ）				
	⑦ 通信機器（□電話 ☑スマホ　☑タブレット）	◎	◎	○	
	⑧ SNS（☑ LINE　☑ facebook　☑メール）	○	○	○	
	⑨ その他（4月花ちゃんお花見）	◎			◎
楽しみ・趣味	① 読書（ジャンル：　）				
	② 絵画（□描く　□塗る　□貼る　□他）　スマホ				
	③ 写真・動画（☑人物　☑風景　□植物　□他）		○		◎
	④ 鑑賞（☑映画　☑観劇　□演奏会　☑落語　□他）	◎	△		◎
	⑤ 歌唱（□合唱　□独唱　☑カラオケ）	◎			
	⑥ 音楽鑑賞（ジャンル:ジャズ、ハービー・ハンコック）	◎	○		◎
	⑦ コンサート（ジャンル：　）				
	⑧ 楽器演奏（種類：　□ 1 人　□複数）				
	⑨ 遊び（種類：　□ 1 人　□複数）				
	⑩ ストレッチ（□体操　□ヨガ　□太極拳　□他）				
	⑪ 健康法（☑歩く　□走る　□泳ぐ　□他）				
	⑫ スポーツ（種類：つき合いゴルフ）	△			
	⑬ 観戦（種類:野球は西武、サッカーは柏レイソル）	○	○	○	
	⑭ 舞踊（種類：　）				

私の「生き方」（CADL） ※記入できるところから楽しんで進めてください。 ※記入例：◎、○、△のみ		していた	現在 している	現在 続けたい	したい
楽しみ・趣味	⑮ ☑散歩・ピクニック（場所：　）　市ヶ谷				
	⑯ 釣り（□川　□海　□渓流　☑釣り堀）	○			○
	⑰ アウトドア（□川　□海　☑山　□他）　飯能河原	○			
	⑱ ギャンブル（種類：競馬（有馬記念））	○	○	△	
	⑲ 投資　（□株　□外貨　□金　☑宝くじ）	○	○	○	
	⑳ お祭り（種類：三社祭り　場所：浅草）	○			○
	㉑ おしゃれ（古着）　TPO（飲み会）	◎	○		
	㉒ 家庭菜園・ガーデニング・市民農園（　）				
	㉓ その他（　）				
学び・手習い	① 学び（動画編集ソフト　T トップス）		○	◎	
	② 作法　（□茶道　□華道　□着付け　□他）				
	③ オンライン（種類：　）				
	④ 教養　（種類：　）				
	⑤ 脳トレ（種類：　）				
	⑥ 教える（種類：　）				
	⑦ その他（　）				
巡る	① 史跡巡り（場所：　）				
	② 名所巡り（場所：全国　建物：お城）	○	○	○	
	③ 記念館巡り（☑美術館　□博物館　□他）	○	○	○	
	④ 食べ歩き（種類：　場所：　）				
	⑤ 手段（□散歩　□杖　□シルバーカー　□車いす）				
	⑥ 温泉・健康ランド（場所：老神温泉）	○			◎
	⑦ 国内旅行（場所：北海道、九州）	○	○	○	
	⑧ 海外旅行（場所:アメリカ、タイ、ニュージーランド）	◎			
	⑨ その他（　）				
つくる	① 料理・手芸　（種類：作り置きをレンチン）		△		◎
	② クラフト・工芸（種類：　）				
	③ プラモデル（種類：　）				
	④ その他（　）				
心の支え	① お参り（神社・お寺など）　臨済宗：大徳寺				
	② 宗教（種類：仏教）	○	△	△	◎
	③ 修行・修練（種類：　）				
	④ その他（チェ・ゲバラ（キューバ革命））	◎	○	○	
	⑤ その他（　）				

第2表

居宅サービス計画書（2）

利用者名　T.S　様

※本書の第2表はインフォーマル資源を中心としたプラン構成になっています。

生活全般の解決すべき課題（ニーズ）	目標				援助内容				
	長期目標	期間	短期目標	期間	サービス内容	サービス種別※1	※2	頻度	期間
演劇仲間オカやんと新宿や下北沢の小劇場にお気に入りの古着でカッコきめて観劇巡りをしたい	演劇仲間オカやんと並んで歩いてもカッコがつく古着を高円寺で買って揃える	6ヵ月	20段の階段を上り下りできるようになる	3ヵ月	①10cm～18cmの階段の昇降トレーニング ②下肢筋力の向上とふらつき予防のバランス訓練	●通所リハビリ	①②曙リハビリセンター	週2	6ヵ月
			イギリス紳士風1本杖で高円寺界隈を1時間歩ける	3ヵ月	**①オカやんが連れ立って介助しながら歩く**	**●インフォーマル資源**	**①オカやん**	週1	6ヵ月
	ストーマの便漏れと臭いの不安なく外出先でも交換ができる	6ヵ月	サイズと水分摂取の見直しを行い、自宅で完璧に交換ができる	3ヵ月	①ストーマサイズの調整と外出時の交換方法の指導	●訪問看護	①四谷訪問看護ステーション	週1 （1ヵ月）	6ヵ月
1年後、ネモちゃんとミニ映画「秘録：新宿歌舞伎町物語」を制作して、YouTubeにアップする	演劇仲間たちとスマホを使って新宿の動画の撮影を行う	8ヵ月	撮影チーム花ちゃんを結成し、シナリオと絵コンテを完成させる	3ヵ月	**①週1回のチームミーティング（場所：花ちゃん）** **②新宿界隈をシナリオハンティング** **③新宿レジェンドたちの取材**	**●インフォーマル資源** ●本人	**①②③撮影チーム花ちゃん** ①②③本人	週1	8ヵ月
	パソコンで映画編集ができるアプリが使いこなせるようになる	8ヵ月	友人のナベちゃんがやっている動画スタジオT-トップスで映画編集ができるアプリの指導を週2で受ける	3ヵ月	**①スタジオT-トップスまで週2回杖を使って歩く練習** ②マウス操作ができる手先のリハビリと5時間座位がとれるリハビリ **③映画編集アプリの指導を受ける**	●本人 ●通所リハビリ **●インフォーマル資源**	①③本人 ②曙リハビリセンター **③スタジオT-トップス**	週2 週2 週2	8ヵ月
伊勢丹のデパ地下で食材を仕入れ、「週に1回の作り置き」と「月1回の自宅パーティー」に友人たちに集ってもらう	料理人で友人のあきちゃんに電子レンジ、スムーザーなどキッチン家電が使いこなせるように教えてもらう	6ヵ月	中古のキッチン家電とスペイン風リビング家具に買い替え、台所空間をワクワクする環境に変身させる	3ヵ月	**①台所・リビングの整理整頓** **②中古家電とスペイン風家具の買い出し（高円寺）** **③壁紙貼りなどリフォーム工事を行う**	●本人 **●インフォーマル資源**	①本人 **②③リフォーム会社夢の間**	随時 随時	6ヵ月
	栄養バランスの取れたメニュー・レシピを30品を完成させる	6ヵ月	区主催の「男の料理教室」に月2回通い、ヘルパーさんにも料理の基本を学ぶ	3ヵ月	①ヘルパーさんに食事づくりのノウハウを教えてもらう **②月2回の男の料理教室に通う**	●訪問介護 **●インフォーマル資源**	①矢吹訪問介護 **②男の料理教室**	週1 月2	6ヵ月
			スーパーサティで週2回、おしゃれなペインティングカートでの食材の買い出しを習慣化する	3ヵ月	**①ペインティングカートでスーパーサティに買い出しに行く（週2回）。** ②傾斜のある道でカートを押して歩けるよう下肢筋力を向上させる	**●インフォーマル資源** ●本人 ●通所リハビリ	**①スーパーサティ** ①②本人 ②曙リハビリセンター	週2 週2	6ヵ月

※1　サービス種別では本人、家族、保険給付対象内サービス、保険外サービス、インフォーマル資源を表記しています。
※2　各サービス内容に数字（例：①）をつけ、それを担う当該サービス提供を行う事業所、なじみの人・店にも同じ数字をつけています。

コラム

「らしさ」と「らしい幸せ」

本書執筆の動機の一つは「インフォーマル資源がいつまでも育たないのは、なぜ？」でしたが、もう一つ大きな動機がありました。

それは、介護サービスや医療で「日常生活」はそれなりに支えられても、「人生」までは支えられないと実感したからです。支え手になれるのは、唯一、「インフォーマル資源」の人々だけなのではないかと思ったのです。

介護サービスや医療に携わる人々の多くは国家資格者です。だから相応の専門知識と専門技術を身につけています。国家資格ですから倫理もきびしく定められています。しかし残念なことに行える「範囲」が決まっています。言い換えれば、それは制限であり「限度・限界」があるということです。

しかし、人生はどうでしょう？

人生はロールプレイングゲームではありません。

思わぬうれしい経験や出会いもあれば、やり直しがきかないほどの失敗や挫折もあり、わずかな成功と葛藤の繰り返しだったりします。

そんな人生でがんばれるのは「つながる人」がいるから。頼ったり頼られたりの関係が「心のよりどころ」となるから。「つながり」は人を幸せにしてくれます。「つながり」は幸せな思い出を残してくれます。

そうやって誰もが、自分らしい人生をなんとか歩んでいます。

利用者の「らしさ」は、見た目ではなく、生きてきた歩みと生きる様（さま）にあります。利用者の「らしさ」につながる人々と土地（地域）に「らしい人生」が息づいています。

利用者の「らしさ」をケアプランに盛り込むことがその人の人生のステージを応援することになります。

すべては……「終わりよければ、それなりに善し」となるために。

おわりに

インフォーマル資源の活用について高室先生のアドバイスを受け、20の事例を現場で活躍されているケアマネジャーさんとともに創り上げました。どの人もいきいきとした生活、人生を送っていることが伝わってきます。私もその中の事例を担当しているひとりですが、ケアマネジャーとして利用者ご本人の人生に関わり、さまざまな社会資源を利活用することでいったんは、あきらめかけていた本人らしい生活を取り戻す支援は、何よりのやりがいにつながっています。ご本人やご家族の心からの笑顔にふれることで、ケアマネジャーとして、介護給付等対象サービスだけでなく、他のフォーマル及びインフォーマル資源をつなぐというマネジメントができたことに一定の達成感も感じる機会でもあります。こんなに継続的にひとりひとりの方の生活や人生に関わり、喜びをともにできる職種は多くはないとも思います。

喜びをともにするためには、何より面接技術である観察力及び質問力、その上でのアセスメント力が必要になってきます。各種アセスメントツールを用いながら、ケアマネジャーはアセスメント面接をしていきますが、最初は、主訴に対応することが多く必要な介護、医療と結び付けるためにできないこと、困っていることの解決を優先することになりがちです。ご本人のこれまでの生活の全体像を現在及び過去から把握することは不足しがちです。

そのアセスメントやモニタリングを強化するために、「適切なケアマネジメント手法」が2024年度の法定研修から導入されました。すべてのケアマネジャーが法定研修で学ぶには少なくとも5年はかかりますので、まだよくわからないというケアマネジャーも多いと思いますが、「適切なケアマネジメント手法」で整理されている基本ケアの基本方針である「Ⅱこれまでの生活の尊重と継続の支援」の中でも特に「Ⅱ-3　家事・コミュニティでの役割の維持あるいは獲得の支援」の「Ⅱ-3-1　喜びや楽しみ、強みを引き出し高める支援」「Ⅱ-3-3 家庭内での役割を整えることの支援」「Ⅱ-3-4 コミュニティでの役割を整えることの支援」にインフォーマル資源を利活用するポイントが散りばめられています。本書とリンクする部分でもあります。具体的なインフォーマル資源の活用については、本書を活用することで実現できるようになっていると私は考えます。

インフォーマル資源は、そもそもご本人の生活歴、暮らしの中でつながっていた地域で育まれてきた人とのつながりやご本人の家族内、地域内での役割であったりします。私たち、ケアマネジメントに関わる者は、目の前のご本人を見るだけでなく、ご本人の生きてきた歴史、家族歴、職歴、友人や仲間との活動、コミュニティへの参加などをご本人とともに振り返り、充実していた時期やその内容、再びできるといいことなどを問いかけていくことで目標が具体的に出てくることを実感します。

しかし、ケアマネジャーが出会うご本人は、疾患や障害など要援護状態になって、自信や意欲を失っている状態の人が多く、「やりたいことを教えてください」と今後の生活の目標である意向を尋ねても「特にありません。今のままでいいです。家族に迷惑をかけたくないです」などとパワーレスでネガティブな発言になっていることが多いのです。謙虚な日本人の慎ましい特性であるかもしれません。

　でも、それが本心ではないと思うところから、ケアマネジャーのさまざまな働きかけ、意欲・動機付けの専門的な面接技術を駆使した関わりが始まります。たとえば、「元気になったら、何がしたいですか」などのミラクルクエスチョンを使ってもいいでしょう。本書で示しているご本人の「地域支え合い（生活圏域）マップ」と「意欲・動機付けシート」を一緒につくりながら、ご本人のもともとあった支え合いなどの関係を掘り起こしていくことで意欲が出てくることもあります。人と関わって楽しかった思い出や、自分が活躍していた頃の記憶は、自分の力や人とつながる力を思い起こすことになります。そうすることにより、ご本人にとってのインフォーマル資源が浮かび上がってきます。ケアマネジャーが少し介入するだけで、その関係が復活したり、実は水面下で継続していることに気付いたりします。

　ケアマネジャーが新たにつなぐことだけがインフォーマル資源の利活用ではありません。その力は、もともとご本人やご家族のつながりの中にもあり、新たに加わった介護給付等対象サービスとコーディネーションやマネジメントが、ケアマネジャーの役割になります。もともとあったつながりや、インフォーマル資源との関係が継続できるよう、インフォーマル資源の側の方々がご本人の現在の状況を理解して、適切な関わりやサポートをしていけるように知識や技術の提供を行うことも大切な役割になります。各専門機関の専門職にインフォーマルの方々を結びつけることもケアマネジメントの大切な役割のひとつです。

　さらに、地域に新しくインフォーマル資源を創っていくことを目的として、地域包括支援センターの主任ケアマネジャーや社会福祉士などの相談員とともに地域ケア会議などで発信及びディスカッションできるといいかと思います。

　ご本人らしい、それまで培ってきた豊かな人生、生活を再構築するためにもインフォーマル資源は欠かせません。そのための第一歩として、まずはご本人とともにこれまでの人生・生活を語り合っていくことから始めてはいかがでしょうか。ご本人のナラティブな語りに耳を傾けていきましょう。ケアマネジャーとの信頼関係がさらに高まることにつながります。

　最後に、高室先生が心血を注いだこの書籍がケアマネジメントに関わるみなさまのお仕事と担当するご本人の QOL を高めるための一助になればと願ってやみません。

2025 年 2 月　　　　奥田亜由子

【参考文献】
・木原孝久著『住民流福祉の発見』（筒井書房、2001年）
・木原孝久著『住民の支え合いマップ作成マニュアル：聴取から支援課題の抽出まで』（筒井書房、2003年）
・筧裕介著『ソーシャルデザイン実践ガイド――地域の課題を解決する7つのステップ』（英治出版、2013年）
・特定非営利活動法人　全国移動サービスネットワーク編『住民主体の生活支援サービスマニュアル　第６巻　移動・外出支援』（全国社会福祉協議会、2015年）
・山崎亮著『縮充する日本「参加」が創り出す人口減少社会の希望』（PHP研究所、2016年）
・さわやか福祉財団編『住民主体の生活支援サービスマニュアル　第３巻　居場所・サロンづくり』（全国社会福祉協議会、2016年）
・小濱道博著『まったく新しい介護保険外サービスのススメ』（翔泳社、2017年）
・山崎亮著『ケアするまちのデザイン：対話で探る超長寿時代のまちづくり』（医学書院、2019年）
・筧裕介著『持続可能な地域のつくり方――未来を育む「人と経済の生態系」のデザイン』（英治出版、2019年）
・斉藤徹著『超高齢社会の「困った」を減らす課題解決ビジネスの作り方』（翔泳社、2019年）
・筧裕介著、認知症未来共創ハブほか監修『認知症世界の歩き方』（ライツ社、2021年）
・矢吹知之著・編集、丹野智文著・編集『認知症とともにあたりまえに生きていく　支援する、されるという立場を超えた９人の実践』（中央法規出版、2021年）
・丹野智文著『認知症の私から見える社会』（講談社、2021年）
・稲田秀樹著『認知症の人の“困りごと”解決ブック 本人・家族・支援者の気持ちがラクになる90のヒント』（中央法規出版、2023年）

●著者紹介

高室成幸（たかむろ　しげゆき）

ケアタウン総合研究所代表。日本福祉大学社会福祉学部社会福祉学科卒業。都道府県・市町村職員、ケアマネジャー団体、地域包括支援センター、施設リーダー・施設長、社会福祉協議会を対象に幅広いテーマで執筆及び研修講師を行う。テーマはケアマネジメント、モチベーション、質問力、会議力、コミュニケーション、人材マネジメントから高齢者虐待、ハラスメント、個人情報保護、施設マネジメントまで幅広い。著書・監修書多数。業界紙誌、インターネット介護サイトの監修・寄稿も多い。主な著書は下記。

■「地域包括ケアシステム」をテーマにした主な著書

・『図解でわかる地域支援コーディネートマニュアル』（法研、2002年）
・『30のテーマでわかる地域ケア会議コーディネートブック』（第一法規、2018年）

■「ケアプラン」をテーマにした主な著書

・『介護保険「ケアプラン点検支援マニュアル」活用の手引』（共著・中央法規出版、2008年）
・『地域包括ケア時代の施設ケアプラン記載事例集～チームケア実践～』（共著・日総研出版、2017年）
・『本人を動機づける介護予防ケアプラン作成ガイド』（共著・日総研出版、2019年）
・『子どもに頼らない　しあわせ介護計画～人生100年時代の自分らしい「老後準備」』（WAVE出版、2020年）
・『目標指向型　介護予防ケアプラン記載事例集』（共著・日総研出版、2023年）
・『利用者・家族に伝わるケアプランの書き方術』（中央法規出版、2023年）

■「ケアマネジメント」をテーマにした主な著書

・『新・ケアマネジメントの仕事術』（中央法規出版、2015年）
・『必携！ イラストと図解でよくわかるケアマネ実務スタートブック』（中央法規出版、2017年）
・『ケアマネジャーの質問力』（中央法規出版、2009年）
・『ケアマネジャーの会議力』（中央法規出版、2017年）
・『ケアマネ必携！もう悩まない　あきらめない　利用者・家族からのハラスメント―よりよい関係づくりのために今からできる法的対応と予防策―』（共著・第一法規、2024年）

奥田亜由子（おくだ　あゆこ）

ふくしの人づくり研究所代表。主任介護支援専門員、社会福祉士、成年後見人。日本福祉大学大学院社会福祉学福祉マネジメント修士。日本福祉大学ケアマネジメント技術研究会。日本福祉大学卒業後、知的障害者入所施設の生活指導員を経て、在宅介護支援センターでソーシャルワーカー（社会福祉士）として勤務。1999年から介護支援専門員も兼務し、特別養護老人ホームの施設ケアマネジャーと居宅介護支援事業所のケアマネジャーとしても実践を重ねながら、介護支援専門員の実務研修・更新研修・主任介護支援専門員などの指導者となる。日本ケアマネジメント学会理事、愛知県介護支援専門員協会理事。また，金城学院大学では、社会福祉士養成のための社会福祉援助技術論、相談援助演習などを非常勤講師として担当。主な著書は下記。

・『地域包括ケア時代の施設ケアプラン記載事例集～チームケア実践～』（共著・日総研出版、2017年）
・『ケアマネジメントの実務－Q＆Aと事例－』（共著・加除式書籍・新日本法規出版）
・『本人を動機づける介護予防ケアプラン作成ガイド』（共著・日総研出版、2019年）
・『目標指向型　介護予防ケアプラン記載事例集』（共著・日総研出版、2023年）

●事例執筆協力（順不同）

●NPO法人山梨高齢化社会を考える会　ケアプランいなみ
●阿部鮎美　主任介護支援専門員、看護師、社会福祉士、認定ケアマネジャー（社会福祉法人志和大樹会　百寿の郷介護保険相談所）
●大羽啓允　主任介護支援専門員（医療法人豊田会　刈谷中部地域包括支援センター）
●奥田亜由子　主任介護支援専門員（NPO法人ゆめじろう居宅介護支援事業所）
●北村由佳　主任介護支援専門員、看護師、社会福祉士、認定ケアマネジャー、産業ケアマネ、ワークサポートケアマネジャー（社会福祉法人白壽会　北郊）
●小崎由喜子　主任介護支援専門員、介護福祉士、社会福祉士（株式会社ケイアンドエス　介護支援センター花咲）
●松本正人　主任介護支援専門員（社会福祉法人久壽会　ケアプラン好日の家）

サービス・インフォメーション

通話無料

①商品に関するご照会・お申込みのご依頼
TEL 0120（203）694／FAX 0120（302）640
②ご住所・ご名義等各種変更のご連絡
TEL 0120（203）696／FAX 0120（202）974
③請求・お支払いに関するご照会・ご要望
TEL 0120（203）695／FAX 0120（202）973

●フリーダイヤル（TEL）の受付時間は、土・日・祝日を除く
9：00～17：30です。
●FAXは24時間受け付けておりますので、あわせてご利用ください。

「地域支え合いマップ」を活用したケアプランづくり
―インフォーマルな社会資源で利用者の「いきいき」を引き出す！―

2025年3月30日　初版発行

著　　者　高　室　成　幸
編集協力　奥　田　亜　由　子
発 行 者　田　中　英　弥
発 行 所　第一法規株式会社
〒107-8560　東京都港区南青山2-11-17
ホームページ https://www.daiichihoki.co.jp/

ケアマネ資源　ISBN978-4-474-09491-8 C2036（2）

編集協力　（有）七七舎／装丁　石原雅彦